Alois Brandstetter
Cant läßt grüßen

Leseanleitung
Cant läßt grüßen

Im August 1791 schreibt ein Mädchen aus Klagenfurt in Liebeskummer einen Brief an den 68jährigen Zölibatär Immanuel Kant nach Königsberg und bittet ihn inständig um Rat und Hilfe. Sie heißt Maria von Herbert und ist die Tochter eines Kärntner Bleiweißfabrikanten, eines Vaters von 32 Kindern, und Schwester von Franz Paul von Herbert, eines Schiller-Freundes und Mentors eines »Herbertkreises«, der weitab von Weimar und Königsberg in Klagenfurt das Licht der Aufklärung entzündet und die Verehrung von Goethe und Schiller fördert. Kant hat auf den Brief des Edelfräuleins hin einen Antwortbrief entworfen, der im Roman zitiert und interpretiert wird. Er dürfte aber so nicht abgeschickt und überbracht worden sein. Das jedenfalls läßt ein zweiter Brief der Freiin von Herbert an Kant vom Jänner 1793 vermuten. Sie kündigt darin einen Besuch in Königsberg an. Spricht sie den Philosophen im ersten Brief noch als »Großer Kant« wie ihren Gott an, so im zweiten Brief zwei Jahre später natürlicher und intimer: »Lieber Ehrenwerther Herr«! Faktum ist, daß sich die unglückliche Maria am 23. Mai 1803 umgebracht hat, ein Jahr vor Kants Tod 1804. Sie ging nahe der Hollenburg in die Drau (nicht in die Donau, wie ortsunkundige Kant-Biographen manchmal schreiben).

Vor dem Hintergrund dieser und vieler anderer historischer Fakten schreibt in diesem »Einbriefroman« ein

»Amanuensis« Kants, ein junger Assistent des emeritierten Professors, »im Auftrage desselben« einen langen, fiktiven Brief an Maria von Herbert. Er beruft sich dabei nicht nur auf mündliche Mitteilungen und Mandate seines Herrn, sondern auch auf dessen Werke, vor allem die Menschenkunde (»Anthropologie in pragmatischer Hinsicht«). Und er interpretiert auch den erwähnten Briefentwurf Kants. So kommt viel Tiefsinniges aus der »Menschenkunde« und aus der »Metaphysik der Sitten« zur Sprache, aber auch Sonderbares, ja Absonderliches und Kurioses, gerade auch was Kants Vorstellungen vom »schönen Geschlecht« betrifft, über die sich vor Brandstetter schon Johann Wolfgang von Goethe in einer Rezension lustig gemacht hat. Kant seinerseits (im Roman *Cant*) will das Mädchen Maria durch seinen Sekretär von aller Schwärmerei für die Poesie und Goethe (im Roman *Göthe*) kurieren.

Ein Amanuensis ist, wörtlich übersetzt, einer, der einem Professor »zur Hand geht«. Der hier den langen Traktat an die Klagenfurterin Herbert schreibt, ist offensichtlich ein junger, altkluger, anstelliger, fleißiger, beflissener und redseliger Privatsekretär, Kants Eckermann sozusagen. Er ordnet im Auftrag der Universität dem Emeritus das Archiv in dessen Haus in der Prinzessinstraße. So kennt er das Hauswesen des verehrten Philosophen aus der Nähe (wie auch Kants berühmt-berüchtigter Diener Martin Lampe, der hier selbstverständlich nicht fehlen darf). Die Geschichte spielt im letzten Jahrzehnt des 18. Jahrhunderts, als Napoleon Europa und auch Kärnten heimsuchte, nimmt sich aber einige anachronistische Freiheiten. Offensichtlich schreibt der »Wortführer« an seinem Brief auch noch, als sich die Probleme längst biologisch gegeben haben … Und es fehlt auch nicht an kühnen Anspielungen auf die Gegenwart, wenn etwa der »Sturm und Drang«-Dichter Jakob Michael Reinhold Lenz nicht unähnlich einem Angehörigen der 68er-Generation des 20. Jahrhunderts agiert und spricht. Kant schreibt also hier nicht »manu propria« (mit eigener Hand), vielmehr: Cant läßt grüßen. Einige Kühnheiten legen den Verdacht nahe, daß der lange Brief gar nicht von einem Amanuensis in Königsberg, sondern von einem Emeritus der Universität Klagenfurt geschrieben wurde. Doktorspiele eines Philisters?

Denken, Gedenken und Andenken

Zur Erinnerung an Prof. Rudolf Malter (1937–1994), den Präsidenten der Deutschen Kant-Gesellschaft, meinen Freund aus Saarbrücker Tagen, der mich auf die Briefe Maria von Herberts an Kant aufmerksam machte, dem ich so viel Denkwürdiges verdanke!

»Denen Lesern zu Gefallen, die die deutschen Academien nicht kennen, muß ich den Ausdruck Amanuensis erklären. Es sind gewöhnlicherweise Bauernsöhne, die den Professoren anfänglich die Füße bedienen, nach und nach aber durch den Einfluß der Atmosphäre, in der sie sich mit ihren Herren herumdrehen, einen solchen Antheil ihres Geistes erhalten, daß sie sie zu ihrer Hand abrichten können, die Gelder für die Collegien einzusammeln und, wenn einer von den bekannten Gesichtern in den Hörsälen, wo sie gemeinhin nur die Stühle einreichen, wenn Fremde kommen, zu fehlen anfängt, so lange auf die Spur zu gehen, bis sie den Räuber entdeckt haben, der ihn ihrer Schule abspenstig gemacht hat. Alsdann wird alles angewandt, ihn wieder auf den rechten Weg zu bringen, Briefe an die Seinigen, bisweilen auch anonyme Briefe von verborgener Freundeshand, Erinnerungen am schwarzen Brette und in den Programmen, und, wenn nichts verschlägt, bey der nächsten erhaschten Veranlassung, eine Citation durch die Hand des unermüdeten Pedellen.«
(Jakob Michael Reinhold Lenz, »Der Landprediger«)

Amanuensis, is, m. – ein Sklave, den man als Schreibgehülfe gebrauchte, ein Schreiber, Secretär (Karl Ernst Georges, »Ausführliches lateinisch-deutsches Handwörterbuch«)

Gott zum Gruße, sehr verehrtes Fräulein, Freiin Maria von Herbert in Clagenfurth! Im Namen Immanuel Cants, dem zu dienen ich als Amanuensis die academische Ehre habe, darf ich Euch in Beantwortung Eurer Briefe sein besonderes Wohlwollen übermitteln! Von den Beschwerden des Alters heimgesucht und niedergedrückt, bittet er, ihm nachzusehen, daß er nicht *manu propria* (mit eigener Hand) respondiren kann, sondern und vielmehr sich meiner als seines adjutanten Amanuensis bedienet, um das hernach Folgende in seinem Sinne und Auftrage mittheilen zu lassen. So darf ich als authorisirter Secretär wie folgt festhalten und ausführen:

Nach dem ersten Briefe nun, den Ihr, werthes Fräulein Maria von Herbert, im August des Jahres 1791 aus Clagenfurth im Lande Kärnthen, an meinen Herrn, den Herrn Professor Immanuel Cant, nach hier in Königsberg ins östliche Ostpreußen, zu richten die Güte – und Kühnheit – hattet, war mein Herr nicht aufgelegt zu antworten oder auch durch meine Wenigkeit, seinen Secretär und Amanuensis, correspondiren und repliciren zu lassen. Ihn erreichen täglich ähnliche Billetten, in denen Leser seiner philosophischen Schriften ihren Beyfall kund thun und mit Complimenten nicht geizen. Mancher Brief hat den im Grunde todernsten Mann auch schon schmunzeln lassen und zu launigen Bemerkungen etwa dieser Art verleitet und verführt: Wenn der Kutscher R. aus Buxtehude applaudirt, dann wird es mit meiner Critik der practischen Vernunft wohl seine Richtigkeit haben. Oder: Mamsell F. aus Husum ist auch unserer Meinung hinsichtlich des Categorischen Imperativs, so wird er denn allgemeines Gesetz werden können. Einmal quittirte er das überschwengliche Lob eines Freigeistes, seiner bürgerlichen Profession nach aber unfreien Domesticen und Lacaien, Lacaien, Botengehers oder Dieners, über den Erweis der Unmöglichkeit, die Existenz Gottes zu beweisen, den Nachweis der Unmöglichkeit der scholastischen Gottesbeweise also, mit einem Sarcasm, der mir immer und ewig in Erinnerung bleiben wird: So hat einer aufgehört, an Gott, und angefangen, an Cant zu glauben! Ein anderes Mal stöhnte er: Muß ich denn nun auch das Schicksal des Johann Sebastian Bach theilen! Das aber sagte er, weil er öfters schon jenes Bonmot (Gutwort) eines Musikbegeisterten vernommen und im Ohre hatte: Ob ich an Gott glaube, weiß ich nicht, an Bach aber glaube ich gewißlich! Wäre es nicht besser, mit Bach an Gott zu glauben?, sagte er einmal.

Als Euren »Gott« bezeichnet übrigens auch Ihr, werthes Fräulein Maria von Herbert, meinen Meister, schon im ersten Briefe, was dem Herrn Professor kein geringes Mißvergnügen bereithet hat. Die Wahrheit ist den Menschen zuzumuthen, deshalb will ich mit der Mittheilung nicht hinter dem Berge halten, daß er den ersten Satz Eures Briefes zu wiederholten Malen als Beyspiel für fehl geleitete Devotion bey Tische und im Gespräche mit Freunden, anfangs ablesend, später aber bereits aus auswendiger Kenntnis citirte und hören ließ: »Großer Cant, zu dir rufe ich wie ein Gläubiger zu seinem Gotte um Hülfe, um Trost, oder um Bescheid zum Tode …« Ja, einer der Gründe, nicht zu erwidern und auch nicht erwidern zu lassen, mag gerade darin, in jener schwärmerischen Devotion nämlich, gelegen seyn. In seiner »Anthropologie« (Menschenkunde) rechnet er die Enthusiasten ja nicht bloß zu den »Unsinnigen«, sondern zu den »Wahnsinnigen«. Sie sind schlimmer oder schlimmer daran als die »Phantasten«, die bloß wachend träumen und die er mit »Grillenfänger«, in Klammern gesetzt, in die deutsche Hauptsprache übersetzet. In einem ähnlichen Falle von übertriebener Höchstachtung und Divinirung (Vergötterung) hat mein Herr denn auch einmal, weniger zu Scherzen als zu Ungnade aufgelegt, brummend gesagt: Verwechselt mich nun schon wieder ein einfältiges Frauenzimmer mit dem Dreifaltigen.

Von »Adoration« (Anbetung) spricht freilich schon im Jahre 1784 in einem Briefe an meinen Herrn der durchaus achtbare Professor der Beredsamkeit Christian Gottfried Schütz aus Jena, die ihn bey der Lectüre der »Critik der reinen Vernunft« erfaßt habe. »Bey deren Lectüre ich Sie gerne hätte adoriren mögen.« Adoriren heißet aber in unserer deutschen Hauptsprache »Anbethen«! So sehr meinem Herrn dies auch mißfallen hat, hat er sich von dem Genannten immerhin einladen lassen, als Recensent an einer von ihm und anderen gegründeten Zeitschrift mitzuwirken. Vergleiche seiner »Critik« mit der »Heilichen Schrift« und der »Bibel« mußte Cant auch sonst öfter über sich ergehen lassen. Gefreut hat ihn dies sicher nicht!

Nach Eurem neuerlichen, zweyten Briefe hat Cant indessen geruhet, den ersten wieder- und nachzulesen, über jene und andere kleinere Entgleisungen hinwegzusehen, und mich mit einer Antwort an Euch beauftragt, nicht ohne mir genaueste Ordres (Vorschreibungen) über den Inhalt dieses Antwortbriefes aufzulegen. Ihr verdient eine Antwort, sagte der Herr Professor, wenn diese Euch auch nicht konveniren (entgegenkommen) und gefallen mag. Er sey kein Schmeichler und darum dürfe auch mein Schreiben nicht schmeichelhaft seyn! Cant lasse grüßen, obligirte (verpflichtete) er mich zu schreiben, und in seinem Sinne und aus der Kenntnis seiner in seinen Schriften festgelegten Weltanschauung Euch zu rathen, wie Ihr Euch aus Eurem Dilemma befreien und erlösen könnt, woran ihm sehr gelegen sey. Dies möge ich Euch ausrichten und Euch aufrichten. Helfen werde mir dabey ein Concept (Entwurf) einer Antwort von seiner Hand, dessen zu bedienen er mir großzügig concedirte (zubilligte). Es sey nun seit jenem Entwurfe, mit dem er inzwischen unzufrieden sey, einige Zeit verstrichen, die ihn alt und zittrig hinterlassen habe, sodaß er nun nicht mehr gerne »manu propria« (mit der eigenen Hand) schreibe, sondern gern »ab amanuense« (von einem Handlanger) Gebrauch mache. Bitte erklären Sie mich dem bedürftigen und unbedarften Mädchen, sagte Cant. Zu seinem Briefentwurfe Näheres später.

Versöhnlich gestimmt hat ihn an Eurem Schreiben vor allem, daß Ihr weiter um nichts als seinen Rath bittet, aber nicht die geringste Unverschämtheit wie etwa andere Briefschreiber und Bittsteller zeiget. Die meisten Briefe, die mein Herr erhält, sind nämlich Bettelbriefe, deren Schreiber nach den Laudes (Lobgesänge) alsbald um Beneficien (Vergünstigungen, Wohlthaten) in Gestalt von Naturalien (Lebensmittel) beziehungsweise Geld bitten. Viele Briefeschreiber wollen weniger einen Rath als einen Rabatt! Von solchen Briefen sagt mein Herr denn gerne, ich möge sie an seine Arbeitgeberin, die Zarin aller Russen und Reußen, nach St. Petersburg weiterleiten… Manchmal sagt er auch, dieser oder jener Bittsteller sey für den Peterspfenning vorzusehen, was dem Obigen ironischer Weise gleichkömmt. Nicht immer freilich sind die Dreistigkeiten in den Briefen von dieser Plumpheit, ja sie sind manchmal gar nicht als solche erkennbar, sondern von einer merkwürdigen Subtilität und Raffinesse, auch Delicatesse. Ich darf als Beyspiel für die raffinirtere Sorte etwa einen Brief erwähnen, in welchem neulich eine der drei Blutes verwandten Töchter seines leiblichen Bruders Johann Heinrich, der eines geistlichen Pastorenamtes in Altrahden, einer kleinen Gemeinde zwischen Riga und Mitau, waltet, ihn nach allerlei verwandtschaftlichen Artigkeiten ziemlich oder eigentlich unziemlich keck um die Übersendung einer Locke seines grauen Haupthaares ersucht hat, welche sie wie eine heilige Reliquie in Ehren zu halten versprach. Ich darf citiren: »Eine Locke von Ihren ehrwürdigen grauen Haaren hätten wir doch sehr gerne, die würden wir in Ringe fassen lassen und uns so fest einbilden, wir hätten unsern Onkel bey uns.« Möge sie tausendmal meine Nichte seyn, erboste sich mein Herr, so werde ich diesem albernen Ansinnen doch in keinem Falle nachkommen! Es sey zum Haareraufen und man könnte sich den Bart ausreißen, rief er aus, was sich die Menschen einbildeten. Er ist freilich bartlos! Für Bartträger empfindet er keine besondere Sympathie. Man soll sein Geschlecht nicht im Gesichte demonstriren (vorweisen). Wäre er, sagte mein Herr, allen ähnlichen Nachfragen nach Haarlocken, die nicht nur von Verwandten an ihn gerichtet wurden, nachgekommen, so hätte er sich um sein gänzliches Haupthaar, welches unter seiner Perücke an sich nur noch spärlich wachse, bringen müssen, ja die Natur hätte in seinem Falle ganz und gar nicht ausgereicht, alle diese sonderbaren Wünsche zu erfüllen. Auf welche Haare aber hätte er zurückgreifen sollen! Verwandtschaft, schon gar nahe Blutsverwandtschaft, mag einen solchen Wunsch nach einem intimen Geschenke wie einer Locke oder Tolle allenfalls als angebracht oder doch verständlich erscheinen lassen, wenn auch alle Reliquienverehrung einem verständigen und aufgeklärten Menschen schlecht ansteht, ähnliche Zumuthungen aber nach persönlichen Andenken von Außenstehenden sind nicht auszustehen und als widerwärtig abzulehnen. So hatte eine Correspondentin aus Pommerland effectiv die Dreistigkeit, mit Hinweis auf Cants altersbedingte Kahlhäuptigkeit, von der sie erfahren habe, wie die Natur auch die größten Menschen nicht schone und der Geist letztlich nicht im Stande sey, »den Körper zu bauen«, wie der Dichter und Cant-Verehrer Friedrich Schiller sich auszudrücken beliebt habe, ihn um eine Devotionslocke »gleich welcher Provenienz« zu bitten. Mit einem Wortspiele nannte mein Herr den grassierenden Tollenkult »toll«, das heißt verrückt und »unappetitlich«! Er hätte große Lust, jenes zudringliche Frauenzimmer mit einem Büschel Roßhaare von einem Pferdeschwanze, das sein Diener Martin Lampe leicht zu besorgen wüßte, zur Närrin zu halten und abzustrafen, sagte er damals, sich entrüstend und auch belustigend. So ärgerlich er aber ursprünglich, als ich als sein Secretarius und Amanuensis jenen Brief mit dem haarigen Wunsche ihm zur Kenntnis brachte und wegen seines schlechten

Gesichtes vorlas, auch war, so aufgeräumt und heiter war er schließlich beym Gedanken an jenen Streich und Possen, den er der guten Frau zu spielen imaginirte (einbildete). Natürlich wäre mein verehrter Herr als der allergrößte Moralist unseres Saeculums (Zeitalters) niemals zu einer derartigen That und Boshaftigkeit geschritten. Es ereignete sich alles nur im imaginären und virtuellen Raume der Phantasie (Annahme)... Vieles ist bey meinem Herrn, dem großen Philosophen, eben nur gedacht. Der Norddeutsche in Cant meldet sich auch gern mit dem volkssprachlichen »Denkste!«. Auch »im Geiste« höre ich ihn oft sagen, wenn er von Unwirklichem spricht.

Ich thue dieser seiner Schalkhaftigkeit in der Rede auch deshalb Erwähnung, weil meinem Herrn Cant immer wieder Misanthropie, oder, wie es in einem Briefe von Johann Georg Hamann an Johann Gottfried Herder aus dem Jahre 1784 heißt, »Übelaufgeräumtheit« nachgesagt wird. Oft aber ist er sehr aufgeräumt, wie eben auch damals. Er ist kein Griesgram und Miesepeter, wie oft in ungerechter Weise behauptet wird!

Seine Aversion gegen Reliquienverehrung ist freilich ernst und groß. Hierin ist er, der Aufklärer und Freigeist, doch zugleich ganz Protestant und Lutheraner. Nicht nur einmal hörte ich ihn Martin Luthers Spottsprüche aus dessen Tischreden über die »Federn des Heilichen Geistes« und die »drei Tropfen Milch aus Marias Mutterbrust« citiren. Er thut dies indessen auch bey seinen Tischgesellschaften nur, wenn er keine altgläubigen und frommen Catholiken unter seinen Gästen weiß, was freilich an und für sich sehr selten ist, weil sich solche kaum so weit in den Norden nach Königsberg verirren. Ist indessen Carl Leonhard Reinhold, jener Mann aus dem Süden, aus Wien, bey ihm, der sich inzwischen als sein größter Verehrer und als Propagandist der reinen Lehre Cants an den Universitäten in Jena und Kiel bewiesen hat, so thun sich beide in ihrem Spotte, Anticlericalism (Priesterherrschaftkritik) und Antipapism (Papstfeindschaft) keinen Zwang an, was freilich insofern merkwürdig oder auch wieder verständlich ist, als Reinhold, heute mit einer Tochter des Dichters Christoph Martin Wieland verheurathet und zum evangelischen Glauben convertirt, eigentlich geweihter catholischer Priester ist und als Jesuit und später Barnabit begonnen hat, bevor er aus dem Kloster St. Michael in Wien entsprungen und nach Weimar geflohen ist. Dort ist er in bedauerlicher Weise vom Pfarrer zum Pfarrerfresser geworden. Wer dächte da nicht an einen Aphorism (Kurzwort) des Göttinger Professors Georg Christoph Lichtenberg: Die schärfsten Critiker der Elche waren früher selber welche!

Ich gestehe freimüthig, daß mir Herr Reinhold, trotz seiner Verdienste, die er sich mit seinen »Briefen über die cantische Philosophie« in der von ihm und seinem Schwiegervater Christoph Martin Wieland herausgegebenen Zeitschrift »Teutscher Merkur« erworben hat, nicht nur antipathetisch (zuwider) oder, wie man heute auch sagt, »unsympathisch« ist, sondern in hohem Maaße auch unheimlich. Zwar huldige ich auch der Aufklärung, halte aber als getaufter Christ der catholischen Confession daran fest, daß einer, der die Priesterweihe empfangen, ein Sacrament gespendet bekommen hat, das einen »Character indelebilis«, wie die Theologen das nennen, bewirkt und erzeugt. Ich glaube voraussetzen zu dürfen, daß Ihr als

Edelfräulein in Clagenfurth eine gute Schulbildung auch in den Humaniora und alten Sprachen Latein, Griechisch und Hebräisch genossen habt, sey es in einer öffentlichen Schule oder, was wahrscheinlicher ist, durch Hofmeister und Privatlehrer. Nur für den Fall, daß Ihr aus welchem Grunde immer im Lateinischen incompetent (unzuständig) seyd, füge ich eine Glossation des Wortes *indelebilis* an, wie ich auch gern aus propädeutischen (erzieherischen) Gründen bey Fremdwörtern eine Erklärung in Klammern anfüge, wie Ihr schon bemerkt haben werdet. Ich thue dies ganz im Sinne der »Anthropologie in pragmatischer Hinsicht«, wo der Lehrer Cant die lateinischen oder griechischen Fachwörter zum besseren Verständnisse und zur Erklärung der Tradition und Herkunft stets auf die deutschen Ausdrücke und Übersetzungen folgen läßt. Dazu habe ich das ausdrückliche Placet (Billigung, eigentlich Gefallen) meines Herrn, der sagte: Amanuense, machen Sie es wie ich! Dies thue ich also aus Vorsicht und Sicherheit, bitte Euch aber daran keinen Anstoß zu nehmen und einfach darüber hinwegzulesen, wenn Ihr der Explication (Erklärung) nicht bedürftig seyd! In diesen Glossen meldet sich der zukünftige Lehrer in mir, der zu werden ich nach meiner Zeit als Amanuensis die Absicht habe! Vielleicht ist mein Unterricht doch nicht ganz unwillkommen und nutzlos. Über die Fehlerhaftigkeit und die merkwürdige Mangelhaftigkeit Eures Schreibens in orthographischer Hinsicht haben wir uns denn doch ein wenig verwundert, dies möchte ich nicht verschweigen. Ich führe dieselben auf Eure Aufregung zurück, die Euch beym Gedanken an Euren Adressaten wie ein Schwindel erfaßt haben mag! Cant!

Es steckt in dem erwähnten Eigenschaftsworte *indelebilis* das Zeitwort *delere*, welches »zerstören« bedeutet. *Delebilis* also heißt »zerstörbar«, *indelebilis* aber ist verneint und bedeutet dem entsprechend »nicht zerstörbar« oder auch »unabdingbar«. Es drückt dieses Wort also etwas absolut (losgelöst) Definitives (Endgültiges) aus. *Character indelebilis*: Einmal Priester, immer Priester! Was Reinhold betrifft, so hat er die eine oder andere ungute Eigenschaft, die man wie eine Berufskrankheit an Clericern (Geistlichen) öfters wahrnehmen muß, ohne daß hier der ganze Berufsstand denuncirt (abgemeldet) werden soll, nicht nur beybehalten, sondern sogar noch intensivirt (verdichtet), das gewisse pfäffisch Devote, das Hingebungsvolle nämlich, das nun nach den Heilichen oder *dem* Heilichen in Cant seinen Adressaten gefunden hat. Bey Reinhold ist an die Stelle der Heilichenverehrung, an die Stelle der Marienverehrung die Cantverehrung getreten. (Ihr, liebes Fräulein handelt freilich ähnlich, indem Ihr meinen Herrn als Nothhelfer, als den achten nach den sieben canonisirten Nothhelfern zu betrachten scheinet!) Reinhold nun läßt auch keine anderen Philosophen neben seinem Idol (abgöttisches Trugbild) gelten. Auch Fichte existirt nicht. Und wie er, Reinhold, leiden auch andere an Idolatrie (Götzendienst). Nie und nimmer aber wollte mein Herr den Platz des unbeweisbaren und unbewiesenen Gottes einnehmen, der durch ihn sozusagen frei gemacht wurde. Wer sich für Gott hält, ist ein Götze, so Cant. Mit der Behauptung von *indelebilitas* (Unzerstörbarkeit) ist er nicht nur im obigen Sinne des Weihesacramentes sehr vorsichtig und sparsam. Nichts ist unzerstörbar, sagte er einmal. Alles geht der Auslöschung entgegen. Diese nihilistische Ansicht ist mir freilich unerträglich, für einen solchen kohlschwarzen Pessimismus sind wir, Ihr, Fräulein von Herbert, und ich, zu jung. Die Jugend, sagte einmal ein Dichter, glaubt nicht an die Unsterblichkeit, sie *ist* unsterblich!

Leider muß ich auch Euch, verehrtes Fräulein von Herbert, das Wort *Gott*, das Ihr auf meinen Herrn anwendet, verweisen. Ich versichere Euch als sein Amanuensis, der ich nun seit zwey Jahren in seiner unmittelbaren Nähe lebe und in seinem Hause im Auftrage der Universität und im Solde der Stadt Königsberg sein Archiv ordne, er, Cant, ist nicht Gott! Er ist nicht *allgegenwärtig*, *allgütig* und *allwissend*, wie unser Catechism den Höchsten attribuirt (kennzeichnet). Ich will mich von Critik und schon gar von Spott über meinen alternden Herrn frei halten und distanciren. Aber ich thue ihm sicher nicht unrecht und sage nichts Unrechtes, wenn ich fest stelle, daß er gegenwärtig schon oft abwesend wirkt, daß seine vielgerühmte Güte sich vermindert und eine gewisse Schroffheit zunimmt und daß er vieles vergißt und Alltägliches nicht mehr weiß. Vielleicht weiß er, »wo Gott wohnt«, aber seine Strümpfe findet er oft nicht. Dazu und zu so vielem bedarf er seines Dieners Martin Lampe. Aus Einsicht in diesen Sachverhalt habe ich ihn auch einmal seinen Vornamen *Immanuel*, der doch wohl im Hebräischen »Gott mit uns« bedeutet und den ihm seine fromme Mutter in der Taufe zugedacht hat, heftig dementiren gehört! Das war einmal!, sagte er bitter. Trotzdem, von Gott verlassen fühlt er sich nicht. Gibt es auch, wie gerade er erwiesen hat, keine *Beweise* für die Existenz Gottes, so doch *Hinweise*. Er ist nun manches Mal durchaus das, was der Volksmund einen »zerstreuten Professor« nennt. Mit dem

Worte *zerstreut* entspricht die deutsche Hauptsprache dem lateinischen *confusus*, Ihr werdet das Wort wohl kennen. Mir ist es ein erschütterndes Zeichen dieser Zerstreutheit, ja wörtlich genommenen »Verrücktheit«, daß er neuerdings öfter seinen eigenen, also seinen Eigennamen und Personennamen, als *Cnat* schreibt und unterschreibt. Es gibt kein drastischeres Indicium für den Verlust an Identität (Selbstbewußtheit) als diesen verschriebenen Namen. Anfangs dachte ich beym Lesen dieses entstellten Namens, Cant wolle damit vielleicht eine gewisse Distanc zu seiner vormaligen Existenz und Identität und eine Entwicklung, wenn auch eine nostalgische Rückwärtswendung ausdrükken – seine schottischen Vorfahren hatten sich ja wohl anders geschrieben –, mußte aber diesen Umstand später doch als Ergebnis von Confusion (Zerstreutheit) zur Kenntnis nehmen und bedauern. Hier ist auch der Platz, noch dies über seinen Eigennamen zu sagen: Das C im Anlaut von Cant hat Cants Vater und auch Sohn Immanuel anfangs geschrieben, um der schottischen Abstammung graphisch gerecht zu werden, auf die man stolz war. Später, am »Collegium Fridericianum«, dem strengen Gymnasium in Königsberg, ist dem Zöglinge diese Schreibung deshalb lästig geworden, weil die Mitschüler nun seinen Namen als *Zand* ausgesprochen haben, oder in der latinisirten Form Cantius als *Zantius*. Als er sich später wie heute wieder *Kant* schrieb, erklärte er gleichwohl den Anlaut als ein griechisches Kappa! Außerdem beleidigte ihn einmal ein Commilitone (Mitschüler) mit dem Hinweise, daß das englische *cant* »scheinheiliges Gerede« bedeuthet. Einen schlagenderen Gegenbeweis gegen das Sprüchwort »Nomen est omen« hat sicherlich nie ein Mensch geliefert als Cant, dieser »Mann mit Ecken und Kanten«, wie Freund Lenz ihn einmal nominirte.

Mit dem Worte *Gott* habt Ihr Herrn Cant jedenfalls gehörig überschätzt! Mag er gern, was unbestritten ist und viel bewundert wird, thiefe Einsichten und Gedanken über Gott und die Welt gewisser Maaßen, über das Universum haben, geschaffen hat er es nicht, er ist bestimmt nicht der »Schöpfer des Himmels und der Erde«. Wer sprachlos und staunend unter dem gestirnten Himmel in Ehrfurcht erschauert, wie er geschrieben hat, hat sich sicher nicht als dessen Creator überschätzet… Er ist groß, gewaltig groß und erhaben, wenn es darum geht, die abergläubischen und armseeligen Speculationen der Metaphysiker und ihre Denkfehler anzuprangern, aber letzte und endgültige Antworten auf die entscheidenden unabweislichen Fragen hat er nicht. Auf die Fragen »Woher kommen wir, wohin gehen wir?«, »Warum ist etwas und nicht vielmehr nichts?« schweigt er demüthig und eisern. Er weiß, was eine Frage bleiben muß. So gesehen ist er in meinen Augen durchaus auch ein Diener am Mysterium (Geheimnis). Vor Gott aber, dem Schöpfer des Himmels und der Erde, geht der Mensch in die Kniee! Es ist wohl auch niemand ganz gescheit, der die Klärung der alles entscheidenden letzten Fragen von der so genannten Aufklärung erwartet. Ein solcher wäre buchstäblich nicht ganz »bey Troste«. Die Aufklärung ist doch nur ein defensives Programm gegen die Inspirirten (Begeisterten), die von sich behaupten, einen anderen als cognitiven Zugang zum Geheimnisse zu besitzen. Das möchte man auch dem Herrn Carl Leonhard Reinhold gerne ins Stammbuch schreiben!

Carl Leonhard Reinhold aber ist seinem Gotte Cant gegenüber nicht nur devot, sondern auch ein Schmeichler, ein notorischer Bewunderer. Einen solchen hat Cant eigentlich nicht nothwendig. Er müßte ihn härter in die Schranken weisen, zeigt aber gegenüber den ständigen Avancen (Umwerbungen) bedauerlicher Weise auch Schwäche. Ich gestehe freimüthig, daß ich Herrn Reinhold gewisser Absichten in Hinblick auf Cants Erbe verdächtige. Es ist so etwas Tartuffehaftes an ihm. Und das Einsammeln mag er auch in seinem vormaligen Kirchendienste eingeübet haben … Die Kirche habe einen großen Magen, schreibt Göthe im Zusammenhange der Collecte (Sammlung) als einer festen Institution (Einrichtung) im kirchlichen Procedere (Handeln). Reinhold verfolgt heute freilich eigene Interessen, aber dies mit der nämlichen Consequenz und Hartnäckigkeit. Er scheint es nicht nur auf eine Locke des Philosophen abgesehen zu haben, sondern auf den Pelz! Ich hoffe sehr, daß ich mit meiner Einschätzung der Person Reinholds in Euren Augen nicht anmaaßend und ungerecht erscheine. Ihr mögt auch vielleicht über Reinhold ein eigenes Urtheil und vielleicht ein günstigeres haben. Ich weiß ja, daß Euer Bruder Franz Paul von Herbert, als er von Clagenfurth nach Jena studiren kam, in Contact mit Reinholden getreten ist. Vielleicht ist auch Euer Bruder auf ihn hereingefallen, wenn ich es so freimüthig konjiciren (vermuthen) darf. Es sind freilich hauptsächlich Protestanten, die über den Apostaten Reinhold heute nichts kommen lassen. Sie halten ihn für einen Bekehrten und Erweckten!

Ich weiß nicht, ob mein verehrter Herr weiß, daß ich selbst, aus dem Saarlande gebürtig, catholischer Confession bin. Es spricht für seine Liberalität, daß er bey meiner Einstellung nicht nach meiner Einstellung gefragt und mich als den von der geisteswissenschaftlichen Facultät der Universität geschickten Secretär auf der Stelle in dieser Stellung acceptirt hat. Und es war, dies nebenbey gesagt, verehrtes Fräulein Maria von Herbert, auch nicht Ihre catholische Confession (worüber unser Kärnthner Gewährsmann berichtet), der Grund für Cants langes Schweigen auf Euer Schreiben hin, als würde er einer Altgläubigen erst gar nicht antworten. Das hatte andere Gründe, wie ich bereits angedeuthet habe. Als er freilich Ihren Namen, insbesondere Ihren Taufnamen Maria las, sagte er: Wird wohl eine Altgläubige seyn … Man erkenne dies auch an Euren Scrupeln, sagte er. Und dem schlechten Gewissen, das Catholiken auszeichne oder vielmehr entstelle!

Liebes Fräulein Maria, ich darf Euch wohl so amicaliter nennen?, Ihr müßt wissen, um Abschließendes über das Thema Confessionen zu sagen, daß es in den deutschen Ländern heute so und dergestalt ist, daß die herrschenden Kreise, der König, die Fürsten und Grafen und Barone, aber auch die Dominatoren (Thonangebenden) in Kunst, Cultur und Wissenschaft protestantischer Confession und Augsburger Bekenntnisses sind, die niederen Stände, die Bauern und Knechte aber catholisch, die Geistwerker evangelisch oder auch Freigeister, die Handwerker catholisch. (Von den Atheisten-Gottlosen- und Agnostikern-Erkenntnislosen –, die immer mehr werden, ganz zu schweigen!) Das Catholische gilt denn auch in den streng protestantischen Kreisen des Nordens als eine Sclavenreligion. So gesehen ist auch die Öconomie Cants, wie man hier ein Hauswesen nennt, eine typisch deutsche.

Denn von mir abgesehen, ist auch der Diener Cants, der erwähnte Martin Lampe, Catholik. Wieder spricht es aber für die Liberalität und den freien Sinn Cants, daß er über diesen Umstand lange keine Kenntnis hatte, weil er nach solchen Belanglosigkeiten in seinen Augen nichts fragte, und dessen erst gewahr ward, als ihn Martin Lampe um die Erlaubnis bat, sich verehelichen, sich wieder und ein zweytes Mal verehelichen zu dürfen! Weil ihm die erste Lampin weggestorben war. Der reformirte Theologe, der Pfarrer in Boxberg bey Würzburg und Professor der Universität Heidelberg und deren Rector Johann Friedrich Abegg, ein Vertrauter meines Herren, hat mir folgendes, von ihm abgehörte Gespräch zwischen Immanuel Cant und Martin Lampe, seinem Diener, mitgetheilt und berichtet, das ich citiren darf: Lampe sagte also eines Morgens zu Cant: »Herr Professor, sie wollen es mir nicht erlauben!« Darauf sagte Cant: »So! Wer will denn nicht erlauben, oder was wollen sie nicht erlauben?« »Ach, sie wollen mich nicht trauen, weil es Fastenzeit ist.« »Nun so will ich an den Minister schreiben!« »Ja, das hülft nichts, man muß es dem Bischof melden. Wie ich mich vor sechzehn Jahren das erste Mal verehelichte, mußte ich auch an den Bischof mich wenden.« »So ist er schon einmal verheurathet gewesen, und er ist catholisch?« Ich habe diesen von Abegg verbürgten Dialog auch zu Protokoll genommen und ins Archiv getan, weil er mir für die Kenntnis der handelnden Personen von Belange erschien. Ich vermuthe übrigens, ohne eben Gewißheit zu haben, daß auch die Dritte im Bunde der Cantischen Lacaien und Domesticen neben Diener und Amanuensis, die liebe Köchin Luise Nitschin, catholisch ist. Ich schließe dies aus ihrem Speisenplan, denn das, was sie an den Freitagen auf den Tisch bringt, macht mir einen ausgesprochen catholischen Eindruck! Und sie scheint sich auch an die so genannten »geschlossenen Zeiten«, also die Fastenzeiten zu halten, in denen nach römischer Vorstellung nicht nur nicht gefreit, sondern auch kein Fleisch gegessen wird. Freien und Freuen am Fleischesgenusse sind in Advente und an Fasten unangebracht. Bey der ausgeprägten Vorliebe unseres Herrn für Fisch, insbesondere Kabeljau, hat dies aber noch keine Probleme gemachet. Cant dürfte noch gar nicht bemerket haben, daß er römisch-catholisch bekochet und servirt wird, so sehr er sich sonst und gerade im Falle der Lampeschen Hochzeit, die er als ein eingefleischter Cölibatär innerlich auf das Äußerste mißbilliget, ja verabscheut hat, über die »geschlossenen Zeiten« und die »papistische Willkühr« bey deren Festlegung und Festsetzung lustig gemachet hat. Er wolle essen, was ihm als Selbstdenker schmecket und gut thut, und nicht, was dem Papst schmecket oder was Rom gut findet oder schlecht machet. O selbstverschuldete Unmündigkeit! Als eine Art Entmündigung erscheint ihm freilich auch die Ehe, was ich auch bey der Antwort auf Eure Frage zu berücksichtigen habe. Denn nicht nur seinem Diener Lampe, auch seinem Bruder Johann Heinrich hat er die Verheurathung recht übel genommen, als wäre Verheurathen gleichzusetzen mit Verkommen und Verderben. So und nur so wird verständlich, daß Cant auf den Brief seines Bruders vom 13. Mai 1775, in welchem dieser seine Hochzeit, seine Statt gefundene Hochzeit, mittheilt, nicht antwortet und Glück wünscht, wie es vielleicht wünschenswerth wäre. Ob ihm Bruder Immanuel vielleicht einen Trauungs-Zeugen machen möchte, wie es natürlich gewesen wäre, wagte er ihn ja gar nicht zu fragen, denn dann wäre zu seiner Abneigung gegen das »Heurathen« auch noch die lästige Nothwendigkeit einer weiten Reise an gestanden. »Jetzt habe ich die wichtigste Veränderung meines Lebens gemachet, ich bin verheurathet!« schrieb Bruder Johann Heinrich. Vielleicht hätte sich Immanuel Cant noch zu einer Gratulation hinreißen oder bewegen lassen, wenn sein Bruder nicht seinen, Immanuels, eigenen Stand eines ledigen Cölibatärs schlecht gemachet hätte! Schreibt er doch des Weiteren: »Du mein liebster Bruder, mußt Heiterkeit und Gemüthsruhe in Zerstreuungen der Gesellschaft suchen, Du mußt Deinen kränklichen Körper den Mietlingssorgen fremder Leute anvertrauen. Ich finde die ganze Welt in der zärtlichsten Freundin meines Herzens, die meine Freuden und meine Bekümmernisse mit mir theilt, und gewiß, wenn ein herannahendes Alter seine Lasten mitbringt, sie mit der liebreichsten Pflege erleichtern wird. Ich bin glücklicher als Du, mein Bruder. Laß Dich durch mein Beyspiel bekehren. Der Cölibat hat seine Annehmlichkeiten, solange man jung ist. Im Alter muß man verheurathet seyn oder sich gefallen lassen, ein mürrisches, trauriges Leben zu führen …« Und so fort. Armseeliger Spießbürger, dummer Bruder!, sagte Cant laut dem anwesenden Lampe damals. Und als dem geistlichen Bruder in Mitau ein Sohn starb, hat er, Cant, sogar zu condoliren unterlassen. Es hat ihn aber wohl traurig gemachet und von einer so genannten »eschatologischen (endeszeitlichen) Schadenfreude«, wie sie jene Üblen empfinden, die sich durch das Unglück der in ihren Augen dummen Mitmenschen in ihren negativen Ansichten von Welt und Gesellschaft bestätigt fühlen, darf in Cants Falle auf keinen Fall gesprochen werden!

Ich erwähnte weiter oben jene Briefe mit den Bitten um Andenken und Reliquien nur, um Ihnen, werthes Fräulein Herbert, eine Vorstellung von dem oft unerquicklichen Posteingange meines Herrn und der Verstiegenheit menschlicher Begierden in Hinblick auf heraus ragende Persönlichkeiten und die Abgründe des Personencultes zu vermitteln. Ihr, werthes Fräulein Maria von Herbert, habet ihn freilich weder in Eurem ersten noch im zweyten Briefe unverschämt um Schamhaare gebethen, um es ein wenig frivol zu pointiren (auf den Punct bringen). Wenn Cant gleichwohl nicht geantwortet hat und damals auch noch nicht antworten lassen konnte, weil ich ihm aus der Personalreserve unserer Königsberger Universität erst später als Secretarius officialis und noch später auch Secretarius privatus und Amanuensis ad libitum zugeordnet wurde, so ex pricipio (aus Grundsatz). Cant wäre nicht der Verfasser jener Werke, als den ihn die Welt kennt und bewundert, wenn er allen Correspondenzwünschen nachgekommen wäre. Hätte er nach der »Critik der reinen Vernunft« alle unvernünftigen Briefe, Depeschen und Billetten, enthaltend Zustimmung, Zurückweisung, Bewunderung oder Critik, erwidert, so hätte er weder die »Critik der practischenVernunft«, noch die »Religion innerhalb der Grenzen der bloßen Vernunft« noch die »Anthropologie in pragmatischer Hinsicht« verfassen können. Und ganz besonders hätte er nach seiner Schrift »Zum ewigen Frieden« im Jahre 1795 keine Ruhe zu weiterer Arbeit gefunden. Ein dauerhafter persönlicher Unfriede wäre die consequente Folge gewesen.

Es waren ihm schon vor seinem ersten Epoche machenden Werke abschreckende Beyspiele von Philosophen,

Schriftstellern und Schriftgelehrten vor Augen, die sich nach einer ersten literarischen Großthat auf ihren Lorbeeren ausgeruhet und sich voreilig in fruchtlose Correspondenzen haben involviren (verwickeln) lassen und zuletzt fast zu ihren eigenen Secretären, Biographen oder Archivaren degenerirt (entartet) sind. Manche so genannte Biographie aber ist genau und bey Lichte besehen eigentlich eine Autobiographie, weil der Schreiber und Verfasser eigentlich nur ein Geisterschreiber ist und die Celebrität selbst in die Feder dictirte, um sich ganz im selbstischen Eigensinne zur Geltung zu bringen und wichtig zu machen. So genannte Geisterschreiber aber haben mit dem Geiste in der Regel wenig zu thun und zu schaffen, es sind Kleingeister und sie werden von Kleingeistern zu ihrer gespenstischen Phantom-Arbeit angehalten. Wie oft habe ich meinen Herrn ungnädig über andere mit Ausrufen wie Gelichter! Gespenster! Lemuren! oder auch: Dummer Mensch! urtheilen hören. Je höher nämlich ein Mensch in der Welt des Geistes steht, umso weniger Collegen hat er, gleich werthige, ähnlich hoch stehende, ebenbürtige Menschen. Der Größte und Höchste aber ist einsam, absolut einsam, um es philosophisch zu sagen. Hat nicht Gott die Welt erschaffen, um der Einsamkeit zu entgehen und Zerstreuung zu haben? Und das war und ist, menschlich und analog (vergleichbar) gesehen, nun sicher die Situation, in der sich mein Herr befindet. Er ist von Minderen umgeben, er muß sich mit Kleineren abgeben, wenn er nicht ganz solitär (einsam) werden will. Sein Diener ist Analphabet! Und ich gestehe Euch, liebes Fräulein Herbert in Clagenfurth, gerne ein, daß gerade daraus für mich, den unwürdigen Secretär des Höchsten, keine geringen

Schwierigkeiten und Selbstfindungsprobleme resultirten und immer noch erfließen. Ich erwähne dies hier auch deshalb, bevor ich im Sinne meines Auftrags auf Ihr persönliches Anliegen eingehe, um Sie vielleicht zu trösten, wie uns ja aus den Schwierigkeiten anderer der größte Trost erwächst. Ihr dürfet gern Mitleid mit mir haben!

Apropos Größter und Höchster… Ich wollte anfangs, als ich in Cants Dienste trat und von der Universität hierher in die Prinzessin-Straße geschickt worden war, meinen Herrn mit *Meister* ansprechen, weil mir alle anderen Titel zu kurz zu greifen und despectirlich zu seyn schienen. Wer etwa nennt sich nicht heute schon aller *Professor*! *Meister* aber kommt, müßt Ihr wissen, von dem lateinischen Worte *magnus*, und das heißt »groß«. *Meister* ist aber eigentlich ein Superlativ, das heißt, es ist die höchste Steigerungsstufe von *magnus*, so daß wir *Meister* mit »Größter« zu übersetzen hätten. Die meisten Meister sind aber nur so genannte Meister. Ihr Name hat also kein »fundamentum in re« (sachliche Begründung)! Ein *Großmeister* aber wäre dann eine Tautologie (als Übertreibung zu verstehen), weil es ja eigentlich »Großgrößter« bedeuthete. In diesem Sinne wäre Cant durchaus ein Meister, ja der wahre Großmeister! Er wollte aber davon nichts hören und hat sich den Meister verbethen! Außerdem nenne sich heute jeder Bader und Quacksalber, jeder Friseur, Posamentirer und Perückenmacher Meister. Viele Meister seyen aber keine Großmeister, sondern eher Kleinmeister! Eine »contradictio in eo ipso« (ein Widerspruch in sich)! So verlangte er decidirt (entschieden), daß ich ihn als »Herr Cant« ansprechen müsse. Ich fange nun bereits an, mich an das *Herr* zu gewöhnen. Und wenn ich *Herr* sage, implicire ich mich selbst selbstredend als Knecht. So entspricht es meiner Wenigkeit. *Herr*, das Wort *Herr* nämlich, ist ja selbst ein Respect einflößendes Wort, da es doch eigentlich den Comparativ (Steigerung) von *hehr* im Sinne von »erhaben« darstellt. Der Herr ist also der Höhere, der Hehrere. Es bedeuthet also nicht nur einfach den männlichen Menschen, den Mann, und in der Rede des religiösen Menschen ist es die exclusive (ausschließliche) Bezeichnung für Christus, ja auch für Gott. Sicher sprechet auch Ihr in Kärnthen vom *Herrgott*. So ist immer noch ein himmelweiter Unterschied zwischen dem höchsten menschlichen Herrn und dem Herrn des Himmels und der Erde, meinem lieben Herrn Cant im Besonderen und dem Herrn Gotte oder Herrgotte.

Der Herr sey ein guter Herr und der Knecht sey ein guter Knecht! Wie oft habe ich mir diesen Satz des Apostels Paulus vorgesagt. Und nie bin ich jenem Irrglauben verfallen, der Knecht könne sich durch Vervollkommnung, wie die ihm selbstverständlich aufgetragen ist, zum Herrn aufschwingen, er soll ein immer besserer Knecht, aber nicht Herr werden wollen. Der Knecht soll sich nicht »verherrlichen«! Überhebt und übernimmt er sich, so wird er unweigerlich falliren (fehlgehen) und stürzen und fehl am Platze, das heißt deplacirt seyn. Wie oft hat mein hoher Herr über den einen oder anderen Collegen der Königsberger Universität gesagt, der Betreffende wäre ein guter Pedell, auch als Bibliothecar oder Archivarius würde er sich hervorragend eignen, als Professor aber sey er der Fleisch gewordene Irrthum, die »Incarnation« der Incompetenz und eine Fehlbesetzung. Andere wieder seyen durchaus Professoren, die diesen Ehrentitel verdienen, sie seyen aber weiß Gott keine Spectabilitäten oder Magnificenzen, Decane, Dechanten oder Rectoren. Es gibt genug kaum respectable Spectabilitäten, viele wenig ausgezeichnete »Excellenzen« und gar nicht großartige »Magnificenzen«. Ihre Namen sind Schall und Rauch und haben kein »fundamentum in re«, wie sich mein Herr auszudrücken beliebt, was wohl meint: keine sachliche Rechtfertigung und Berechtigung, wie schon weiter oben glossirt! Gerade den Ausdruck *Präsident*, sagt Cant, möchte er loben, weil er im wörtlichen Sinne nicht viel her mache. Ein *Präsident* sey als *Vorsitzender* zu übersetzen – und auch leicht zu *ersetzen*. Der hohe Herr sitzt also auf seinem hohen Platze, der »Allerwerteste« sitzt auf dem Allerwertesten, sagte C. einmal lachend! Ein Präsident braucht vor allem Sitzfleisch, um *präsidiren*, das heißt *vorsitzen*, zu können, sagte C.! Im *Vorstande* der Universitäten gebe es einen *Vorsitzenden*. Der *Vorstandsvorsitzende!* Öfter wiederholte mein Herr das merk-würdige Wort *Vorstandsvorsitzender*. *Sitzen* und *Stehen* in einem Worte, in einer Person! Das Fleisch aber streitet wider den Geist. Das Wort *Rector* habe einen activeren Hintergrund und Sinn. Mancher Rector aber könne sich trotzdem kaum selbst beherrschen und nun wolle er die Universität beherrschen und lenken. Wie viele Böcke sind als Gärtner unterwegs! Auch Elefanten im Porzellanladen! Analphabeten in den Bibliotheken, secundäre, aber auch primäre Analphabeten! Wie viele *Electi* sind nicht *Elite*! Sind eher *Eleven*! Wie viele *Legaten* können nicht delegiren. Wie viele *Professoren* bekennen sich zu weiter nichts als zu ihren Privilegien, sie verkünden nichts, wie es doch ihre Berufsbezeichnung insinuirt (vortäuscht), es sey denn ihre Unkündbarkeit, sie vertreten keinen festen

Standpunct außer den ihres Status als pragmatisirte (unverrückbare) Beamte. Diese *Professoren* leiten ihren Titel von *Profit* ab! Die Stände aber definiren sich weniger durch ihr Standesbewußtseyn als durch den Standesdünkel. *Dünkel,* höre ich meinen Herrn rufen, Dünkel und falscher Stolz statt *Denken* und Überlegen! Weit komme das Wort herum, wenn man bedenke, daß *denken* von *danken* kommt und *dünken* von *denken.* Welch bezeichnender Weg vom Guten zum Bedenklichen! Der vom *Dünkel* Befallene ist sicher kein *Denker* und ein *dankbarer* Mensch schon gar nicht. Er ist der denkbar undankbarste! Er glaubt und denkt und es dünkt ihn, daß er alles nur sich selbst und seiner Tüchtigkeit verdanke. Welch ein Irrthum! Oh wie dankbar bin ich meinem Herrn für manches sprachphilosophische Privatissimum!

Mein Vorbild heißt Johann Peter Eckermann. Eckermann ist der junge Secretär des Dichters und Staatsministers Johann Wolfgang von Göthe, ist über 40 Jahre jünger als Göthe, den Ihr, Fräulein Herbert, neben meinem Herrn Immanuel Cant, als den zweyten Fix- und Leitstern Eures Lebens betrachet, wie der mit den Clagenfurther Verhältnissen intimst vertraute Herr Johann Benjamin Ehrhard Herrn Cant und uns hier berichtet. In Clagenfurth grassire das Göthe-Fieber! Dazu nun muß ich Euch im Auftrage Cants eine Lection (Lehrstück) ertheilen! Schreiben Sie, werther Amanuensis, der Maria von Herbert deutlich und unmißverständlich ins Stammbuch: Cant und Göthe, die gehen nicht zusammen! Es könne nur heißen Cant *oder* Göthe. Er wüßte sich nämlich keinen, sagt Cant, von dem er sich bezüglich Lebensführung weiter distancire als von Göthe. Über die Kunst könne man streiten, ob man nun Johann Wolfgang von Göthe oder doch Albrecht von Haller oder Stoppe oder Richey für den größeren Poeten erachte, ob man den Compositeur (Thonsetzer) Ludwig van Beethoven, um den neuerdings so viel Aufhebens gemacht wird, oder nicht doch den bewährten Carl Friedrich Zelter, den übrigens auch Herr Göthe Beethoven und vor allem Franz Schubert für weit überlegen hält, für den bedeuthenderen Musicanten halte, wenn es aber um Fragen der Moral gehe, um die es doch ganz offensichtlich in Eurem Briefe sich drehe, dann könne die Hierarchie (Rangordnung) der Leithbilder und Fixsterne nicht stimmen. Die beiden Herren nämlich bildeten kein gemeinsames Sternzeichen, sie seyen moralbezüglich eher wie Sonne und Mond. Wovon, wovon, rief mein Herr des Öfteren, erwartet sich eine Person und ein unvernünftiges Frauenzimmer Rettung und Heil, wenn sie auf Cant und Göthe setzet, worein nur setzet sie ihre Hoffnung in ihrer Noth, wenn sie den Philosophen und den Dichter in einem Athemzuge nennet! Setzt sie nun ihre Hoffnung in die gedankliche Durchdringung der Welt im Allgemeinen und ihres persönlichen Problems im Besonderen oder setzet sie ihre Hoffnung in Unterhaltung und Ablenkung? Erwartet sie verbindliche Auskunft über ihr Problem aus und von der Stoa oder vom Hedonismus? Wendet sie sich an Epikur oder an Petronius? Oder an Ovid, so muß der Gegensatz nominirt (beym Namen genannt) werden. Hier sey aber eher angebracht, sich an Marcus Tullius Cicero und die Schrift »De officiis« (Über die Pflichten) zu halten als etwa an die »Ars amatoria« (Liebeskunst) des Naso! Möchte sie etwas klarer sehen, erklärt bekommen oder möchte sie im Gegentheile in eine Nebelwand eintauchen und alle Conturen in emotionaler Entgrenzung verlieren? Die Poesie ist hierin schlüpfriger und glatter, die Philosophie ist fester und steiniger Boden.

Aber sagen Sie, verehrter Herr Secretär und Amanuensis, in Ihrem Schreiben an das verehrte Fräulein am Wörthersee, es sey nicht die Eifersucht eines alten, griesgrämigen Weltweisen an der Ostsee auf die Poesie, die ihn so denken und fragen lasse. Es bleibe aber dabey, sagte er, daß wohl bereits die Auswahl jener Disciplin, von der man die Lösung des Problems und die Erlösung von falschen Vorstellungen erwarte, zur Hälfte, wenn nicht gar gänzlich die Lösung der fraglichen Angelegenheit darstelle. Es sey eine Frage der Competenz (Zuständigkeit). Die Krankheit sey der Medicin und der hippocratischen Kunst aufgegeben und überantwortet, der Kranke müsse zum Arzt gehen und nicht zum Jurisprudenten, wer zu bethen wünscht, möge dies in der Kirche oder auch im stillen Kämmerlein verrichten, aber nicht coram publico (im Angesichte der Zuseher) auf dem Marktplatze, wo das große Geschrey vorherrscht. Es gebe jedenfalls eine vordringliche Zuständigkeit der Wissenschaft in allem Cognitiven (Erkenntnisvermögen) vor der Kunst, wenn auch der Streit um die Vorherrschaft der Wissenschaften zwischen den Facultäten ein eigenes Capitel darstellt. Natürlich halte er, Cant, am Primat der Philosophie vor allen anderen Disciplinen fest, wie die Philosophen den anderen Facultätsmitgliedern erst klar machen und erklären, was sie letztlich thun und was ihr Thun und Lassen im höheren und thieferen Sinne bedeuthet. In der Scholastik habe man gesagt, die Philosophie sey die Magd der Theologie, »philosophia ancilla theologiae«, so die lateinische

Sentenz (Sprüchwort). So aber sey es mitnichten, sagt Cant, die Philosophie arbeite der Theologie nicht mehr zu, sie habe ihre Dienste aufgekündigt. Ja, die Philosophie habe die Theologie buchstäblich bloß gestellt. Die Philosophie habe sich emancipirt (mündig gemacht) und sey der Theologie ledig! Geschiedene Leute! Aude sapere! sey die neue Devise, wage deinen Verstand zu gebrauchen! Und wenn es beym Evangelisten Johannes heiße, dies sey der Sieg, der die Welt überwindet, als nämlich der Glaube, dann sey dies gerade nicht die Erklärung der Welt und der Rätsel der Existenz und des Seyns, sondern der Verzicht darauf, das Sichabfinden mit dem Schwererklärbaren als unerklärlich, dem Rätselvollen als dem Geheimnis, und die Mystik setze diesem Verzichte noch die Krone auf, indem sie ein freud-, wenn nicht gar lustbethontes Verhältnis zum Dunklen predige und practicire und Dulden und Ertragen statt Durchdringen und Niederzwingen anempfehle. Die Mystiker seyen ihrer Sinne nicht mächtig, sie begäben sich freiwillig in die uferlosen Räume der Ahndungen, Sehnsüchte und Stimmungen! Hier handle es sich um Süchtige, Trunkene, wenn die Trunkenheit auch nicht auf dem physischen (körperlichen) Wege erreicht wird. Es sey einer der wenigen Sätze Göthes, die er unterschreiben möchte, jener vom Wunder als des Glaubens liebstem Kinde, wenn er auch sonst mit der Philosophie jenes Faust, den Göthe in seinem Drama vorführe, natürlich in kaum einem Puncte einverstanden seyn könne. Er, Cant, hätte Faust natürlich schon von vorne herein, also *a priori*, bereits in der Exposition also, sagen können, – und sagen lassen können, daß der Hedonismus nach der Enttäuschung mit dem Idealismus naturnothwendig in die Sackgasse, oder, wie der Philosoph sagt, in die *Aporie* (Unwegsame) führt. Besser sey es und moralischer sowieso, in der idealistischen Anstrengung zu verharren, statt sich ins Wohlleben zu stürzen und im Genusse den Schmerz darüber, daß wir nichts wissen können, zu vergessen zu suchen. Der Mensch kann sehr wohl etwas wissen, und er kann auch mehr wissen, sagt Cant, als nur, daß er nichts wisse, wie es der sophistische (spitzfindige) Grieche Socrates zum Ausdrucke gebracht hat.

Dies, werthes Fräulein von Herbert, war also eine Invective (Anwurf) des Meisters gegen den altvorderen Weltweisen Socrates, von dem er auch sonst in manchem Tischgespräche sagte, daß er die Menschen mit seinem Criticism mehr demoralisire als aus- und aufrüste oder auf richte. Am Ende dieses faustischen Schmerzes aber steht ein noch größerer Schmerz als jener, vor dem man geflohen ist. Die Zweifel führen in die Verzweiflung oder, wie der Lateiner sagt: Spes negat desperationem! (Hoffnung verhindert Verzweiflung). Der Mensch aber müsse lernen, was die Alten so ausdrückten: »Contra spem sperare« (Hoffen wider alle Hoffnung). Leicht sey dies nicht, aber letztendlich lohnend!

Indessen bat mich mein Herr, Euch, sehr geehrtes Fräulein von Herbert, nicht mit abstracten Gedanken oder gar Wissenschaftstheorie zu incommodiren (beschweren), sondern Euch vielmehr möglichst einfach und leicht faßlich mit wenigen Distinctionen (Unterscheidungen) vertraut zu machen, die zur Lösung Eurer Nothlage beytragen könnten. Ein Widerspruch nun jedenfalls sey jene Copulation (Verbindung) von Cant und Göthe, von Philosophie und Poesie. Er müsse thief Luft holen, wenn er sich mit Göthe in einem Athemzug genannt finde! Da bleibe ihm die Luft weg und aus.

Auf meine Rückfrage, ob man Göthe nicht auch als einen Vertreter der Wissenschaft und nicht ausschließlich der Poesie gelten lassen könne, da er allenthalben auch für seine so genannte »Farbenlehre« hochgelobt und auch als der Entdecker des so genannten Zwischenkieferknochens gerühmt werde, lachte Cant spitzbübisch, sit venia verbo (Nachsicht für das Wörtchen!), auf. Das alles sey ja nur und bloß weiter nichts als Naturwissenschaft im Kleide der Poesie, »Naturwissenschaft« unter Anführungszeichen ... Er maaße sich im Augenblicke auch nicht an, die Stringenz (Schlüssigkeit) dieser Forschungen zu beurtheilen, sicher aber sey, daß einem Mädchen in Liebesdingen und Liebesnöthen mit der Farbenlehre nicht geholfen werden könne. Da sehe er schwarz, sagte C. in der Nomenclature der Farbenlehre. So gewinne man keinen Durchblick. Und einen Zwischenkieferknochen, die Maxilla, möge man einem Ertrinkenden auch nicht als Rettungsanker oder Luftring hinwerfen ...

Wenn Ihr, wie Ihr schreibt, von Eurem Liebsten und Verlobten verlassen wurdet und darob offensichtlich nicht nur unendliche Trauer empfindet, sondern auch Euch selbst bittere Vorwürfe machen zu müssen glaubt, dann kann zur Rettung aus diesem Dilemma (Zwiespalt) die Poesie und Göthe als der größte Poet, sollte er es überhaupt seyn, sagte Cant, seiner, Cants, Meinung nach kaum etwas beytragen. Er nehme ja nicht an, daß Ihr etwa gerade durch übertriebene Lectüre von Poesie auf Eure fraulichen oder jungmädchenhaften Pflichten vergessen hättet, wie er es auch als zu einfach ansehe, wenn gesaget werde, Romanleserinnen seyen schlechte Liebhaberinnen, Frauen, die Frauenromane lesen oder gar selbst verfassen, wie es nun auch in Mode zu kommen scheine, seyen eo ipso oder per se schlechte Frauen, ehr- und pflichtvergessene Gattinnen und Mütter, literarische Hedonistinnen, die vor dem Ernst der Lebensführung in die Traumwelten der Dichtkunst ausweichen, statt Socken zu stopfen oder Speisen zuzubereithen, sich mit vitaminlosem Lesefutter vollstopfen, statt Liebe durch Dienste zu practiciren, lieber imaginiren. So einfach sey es nicht. Und wenn auch die Lectüre etwa der »Wahlverwandtschaften«, die zu lesen, Cant sagte, er sich als schwer arbeitender Universitätslehrer schon aus Zeitmangel »nicht leisten konnte«, von der Rücksicht auf seine Augen und der Schonung des Gesichts einmal zu schweigen, wahrlich viel Zeit erfordere und einen gewissen Luxus darstelle, so könnte doch, rein theoretisch gesehen, die Lectüre eines so umfangreichen Buches, den rechten Inhalt vorausgesetzt, durchaus gerechtfertigt, nützlich und thunlich erscheinen. Ob dies aber hier zutreffe, könne er fundirt nicht sagen, da er sich aus den genannten Gründen der Lectüre überhoben habe und nicht ins Blaue hinein urtheilen wolle. Heute aber, Mitte der 90er Jahre, könnte er die Lectüre eines so umfangreichen Werkes schon aus Rücksicht auf sein rechtes, intactes Auge, weil ihm das linke mehr und mehr seinen Dienst versage und zu erblinden drohe, nicht mehr nachholen, auch wenn er wollte. Solltet Ihr, wie Ihr es in einem zweyten Briefe, von dem noch die Rede seyn wird, andeuthet, wirklich Cant besuchen wollen und von ihm durch seinen Diener Martin Lampe vorgelassen werden, dann bitte ich um Rücksicht auf sein Sehvermögen und auf seine optische Situation. Nähert Euch ihm immer von der rechten Seite. Vermeidet eine Annäherung von links, um nicht in seinen blinden Fleck zu geraten. Und sprechet bitte deutlich und deutsch. Vermeidet Eure grobmundartliche österreichische Haussprache, er würde Euch in dieser nicht verstehen. Deutsche Hauptsprache statt österreichische Haussprache!

Cant warnet Euch vor Göthe. So wie er mich vor meinem erwähnten Vorbilde Eckermann gewarnet hat! Schreibet um Himmels willen nicht jedes belanglose Wort aus meinem Munde mit, sagte er einmal zu mir am Anfange meines Dienstes. Es reiche das, was er geschrieben habe. Was er so dahin- und dahersage, müsse nicht auch noch aufgeschrieben werden. Das sei weiter nichts als Zeit- und Papierverschwendung! Cant also warnet Euch vor Göthe und mich vor Eckermann. Und sicher würde Euch Göthe ganz entschieden von einer Consultation Cants abrathen. Vielleicht hat er es auch gethan, weil ja, wie auch hier bekannt geworden, Euer Bruder Franz Paul von Herbert über seinen Freund Johann Benjamin Ehrhard mit Friedrich Schiller Bekanntschaft gemacht, ja diesem zum Freund geworden ist. Und der Weg zu Göthe führet bekanntlich über Schiller, wie auch umgekehret! Und Göthe und Schiller seyen nun wirklich ein Tandem, wie es Cant und Göthe niemals sind und seyn könnten. Und wenn Ihr Euch vielleicht mit demselben Anliegen Eurer Liebesnoth an Göthe gewendet und ihn auch wissen habt lassen, daß Ihr Euch gleichzeitig an Cant gewendet habt, dann kann ich mir durchaus vorstellen, daß die Weimarer die Excellenc im Hause am Frauenplan sich vor Lachen ausschütten gehört haben. Es ist durch Indiscretionen in

Königsberg ruchbar geworden, wie abfällig sich Göthe in einem Briefe an C.G. Voigt über Cants »Anthropologie« und gerade auch über Cants Bild der Frau geäußert und lustig gemachet hat. Ich habe jene Textstelle als ein besonders häßliches Urtheil über meinen Herrn gleichwohl hier archivirt, weil meine Zuständigkeit ja nicht nur das Positive und die Zustimmung, sondern auch die Ablehnung in der Reception (Aufnahme) berücksichtigen muß, und so kann ich citiren! Und ich thue dies am besten wortwörtlich oder doch annähernd wörtlich, bloß mit kleinen redactionellen Verdeutlichungen. Herr von Göthe erlaubt, ja ich muß sagen erfrecht sich folgenden Urtheils: »Übrigens sollte man die ›Anthropologie‹ Cants nur im Frühjahre lesen, wenn die Bäume blühen, um von außen ein Gleichgewicht gegen das Untröstliche zu haben, das durch den größten Theil des Buches herrscht, ich habe es gelesen, indem Kinder um mich spielten, und da mag es auch noch hingehen, denn von der Vernunfthöhe herunter sieht das Leben wie eine böse Krankheit und die Welt einem Tollhaus gleich …« So hebt Göthe an, um fortzufahren, Cant scheine ihm *bornirt* (verbohrt, versteinert) und an vielen Stellen *illiberal*. Mit »illiberal« meint er so viel wie »verkrampft«. »Ein weiser Mann sollte das Wort Narr nicht so oft brauchen, besonders da ihm selbst der Hochmuth so lästig ist. Genie und Talent sind ihm überall im Wege, die Poeten sind ihm zuwider, und von den übrigen Künsten versteht er Gott sey Dank nichts.« Göthe schreibt Gott sey Dank, aber natürlich meint er das Gegentheil: Gott sey es geklagt oder auch: Leider Gottes! Dies ist sein eigentlicher Hintergedanke. Herr von Göthe über Cant: »In vielen Fällen ist er pedantisch.« Und dann kommt der springende

Punct, nämlich jene Materie, um die es Euch vor allem gehet, um den Feminism Cants: »Die Behauptung, daß junge Weiber deswegen allgemein zu gefallen suchen, um sich nach dem Tode ihres Mannes einen zweyten vorzubereithen, die er noch dazu einige Male wiederholt, ist eigentlich so ein Einfall, wie die schlechtesten Spaßvögel manchmal in Gesellschaft vorbringen, und geziemet sich nur für einen so alten Hagestolz.« Ja, Fräulein von Herbert, jetzt ist es heraußen, Göthe nennt Cant einen Hagestolz! Einen alten Hagestolz! Ihr, ein junges Mädchen, habt Euch an einen alten Hagestolz um Rath gewandt! Unzuständiger kann nach Göthes Meinung ein Mensch nicht seyn. Ihr habt Euch an einen Spaßvogel, sozusagen an eine Spottdrossel gewandt. Ich habe übrigens dieses Aburtheil über die »Menschenkunde« wohl im Archive eingeordnet, aber meinem Herrn nicht gezeigt. Was hätte ich den alten Mann vergrämen sollen! Zum Schlusse jenes üblen Elaborates schreibt Göthe noch, die »Anthropologie« sey ihm nicht »artig« und »liberal« genug. Und: »Sobald ich den Menschen darstellen will, wie er ist, besonders wenn ich allen Augenblick gestehen muß, daß es ja nicht einmal von ihm abhängt anders zu seyn, daß der wünschenswerte Vernunftszustand nur wenigen und denen meist nur im hohen Alter zu Theile wird, so dächte ich, müßte man die Sache freundlicher, einladender und erquickender geben.«

Ich erinnere mich nicht, daß mein Herr über Herrn von Göthe ähnlich abfällig und dies schriftlich geurtheilt hätte, bey aller Reservation (Vorbehalt)! Ganz sicher möchte er nicht in jenen Fehler verfallen, den er an vielen Critikern von Schriftwerken nicht nur der Philosophie, sondern auch der Poesie mit Abscheu bemerke, nämlich leichtfertiges Urtheilen nach schlampiger und ungenauer, oder überhaupt unterbliebener Lectüre. Cant selbst habe ich nach dem Studium von Besprechungen oder Recensionen seiner Werke wiederholt sagen gehört: Dummer Mensch! Oder, wenn ihm klar geworden war, daß der Besprecher sein Buch ungenau oder gar nicht gelesen hatte: Schlechter Mensch! Dabey stehen Lob oder Tadel auf einem anderen Blatte. Es kann durchaus seyn, daß ein Recensent, der eines seiner Werke lobet, mit dem »Dummer Mensch!« bedacht wird, wenn er, Cant, merkt, daß das Lob auf wackeligen Beinen stehet, weil der Recensent dem Anspruche seiner, Cants, Geistigkeit nicht gewachsen war, und vielleicht gerade aus diesem Grunde sein Heil im Loben gesucht hat, wie überhaupt alles Lob dem großen Geistesmenschen suspect, ja aufs Äußerste verdächtig ist. Dafür sey er nicht eitel genug, sagte er manchmal, wenn er sich über Zustimmung geärgert hat. Und immer wird mir seine Begeisterung in Erinnerung bleiben, die er empfand und lebhaftest zeigte, als ihm sein österreichischer Gewährsmann, nämlich der erwähnte Reinhold, ein diesbezügliches Sprüchwort aus dem Alpenlande mittheilte: »Nichts gesagt, ist schon zu viel gelobt!« Bey Grillparzer aber, Eurem Nationaldichter, heiße es: »Es gibt nichts zu loben!« Ich schreibe hier *gelobt*, im originalen Sprüchwort, so, wie es auch Reinhold meinem Herrn aufgesagt hat, heißt es natürlich *gegeudet*, und ich werde Euch als südbairisch sprechender Österreicherin damit nichts Neues sagen. Das alte Wort *giuden*, neuhochdeutsch *geuden*, mundartlich *geidnen*, heißt ja »loben, preisen« und dies auf überschwengliche und excessive Art thun, im

Sinne von »prahlen«. Ihr Süddeutsch Sprechenden seyd um dieses alte Wort, das Rühmen und Prahlen, aber auch »das Maul aufsperren« bedeuthet, wahrlich zu beneiden, wir hier im Norden haben ja leider nur noch das Antinom *vergeuden* bewahrt. Alles *Geuden* ist ein Vergeuden, so will es Euer alpenländisches Sprüchwort ja wohl sagen, das mein Herr, wie er sagte, dick und zweymal unterstreichen möchte. Wen auch soll man *geuden*, das heißt überschwenglich loben, wenn es doch heißt, daß sogar der Gerechte siebenmal am Tage fällt und sündigt. Und nicht nur die Menschen, auch ihre Werke und ganz besonders ihre Schriftwerke und Bücher sind fehlerhaft. Niemand ist unfehlbar, sagt Cant, für ihn auch nicht der Papst im fernen Rome. Und wie der Gerechte siebenmal am Tage fällt, so hat auch jede Seite auch der besten Bücher mindestens sieben Fehler. Es wimmelt von Schafsköpfen, Zwiebelfischen, Hurenkindern und Klecksen aller Arten. Im Bewußtseyn all dessen, hat mir mein Herr aufgetragen, auch in der Ablehnung und Zurückweisung Eurer Erwartung, bey Göthe zu Eurem Seelenheile und Abstellen der acuten Noth fündig zu werden, zurückhaltend zu seyn. Macht nichts schlecht, was Ihr nicht kennt, sagte er, und lobt nur, was Ihr auf Grunde eigener Anschauung und Erprobung als hülfreich und gut erfunden habet! Ich habe ihm freilich gesagt, daß ich in Ansehung meines Alters, respective meiner Jugend, dafür nicht wirklich garantiren könne, und daß er, wenn er mich als seinen Amanuensis mit dem ehrenden Auftrag dieser Antwort an Euch betraue, riskiren und gewährtigen müsse, daß ich vielleicht unbekümmerter und unfundirter respondiren würde, als er als alter und weiser Mann fundirter (gründlicher) und eben weiser antworten könnte. »Noli famas facere«, sagte er darauf lachend in der lateinischen Sprache. Ich genire mich, es Euch als einer muthmaaßlichen Lateinkundigen ins Deutsche zu übertragen. Andererseits sind Eure Briefe nicht gerade sprachliche Kunstwerke. Mit Eurer Schreibart werdet Ihr in der deutschen Unterrichtssprache sicher keine sehr gute Censure bekommen haben? Darum also doch die Übersetzungshülfe: »Setzet keine Gerüchte in die Welt«. Oder auch: »Haltet Euch mit Vermuthungen zurück«! Es könnte freilich seyn, daß mir dies nicht vollständig gelinget. Möge ihn mein Erwidern wenigstens nicht anwidern. Und auch Euch genehm seyn! Cant hat mir, um auch dies noch anzuführen und einzufügen, aufgetragen, in meinem Brieftractate an Euch das Lateinische nach Thunlichkeit zu vermeiden. Ganz und vollständig kann dies im Abendlande freilich nie gelingen. Nicht nur die Franzosen und die Italiener sprechen im Grunde Lateinisch, ein vulgäres Latein, um genau zu seyn. Selbst der gemeine, nicht nur der gebildete Deutsche latinisirt, oft ohne es zu wissen. »Redet Deutsch mit der Göre!« sagte Cant scherzhaft. Meinen Einwand, daß eine Frau oder ein Fräulein, das sich für seine Schriften begeistere, ja sicher firm im Lateinischen seyn müsse, wo er doch auf Schritt und Tritt das classische Altertum in der originalen Sprache anführe und citire, wollte er nicht gelten lassen. Und auch als ich ihn daran erinnerte, daß er schon als Primaner in der Friedrichs-Schule für einen Abitur-Commers mit einem grandiosen lateinischen Poeme und Tractate brillirt und imponirt habe und allüberall in der biographischen Literatur über ihn, die reichlich sprieße, dieser Umstand hoch gelobet und herausgestrichen werde, war er von seiner Meinung nicht abzubringen. Will das Mädchen etwas Lateinisches über ihr Thema lesen, dann möge es zu Andreas Capellanus greifen, sagte er halb im Scherz, aber auch nicht ganz unernst!

Johann Wolfgang Göthes »Leiden des jungen Werthers« und auch dessen Lebensbericht »Aus meinem Leben, Dichtung und Wahrheit« aber hat Cant gelesen und auf diese Werke recurrirt (bezieht sich) dann auch sein Rath an Euch, die Göthe- und Cant-Verehrerin, den zu übermitteln ich die Pflicht und Ehre habe. Es stimmt also nicht, wenn Göthe zum jungen Eckermann, meinem Vorbilde, auf die Frage, ob er ein persönliches Verhältnis zu Cant je gehabt habe, gesagt hat: »Nein, Cant hat nie Notic von mir genommen.« Ich, »Cants Eckermann«, wie mich Freund Lenz scherzhaft nennt, bezeuge das Gegentheil.

Immanuel Cant hat mir aufgetragen, in meiner, respective seiner Antwort an Euch, wie mit dem Latein auch mit wörtlichen Citaten aus seinen Büchern sparsam umzugehen, namentlich Sie nicht mit solchen aus seinem philosophischen Hauptwerke, der »Critik der reinen Vernunft«, zu überfordern. Daß Ihr in Eurem Briefe justament dieses Werk als von Euch gelesen und studirt bezeichnet, hat ihn weniger erstaunt als erzürnt. Es sey die falsche Lectüre für ein junges Mädchen, sagte er. Und erstaunt und verwundert hat ihn, daß Ihr seiner »Menschenkunde« oder »Anthropologie in pragmatischer Hinsicht«, wie das Werk eigentlich heißt, keine Erwähnung thuet. Dort hättet Ihr nachlesen sollen, namentlich das Capitel über die Geschlechter und insbesondere das weibliche, schwache oder schöne Geschlecht, dann hätte sich Eure Fragenoth vielleicht gegeben und Euer Brief wäre schon beantwortet gewesen, beziehungsweise überflüssig geworden. Eure Desorientirtheit, die sich in der Hinwendung an die unpassende Literatur, sey es an die Werke Göthes oder eben auch das »Opus maximum« (Hauptwerk) Cants statt an seine »Menschenkunde« kund thue, bestätige geradezu einige seiner Urtheile über die Eigenart und die eigenartige Unzulänglichkeit und die Schwächen des schwachen Geschlechts, das Cant in seiner Menschenkunde freilich auch wiederholt das »schöne« Geschlecht nennt. Euer Brief gab meinem Meister aber auch Rätsel auf, weil er einige der Grundthesen in der Menschenkunde zu widerlegen scheint. So könne er, sagte Cant freimüthig, nicht verstehen und in Einklang bringen, daß ein Weib, welches von seiner Gattung her in der Menschenkunde als vergnügensorientirt erfahren wird (»Die Neigung zu herrschen und die Neigung zum Vergnügen«, ist ein Kapitel überschrieben, Pagina 253), sich die »Torture«, so Cant wörtlich, der Lectüre der »Critik der reinen Vernunft« anthue. Unter Vergnügen und Genuß könne er diese Lectüre ganz sicher nicht rubriciren (einordnen), wie es ihn auch beym Verfassen unendlich viel Schweiß und Thränen gekostet habe und er wiederholt unter der Last der Gedanken und der Widerständigkeit des Gegenstandes zusammenbrechen zu müssen gefürchtet habe. Schließlich ging es um nicht mehr und nicht weniger, als die Altlasten und Irrthümer einer zweytausendjährigen Philosophiegeschichte auszuräumen und ein für alle Mal festzuhalten und festzustellen, was der Mensch gedanklich auf Grund seiner Geschaffenheit und natürlichen Disposition überhaupt wissen kann, festzustellen, wo Sicherheit ist und wo metaphysische Speculation, und unter all dem Erdenklichen das stringent Denkbare, das Vernünftige vom Unausdenkbaren zu sondern, das Immanente vom Transzendenten, das Priori vom Apriori und dieses vom Posteriori und so fort. Dabey sey es sein Anliegen, das Philosophiren, nicht eine Philosophie zu lehren und zu erforschen, bey aller Mühe um das Systeme und das Systematische.

So gesehen, sagte Cant, könne er auch wieder verstehen, daß Euch die Beschäftigung mit seinem schwierigen Werke in Eurer Situation, in der es sich darum drehte, daß Euch Euer Bräutigam verlassen hatte, weil Ihr Euch einer Verheimlichung wegen ihm gegenüber schuldig fühltet und nun nicht wußtet, wie Ihr weiterleben oder gar, wie es nicht nur zwischen, sondern auf den Zeilen Ihres Briefes zu lesen steht, den Freitod wählen solltet, wenig Trost bieten konnte. Subtile Distinctionen sind wohl das Letzte, was ein verzweifelter Mensch brauchen kann, bey gleichwohl vorhandener Zuständigkeit der Philosophie in schweren Lebenslagen. »Trost der Philosophie« heißt denn das Werk des spätantiken Philosophen Anicius Manlius Severinus Boethius, das er in äußerster Bedrängnis, im Gefängnisse nämlich, in das ihn ein Tyrann, der Despot Theoderich, geworfen, verfaßt hat. Und es sey ein Trost, wenn ein Mensch, der schier um alles gebracht wurde, seinen Verstand, um nicht zu sagen kühlen und klaren Kopf bewahrt und mit seiner Hülfe über die Widerwärtigkeit des Physischen hinweg kommt, denkend sich aus den bitteren Niederungen erhebt. Panikvermeidung sey die größte Leistung der Philosophie. Philosophie aber heiße »Liebe zur Weisheit«, »Freude an der Einsicht«. Und das sey keine unglückliche Liebe, sondern die allerglücklichste! So Cant. Und wirklich trostlos ist der Mensch erst dann, wenn ihn die Umstände um den Verstand bringen, sey es, daß er in eine Panik gerät oder in eine Lethargie, daß er hectisch (fahrig) oder im anderen Extrem catatonisch (starr) wird, wie denn schon in der Bibel stehe, die er sonst nicht gern und sicher nicht wie die Pastoren immer und überall und gebethsmühlenartig citire, daß diejenigen vor allem zu fürchten seyen, die die Seele tötheten, mehr als jene, die uns den Leib vernichten, wenn auch die Leibhaftigkeit die Bedingung, die »Conditio sine qua non« (nothwendige Bedingung) für alles Seelische und Verständige sey. Von frei schwebenden Seelen halte er nichts. Es seyen ihm noch keine solchen begegnet. An Gespenster glaube er nicht. Seele und Geist schmoren im Fleische. Er habe auch ein großes, wenn auch vielleicht nicht ganz orthodoxes Verständnis für das Theologem: Und das Wort ist Fleisch geworden. Das Wort aber verdirbt und stirbt nicht mit der Fäulnis und dem Verderben des Fleisches! Die Seele wird nicht eingeäschert.

Da meinen Herrn nun Eure Noth dauert, soll ich Euch in seinem Namen Rath geben, Ihnen rathen und andererseits vor falschen Räthen abrathen. Es sey, um bey letzterem zu beginnen, also mehr als fraglich, ob etwa die erwähnte Lectüre der Götheschen Schriften, namentlich der »Leiden des jungen Werthers«, die bis in die hintersten Winkeln des deutschen Sprachraumes und wie berichtet auch in Clagenfurth Furore (Aufruhr) gemacht hat, in einer Situation wie der Euren, angeraten erscheinen kann oder ob nicht vielmehr eine solche Lesung Gift werden könne. Der Verfasser jener Schriften nun selbst eignet sich als Nothhelfer in diesem Falle kaum, wie ja bekannt, weil von ihm selbst beschrieben, manches Mädchen, mindestens aber Friederike Brion im elsässischen Sesenheim in eine ähnliche Lage wie diese, in der Ihr Euch zu befinden scheinet, von ihm gebracht worden ist… Nun sey jener ja nach vielen amoureusen Abenteuern letztlich ehelich und auch Vater eines Sohnes geworden, habe aber auch in diesem Stande und Zustande die Etymologie (Wurzel) von *ehelich* nicht eben verificirt, wenn es stimmt, was die Spatzen von den Dächern Weimars pfeifen, so daß man es bis Königsberg hören könnte, wenn man auf derlei Fama-Sensationen erpicht wäre, was für meinen Herrn absolut nicht zutrifft. Er, Göthe, habe wohl von seinen schon habituell und lasterhaft gewordenen erotischen Ambitionen (Absichten) nicht mehr lassen können. Er also sey einer Eurer Leitsterne! *Iste*, sagte mein Herr wiederholt, *iste*. Ihr wißt, daß dieses lateinische Demonstrativum (Hinweisewort) abfällig notirt, und am besten mit: »Dieser da«! zu transponiren (übersetzen) ist. Göthe ist ihm also ein *Iste* und kein *Hic* (dieser) oder *Ille* (jener). Der andere sey er, mein Herr Cant, ein alt gewordener cölibatärer Mann, der den Ehestand zeitlebens abgewiesen, dies aber nicht aus Verachtung für jenes hohe Ideal, sondern im Gegentheil aus Hochschätzung für jene Institution, für die er freilich den fehlerhaften und moralisch bresthaften Menschen nicht hinlänglich disponirt erfahren habe, er, dem, überspitzt gesagt, die Ehe auch ohne den Segen einer Kirche, so heilich war, daß er »die Finger davon gelassen« habe. Es sey im Übrigen gar kein so unverständliches Paradox, daß wirklich hoch und hehr von Ehe und Familie nur jene zu sprechen vermögen, die sich von ihnen ferngehalten und Abstand genommen, als insbesondere die Geistlichen und hier insonderheit diejenigen der römisch-catholischen Confession, denen man bescheinigen müsse, daß sie eine anspruchsvolle Geschlechter- und Ehemoral mindestens theoretisch entwickelt, entfaltet und verkündiget haben, wenn sich auch diese elaborirte Cultur von Treue und Keuschheit, Ehe und Ehelosigkeit »um des Himmelreiches willen« häufig in Conflict mit der Natur befinde und immer wieder Beyspiele von so genannter doppelter Moral, von Wasserpredigen und Weintrinken öffentlich würden. Ihr in Clagenfurth, meint Meister Cant, werdet sicherlich im Religionsunterrichte in Eurem »Institutum sapientiae et pietatis«, einer Jesuitenschule, deren academischer Ruf und Ruhm sogar in unseren Norden und bis Königsberg gedrungen ist, viel über diesen Gegenstand gehört haben. Auch Euer Hofmeister, wenn Ihr privatim instruirt wurdet, wird dieses Thema angesprochen und sicher nicht ganz vermieden haben. Und da Ihr schreibt, daß Euer Bräutigam ebenfalls dem höheren Stande entstammet, wird er wohl auch an der dortigen Schule Mores (Anstand) gelehrt bekommen haben. Leider hat er sich nicht daran gehalten!

Ja, die Frage der Hofmeister und Privatlehrer, die Ihr als Kinder aus guten Häusern kennengelernt haben werdet, diese schon gestellte Frage stehet ja noch unbeantwortet im Raume. Ich werde über die Hofmeisterei noch ein Wörtchen zu sagen haben. Cant war ja selbst einmal Hofmeister, bevor er an die Universität kam. Seiner eigenen Schule, dem »Institutum Fridericianum«, einer ähnlichen Anstalt wie Euer »Institutum sapientiae«, nur eben nicht von Jesuiten, sondern protestantischen Pietisten geführt, hat Cant zeit seines Lebens ein ehrendes Andenken bewahrt, wie er andererseits die in litteris (Dichtwerken) Usus (Mode) gewordenen Querelen (Schulschelten), woran Friedrich Schiller nicht unschuldig sey, als Undankbarkeit und jugendliche Thorheiten sehr mißbilligt. Manche dieser Invectiven gegen traditionsreiche Internate und Anstalten seyen sprachlich freilich so erstaunlich, daß ihre Verfasser sich bey jenen Pädagogen (Erziehern) und Präceptoren (Lehrern), die sie schmähen, für das Gelernte offenbar herzlich bedanken sollten. Wo sonst als in der Schule haben sie eine solche Rede gelernet und geübet? Ihre Lehrer haben sie gelehret, auf jenem hohen sprachlichen Niveau über sie, die Lehrer, herzuziehen! Die undankbaren Schüler attackiren (bedrängen) ihre alten Lehrer mit jenen rhetorischen Waffen der Polemik (Schmähung), die sie, die Lehrer, ihnen geschmiedet haben!

Was also mag es seyn, fragte mich mein Herr, was das verehrte Fräulein in Clagenfurth von mir Hülfe erwarten läßt. Halte er sich doch selbst gar nicht für einen Seelsorger, er sey vielmehr ein »Geistsorger«. Er sey »Logopäde«, sagte mein Herr wörtlich. Damit wird er wohl gemeint haben, daß er sich Sorgen um den Sinn des Lebens machet. *Logopäde* im Sinne von »Sprechlehrer« ist er nicht. Sein Metier sind nicht die Sprach- und Sprech-, vielmehr die Denkfehler. Vielleicht dürfe er sich mit dem alten, ehrwürdigen Ausdruck einen Weltweisen nennen, wie er doch in aller Bescheidenheit hoffe. Auch das Wort »Selbstdenker« verwendet Cant gerne und immer wieder. Aber es fehle ihm auf dem hier einschlägigen Gebiete des Gesellschaftlichen und der Geschlechterbeziehung a priori ganz und gar an Erfahrung. Auf das schöne Geschlecht habe er sich nie eingelassen. In Frauen sey er nie eingedrungen. Als dies natürlich und naturgemäß gewesen wäre, sey er außerdem sehr oft krank gewesen. Hier könne er nur aus der Anschauung und der Beobachtung fremder Schicksale urtheilen. Es sey also nur Deduction möglich. Mit Deduction, verehrtes Fräulein, meint mein Herr hier theoretische Herleitung. Ich kann hier aus eigenem Erleben und Wissen, sozusagen aus Mitwisserschaft, anführen und einfügen, daß ich den Herrn Professor öfters seinen Gästen bey Tische nach der Collation (Speisung) sein Lieblingsgedicht von dem großen, im Jahre 1761 verstorbenen Hamburger Dichter Michael Richey vortragen hörte, wenn ich zwischen den einzelnen Gängen das Speisezimmer betrat, jenes Gedicht, das im Titel den Cölibatär führet, und Cant hat im Vortrag durch eindeutige Signale seine Identification, also Übereinstimmung mit dem erzählten Ich des Gedichtes kenntlich gemacht. So meine ich, wie mein Herr auch, daß in einer Lage wie der Euren mit größerer Aussicht auf Erfolg Trost bey Michael Richey oder auch bey dem von Herrn Professor Cant und meiner Wenigkeit gleich, das heißt gleich hoch geachteten Albrecht von Haller zu suchen und zu finden wäre. Auch Daniel Stoppe, der Schlesier, Dichter und Conrector in Hirschbach, hat viele gute und lebenspractische, also brauchbare Cantica (Liedlein) hinterlassen. Göthe hingegen, wie immer man ihn einschätzen mag, der Höchstgeschätzte, wohl auch manchmal Fehlgeschätzte oder Überschätzte, erscheint dem Herrn Professor in diesem Falle keine Adresse zu seyn. Habe er, Göthe, denn nicht, wie heute jedermann weiß, weil er es leider selbst public gemacht hat, in der Geschichte um die Pfarrerstochter Friederike Brion in Sesenheim im Elsasse genau jene Rolle, jenen unseeligen Part gespielet, den Ihr Bräutigam offenbar auch gespielet, vielleicht sogar nachgespielet(?) hat, wenn er wie offenbar Sie selbst nicht nur »Die Leiden des jungen Werthers«, sondern auch das 10., 11. und 12. Buch von »Aus meinem Leben, Dichtung und Wahrheit« gelesen haben mag. Dort erfährt nun ein Verpflichteter, wie er sich entpflichten mag, ein Verlobter, wie er sich entloben und sein Gelöbnis ignoriren (vergessen, mißachten) kann. Ein Philosoph wie er, Immanuel Cant, müsse dem Literatoren Göthe, was die Rationalisirung, das heißt übersetzt »Begründung eines Abschieds« oder eigentlich Verlassens und Verschmähens eines Menschen betrifft, seinen moralischen Consens (Beyfall) versagen. Die Kunstfertigkeit des Künstlers diene ihm ganz vortrefflich, Gründe, scheinbar gute Gründe für dieselben zu formuliren. Mein Herr sagte freilich mit voller Absicht »scheinbar«, die guten Gründe seyen letztlich nur im trügerischen Sinne gut, in Wahrheit sind sie vorgeschoben. Sie seyen in Wahrheit ein Betrug. Eine Lug seyen sie! Göthe mangle es hier an Wahrhaftigkeit! Er lüge oder belüge sich selbst, unterliege also einer Selbsttäuschung. Die Kunst erzeuge jenen Nebel, der das Wahre schemenhaft werden läßt und verdunkelet. Und so gäben sich Selbstsucht und Eigensinn wie Altruismus (Nächstenliebe). Wo, wenn überhaupt persönliche Fehler eingestanden werden, würde dieses Eingeständnis zugleich als Exculpirung (Mein Herr meint mit diesem lateinischen Worte so viel wie im Deutschen »Ent-Schuldigung«) verwendet und mißbrauchet. Cant meint, daß Göthe damit meint und ausdrücken wölle: Ich habe die Größe, dich vor mir zu warnen. Ich ertrage heroisch den Schmerz, den es bedeuthet, daß ich dich von mir befreie. In Wahrheit befreiet er sich vor allem selbst, von ihr! Ein Schelmenstück der Sophisterey, eine Bravour der Verkehrung, eine Coloratur der Perversion (Verdrehung). Denn würde der wahrhaft liebende Mensch, als den wir uns Fräulein Friederike Brion denken müssen, den geliebten Menschen nicht trotz, oft gerade auch wegen seiner Fehler lieben? Dies ist eine rhetorische Frage, die der Antwort nicht bedarf! Wie viele Laster sogar würde sie dem Geliebten durchgehen lassen, wenn er nur grundsätzlich an ihr fest hielte. Sie würde ihm vieles, wenn nicht alles nachsehen. Sie wird aber vom Geliebten ohne Nachsicht behandelt und hat das Nachsehen! Sie schaut durch die Finger.

Mein Herr bittet mich, Euch auszurichten und erklärend auseinanderzusetzen, daß der liebende Mensch in einer per se lieblosen Welt immer auch der betrogene Mensch sey. Der untreue Mensch aber, der sich in der Maniere Göthes und der Literatoren herausredet, erwarte nicht selten auch noch Zustimmung zu seinen Unstimmigkeiten, Zuspruch für seine Widersprüche, Beyfall für seinen Abfall, ja Sympathie (Zustimmung) für seine Apathie (Abneigung). Von ihm, meinem Herrn Professor, sey dies nicht zu bekommen und zu erwarten. Ästhetik statt Ethik!, sagte mein Herr wiederholt und mit großer Geringschätzung, ja Verachtung. Da spiele er nicht mit. Er fühle dem so genannten Schönen auf den ethischen Zahn und entdecke die Fäulnis!

Mein Herr sagt mir und läßt Euch durch mich sagen, daß er die Literaturgeschichte für die Geschichte der Ausreden halte. Und er nennet als archaische Beyspiele von solchen unbegründeten Ausreden das Capitel oder Hauptstück um Aeneas, wie es der römische Dichter Publius Vergilius Maro bietet, jenen Aeneas, der Dido, das liebende Weib und die Königin von Carthago, schmählich und schmachvoll verläßt und sie in den Tod der Selbsttöthung treibt. So aber verläßt man keine Königin, nicht nur keine Königin, sondern auch keine einfache Frau. Im Falle des Aeneas werden von Vergil die Götter bemüht, die der Verbindung von Aeneas und Dido Zustimmung und Beyfall versagen, weil sie mit dem Helden anderes im Plane und im göttlichen Sinne hätten, nämlich die Gründung Roms! Wie viele Aeneasse aber, sagte Cant aufgeräumt, verlassen ihre Verlobten und »schicken sie in die Wüste« ohne die Perspective einer Städtegründung oder einer anderen großen Tat, sondern mit der schnöden Aussicht auf eine andere, vermuthlich jüngere, hübschere und reichere Braut, eine so genannte bessere »Partie«. Viele Wüstlinge taxiren die jungen weiblichen Menschen allein nach materialistischen Criterien heutzutage. Sie halten sich nicht an die »Critik der Urtheilskraft«, sondern die »Critik der Finanzkraft«. Wie hoch ist die Mitgift Katharinas? Auf wie viel beläuft sich das Wittum Amaliens? Brautgabe und Heurathsgut motiviren (leiten) und inspiriren (begeistern) die Eheaspiranten (Eheanwärter). Sie wollen, wenn überhaupt, nicht einfach heurathen, sondern »einheurathen«, sie ehelichen dem entsprechend weniger die Braut als den Brautschatz, die Mitgift ihres »Schatzes«! Oh Schätzchen! Mein Herr sagt, man, das heißt, er müßte wissen, wenn er schlüssig urtheilen soll, ob das Materielle in Eurer zerbrochenen Beziehung eine Rolle spielet oder gespielet hat und ob Euer Entlobter nicht vielleicht von Gott oder dem Götzen Mammon fehlgeleitet und verführet war, als er sich Euch versprach. Diese Vermuthung sey deshalb nicht ganz unbegründet und von der Hand zu weisen, weil ihn einer seiner Königsberger Studenten, der aus Kärnthen stammt, ein Landsmann also von Euch, über Eure günstigen finanziellen Voraussetzungen auf Nachfrage unterrichtet hat. Cant weiß demnach, daß Ihr die Tochter eines Realitätenbesitzers seyd, der eine Bleiweißfabrik betreibt, die ihre Producte weitum verschickt. Sogar von Monopole sey die Rede! Cants Kärnthner Gewährsmann und Auskunftsperson hat von Eurem Domicile und Vaterhause geradezu geschwärmt und in den wärmsten Thönen gesprochen. Es handle sich dabey um ein Patrizierhaus, das selbst dem Empereur Napoleon in die Augen gestochen, sodaß er es als Besatzer sogar vorübergehend als seine Station ins Auge gefasst habe, was nur aus Ungunst anderer Umstände dann unterblieben sey. Ungunst, oder vielmehr eigentlich Gunst und Glück im Interesse Eures Hauses! Napoleon habe sich schließlich in einem Stadtpalais in der so genannten Herrengasse einquartirt, heißt es. Herrengasse, wo sonst! Cant wünschte den Tyrannen in die Kothgasse! Wir kommen darauf zurück. Cants Kärnthner, um ihn so zu abbreviiren (abzukürzen), sagt, der Kärnthner nenne ein Haus wie das Eure zwar mit einem Diminutive ein »Stöckl«, eben das »Herbert-Stöckl«. Die Größe des Bauwerkes strafe diese Bezeichnung aber Lügen! Pfarrherren mit üppigen Pfründen und reiche Hochadelige bewohnen solche »Stöckln«, die in vielen Fällen Schlösser an Ansehnlichkeit und Annehmlichkeit und Schönheit übertreffen! Das Stöckl spielt alle Stückl, heiße ein Wortspiel … So könnte es in Eurem Falle also durchaus seyn, daß der Treulose, ähnlich Napoleon, nicht nur auf Euch, sondern auch auf Euer Haus sein Auge geworfen hat, daß ihm aber dann ein noch stattlicheres »Stöckl« oder ein anderes, wirkliches Schloß, ein »Stock« gewisser Maaßen, den Blick verstellt hat! Gab es Aussicht auf ein Schloß? Es ist ja leider immer eine Frage und spielt eine Rolle, was einer oder eine in die Ehe mitbringet und was er durch die Ehe gewinnet. Vermögen vermag viel, muß es heißen. Oder, wie der Engeländer zu sagen pfleget: Nothing succeeds like success. Ihr seyd des Englischen doch mächtig?

Verehrtes Fräulein von Herbert, Ihr erwartet also Klarheit, Klärung und Erklärung von meinem hohen Herrn in einer persönlichen Angelegenheit, über die er sich auf Grund Eures Briefes nicht klar werden kann. Cant aber sagt und läßt Euch ausrichten, daß er weniger Klärung als Aufklärung lehre, und daß der einzelne Hörer oder die Hörerin die eher theoretische Aufklärung zur practischen Klärung seiner oder ihrer individuellen Situation und Crisis anwenden und »umlegen« müsse. Die Philosophie hält sich per definitionem (laut Festlegung) im Allgemeinen, das Leben aber spielt sich im Besonderen und Concreten ab. Cant selbst hat im Übrigen gewissenhaft versucht, über Euch und Euren Geburtsort Clagenfurth nähere Kenntnis und Auskunft zu erlangen, wobey ihm jene Auskünfte, die er zum Theile von Studirenden erhalten hat, die Euren Bruder während seines Jenaer Aufenthaltes getroffen und contactirt haben, von großem Nutzen waren. Über allem aber ist es wieder Reinhold, Carl Leonhard Reinhold, der Wiener, der aber über alle österreichischen Erblande und insbesondere Kärnthen profunde (gründliche) Kenntnisse besitzet, der meinen Herrn über Eure Provinz informirt hat. Mit Verwunderung hat mein Herr jene Begeisterung für die Weimarer Dichter Friedrich von Schiller und Johann Wolfgang von Göthe zur Kenntnis genommen, eine Begeisterung, die, wie Reinhold berichtet, mit dem Namen Eurer Familie verbunden ist und angeblich bereits die seltsamsten Blüthen treibt. Es sey bey der Stadtverwaltung von Seiten des »Herbert-Kreises« der Antrag eingebracht worden, den dortigen Stadtpark nach Göthen zu benennen, der bislang nach einem ortsansässig gewesenen einheimischen Dichter Namens Tschabuschnig benannt gewesen sey. In jenem Park aber wolle man einen Sector Friedrich Schiller, der ein persönlicher Freund Eures Bruders Franz Paul von Herbert sey, weihen und nach der im Norden Mode gewordenen Sitte eine Linde pflanzen. Nicht schon wieder eine Schiller-Linde!, hat da mein Herr ausgerufen. Die Sache mißfällt dem Weltweisen zunehmend. Er bittet mich aber, Euch zu versichern, daß es ganz sicher nicht Neid oder Mißgunst oder gar Eifersucht auf Schiller und Göthe ist, was ihn zu seinem Mißfallen veranlasse und verdrieße. Sein Mißfallen wäre im Gegentheile noch viel größer, wenn man nach ihm selbst einen Park benennen würde, er würde sich diese, einem Philosophen schlecht anstehende Devotion (Verehrung) schlichtweg verbitten. Verbitten und verbieten! Er würde, sagte er mit einem Wortspiele, wie er sie so sehr liebet, »einen Baum aufstellen«, wenn man nach ihm oder ihm zu Ehren einen Baum aufstellen und anpflanzen möchte, wie man es mit Schiller heute und den Linden treibt! Schillers Bedeutung, sagte er, mag unbestritten seyn, diese vielen Linden, diesen Lindenwald aber verdient sie denn doch nicht. Man sehe ja vor lauter Linden Schiller nicht mehr, sagte Cant lachend.

Aber es werden ja selbst Eichen für Menschen gepflanzt, die »keiner Staude« werth seien. Im höchsten Fall Flechten und Moose, Unterholz, aber keine deutschen Eichen! Die Eichen, sagte mein Herr einmal im Scherze und als wäre er ein Anhänger des alten Vielgötterglaubens der germanischen Antike, sollten Donar und sonst keinem geweiht und heilich seyn. Eichen können uralt werden, Steineichen können steinalt werden, es hat meinen Herrn ganz besonders fascinirt, als er in den Schriften des Weltreisenden Alexander von Humboldt gelesen hat, daß es in America tausendfünfhundertjährige Eichen und Mammutbäume gebe, ja Bäume, die zur Zeit der Geburt Christi gepflanzt worden sind. Solche langlebigen ehrwürdigen Bäume sollte man nicht dem kurzlebigen und vorübergehenden Ruhme von Eintagsfliegen widmen. Wir, – Immanuel Cant sagte Wir! – sind alle Eintagsfliegen. Wir können unsere Namen in Stein graben oder in Erz hauen, wir selbst aber und unsere Gedanken sind schneller verwehet und verweset, als wir auf die ergrabenen und »erhabenen« Schriften hinsehen können. Allüberall in den deutschen Landen Göthe- und Schiller-Parks und -Straßen, -Plätze und -Gassen. Und wo bleiben die Denk-Mäler für Daniel Stoppe und Michael Richey?!

Die Clagenfurther könnten sich mit einem Schiller-Denkmal ruhig noch ein wenig Zeit lassen, meint mein Herr. Denkmäler, vor allem solche zu Lebzeiten, seyen »nicht am Platze«, so mein Herr mit einem Wortspiele. Denn die wahre und wirkliche Bedeutung eines Menschen, namentlich eines Künstlers, zeige sich erst posthum, wenn seine Werke wirklich Wirkung zeigen – und behalten. Cant hat ein anderes Zeit-Maaß und Zeit-Verständnis als die aufgeregte und nerveuse Gesellschaft. Manchmal ist es mir, als gelte von ihm: Tausend Jahre sind ihm wie ein Tag. So entspricht es seiner viel gerühmten Categorienlehre. Hast ist dem wackeren Manne fremd. So ist es kein Wunder, daß er den Aufgeregten um Göthe mit leisem Spotte gegenüber stehet. Man hat ihm, von seiner speciellen Göthe-Aversion (Abneigung) abgesehen, vor allem sein distancirtes Verhältnis zu Schiller übel genommen, wie es sich in einem Briefe vom 30. März 1795 zum Ausdrucke bringt. Weil doch Schiller, sagen Cants Gegner, unter den deutschen Dichtern gerade jener sey, der von Cant am festesten Lehre angenommen und im Hinterfragen von Ordnungen und Conventionen (Übereinkünfte) in seinen Dramen und nicht nur in den stürmischen »Räubern« sich als wahrer Philosoph erweise. Und auch in »Maria Stuart« erreicht seine Moralität in der Cadenz (Abschluß) des Stückes, in der Moral: »Das Leben ist der Güter höchstes nicht, der Übel größtes aber ist die Schuld« Cantisches Niveau! Und einen solchen Mann, moniren (ermahnen) die Critiker Cants, nennt Cant in dem genannten Briefe »gelehrter, talentvoller Mann«, als handele es sich um einen Debütanten (Frischling, Neuling) und nicht um den an seiner Lunge schwer laborirenden (leidenden) Verfasser der Wallenstein-Trilogie. Wie im Falle Schillers, sagen sie, habe Cant auch andere nachdenklich und grüblerisch und unsicher in ihren Ansichten gemacht, ja einigen eine richtige »Crisis« bereithet, eine »Cant-Crisis«, wie sie sagen, diesen unsicher oder auch unglücklich Gewordenen aber dann seine Hülfe versagt. So habe er Schiller, der ihn um einen Beytrag für seine Zeitschrift bittet, mit einer kleinlichen Critik an einem

Aufsatze in einer der früheren Nummern jener Zeitschrift an Aussagen über die Zweygeschlechtlichkeit und Fragen der »Insemination« (Besamung) abgethan und »abgespeist«, statt großmüthig auf ihn und seine Bitte einzugehen und zu »liefern«, wie die Editoren (Herausgeber) gerne sagen und nominiren. Solche, meist unbegründete Beanstandungen meines Herrn sind sicher auch Euch in Clagenfurth zu Ohren gekommen.

Es ist meinem Herrn – wieder über den »Zuträger« Reinhold – auch zu Ohren gekommen, daß hinter den Bemühungen um ein Schiller-Denkmal Franz Paul von Herbert, der Schiller-Freund und Mäzen des Marbacher Poeten, steht. Ja ist denn dieser nicht der Bruder jener unglücklichen Maria von Herbert, von welcher ich jenen erschütternden Brief erhalten habe?, fragte damals mein Herr Herrn Reinhold. So sey es, sagte Reinhold und er machte Cant nähere und genauere Mittheilungen über Eure und Eures Bruders Verhältnisse. Auch wußte er zu berichten, daß Euer Bruder auf Schillers Ersuchen hin, in Clagenfurth sehr viele Abonnenten (Abnehmer) für die Zeitschrift »Die Horen« gewonnen habe, was Schiller natürlich sehr gefreuet und für den Kärnthner außerordentlich eingenommen und seine freundschaftlichen Gefühle sehr verthiefft habe. In keiner deutschen Stadt hätten die »Horen« so viele Abonnenten wie in Clagenfurth. Franz Paul von Herbert habe seine ganze Freundschaft, das heißt Verwandtschaft, zum Bezuge der »Horen« obligirt und so sähe man in allen adeligen Häusern dortselbst die »Horen«. Ja selbst in einer Pfisterey und in einer Fleischhauerey seyen die »Horen« gesichtet worden! Es sey aber eine Frage, wie viele Herren und Damen sie auch lesen und verstehen! Es ist mehr als fraglich, ob die Clagenfurther Abonnenten alle gewußt haben, worum es sich bey den *Horen* handelt, die Göttinnen der griechischen Mythologie nämlich, Auxo, Thallo und Karpo aus dem Gefolge der Aphrodite, Töchter des Zeus und der Themis. Und ob sie mit Schillers hochgemuthem Programme (Vorhaben), »die politisch getheilte Welt unter der Fahne der Wahrheit und Schönheit wieder zu vereinigen«, etwas anfangen konnten. Lenz, mein Freund Jakob Michael Reinhold Lenz, sagte in seiner bekannten übermüthigen Lust an der Boshaftigkeit, die biederen Clagenfurther Bürger hätten wahrscheinlich Horen mit dem Selbstlaute u gelesen und sich falsche Hoffnungen gemacht …

Friedrich Schiller aber, berichtet Reinhold, sey von seines Freundes Herbert Eifer für die »Horen« so begeistert und dankbar gestimmt gewesen, daß er Kärnthens in seiner Wallenstein-Trilogie Erwähnung gethan habe, wie aus heiterem Himmel und eigentlich recht unmotivirt (unbegründet). Vielleicht kennt Ihr, die Schwester des Franz Paul von Herbert, jene Stelle im »Wallenstein« ohnedies. Sicher hat Euch Euer Bruder stolz auf jene Stelle hingewiesen, wo er und seine Heimat eine Spur hinterlassen haben. Hier hat freilich einmal jemand gespottet, Kärnthen sey in den Wallenstein gekommen wie Pontius Pilatus ins Credo (Glaubensbekenntnis).

Ihr also, berichtete Reinhold nicht ohne leisen Spott in der Stimme, wäret wie weitere 31 andere Kinder und Nachkommen eines Michael von Herbert, die dieser mit zwey Ehefrauen und »der einen oder anderen Nebenfrau«, so Reinhold zu Cant, gezeugt und in die Welt gesetzt habe. Ihr werdet Euch denken und ausmalen können, welch bedenkliches, ja bestürztes Gesicht da mein cölibatär und solitär und ich darf mit allem Ernst und ohne Hinterlist sagen jungfräulich lebender Herr und Meister da gemacht hat. 32 Kinder?, sagt Ihr, 32 Kinder, was Ihr nicht sagt, verehrter Reinhold. Das sey ja schon abrahamisch, sagte Cant. »Er wird seine Nachkommenschaft zahlreich machen wie den Sand am Meer«, citirte er sinngemäß die Bibel. Nein, fügte er in einer Autocorrectur (Selbstverbesserung) hinzu, das sey salomonisch. Dies im Gedanken an die ungeheuren Zahlen von Lieben und Liebschaften, die die Heiliche Schrift dem König Salomo zuschreibt und nachsagt, aber sicher nicht nur andichtet.

Reinhold, der Kinderlose, sagte zu Cant, dem Ehe- und Kinderlosen, die Kaiserin Maria Theresia, die selbst eine Kinderreiche gewesen sey, habe durch ihre Beamten vielen ihrer Unterthanen, die um Familiennamen eingekommen sind, wenn sie viele Kinder gezeuget und besessen haben, den Namen *Stubnvoll* oder auch *Stummvoll* zugestanden und verleihen lassen. Euer Vater hatte, als er von der Kaiserin geadelt wurde, schon einen Namen, er hatte sich schon einen Namen gemachet, weshalb er ja nobilitirt wurde. Sonst hätte ihn die Kaiserin vielleicht auch *Stummvoll* nennen lassen, weil er ja offenbar nicht bloß *eine* Stube voller Kinder hatte! Reinhold erheiterte sich und Cant, als er sagte, Euer Vater sei ein fleißiger Mann, nicht nur was das Zeugen betreffe, sondern auch die Öconomie, was man von Franz Stephan von Lothringen, dem Gemahle der Kaiserin und Vater ihrer großen Kinderschar, nicht sagen könne. In den Wirthshäusern der Wiener Vorstadt mache man sich über ihn als den »Samenspender« lustig! Dies natürlich nur, wenn man keine Spitzel oder Agenten der Securitate (Staatssicherheit) oder Denuntianten (Verräther) im Raume wisse. Die Herrschaft sei im Süden in Belangen der Sittlichkeit ja besonders rigorose (streng). Es gebe Inspectionen (Einschau) selbst in Dormitorien (Schlafzimmer). Und nach einer Zeit des Aufathmens unter dem Sohne Maria Theresias Josephus sey es nun unter seinem Nachfolger noch schlimmer gekommen, sodaß von Restauration (Wiederherstellung der alten Ordnung) gesprochen werde.

Kärnthens Männer hätten ganz allgemein in Österreich den Ruf, der Liebe sehr zugethan zu seyn. Sie seyen Liebhaber des Liebens, auch der so genannten freien Liebe, die nicht nach dem Trauscheine fragt. Nirgends sonst in der Habsburger-Monarchie gebe es mehr uneheliche Kinder als in Kärnthen! Und Reinhold wußte von einem Stadtdeputirten zu berichten, von dem bekannt sey, daß er die Mittagspause regelmäßig nicht nur nütze, um, vom Rathause kommend, daheim in seinem Hause zu collationiren (speisen), sondern auch um zu copuliren (lieben). Reinhold schüttete sich aus vor Lachen und brachte auch meinen Herrn zum Schmunzeln, als er sagte: Collationiren und Copuliren in jeder Mittagspause! Täglich also müsse sich seine Gattin schon zu Mittag bereit halten, als Köchin und Liebhaberin, oder doch nur als letztere, weil das andere wohl vom Personale besorgt und erledigt wird. Es gebe aber nicht wenige Notabeln, die auch in Liebesdingen und Liebesdiensten auf ihr Personale zugreifen! Tätscheln und Grapschen seyen dort an der Tages-, ja Mittagsordnung! Sie sprechen in ihrer Beamten-Sprache vom so genannten »Durchgriffsrechte«! Merkwürdige Zustände! Ja, gleiche denn Clagenfurth Sodom und Gomorra?, fragte Cant.

Es ist in gewisser Weise kein Wunder, daß Cant auch Euer Unglück, von dem die beiden Briefe an ihn beredtes Zeugnis sind, auf die Umstände Eurer Herkunft und Abkunft von einem 32fachen Vater herleithet. Es wird der Ärmsten wohl an Vaterliebe und Zuwendung gefehlet haben. Und werden wohl auch, wie es nun leider ist, auch einige oder viele Kinder im Säuglings- oder Kindesalter hingeschieden seyn, so wird der viel beschäftigte Geschäftsmann und Familienvater doch nicht die nothwendige Zeit aufgebracht haben, um jedem seiner übrigen und übrig gebliebenen Kinder die zum Erblühen so dringend nöthige Vaterliebe angedeihen zu lassen. Wie die Blumen die Sonne, brauchen die kleinen Menschenkinder die Zuneigung des Vaters. Diese nämlich ist die eigentliche Mitgift für das Leben, die Mobilien oder Immobilien der Aussteuer können das wahre Glück nicht fundiren (begründen) und garantiren (verbürgen). Immobilien bewegen wenig, sagte mein Herr in seiner bekannten Liebe zum Wortspiele, das in diesem Falle auf der Herkunft des Wortes *Mobilie* oder *Möbel* von *movere*, welches »bewegen« heißt, beruhte! C. fragte mich, nachdem er mich delegirt hatte, in seinem Sinne eine Antwort an Euch zu entwerfen, ob ich nicht auch seiner Meinung sey, daß ein Vater, welcher 32 Kinder hat, die Namen seiner Kinder kaum behalten wird können und wohl häufig rückfragen wird müssen: Wie heißt du, mein liebes Kind?, wenn ihm eines der Kinder unter die Augen kömmt und er sich ihm widmen möchte. Und wie oft wird er namentlich als älterer Vater und Patriarch (Altvater) die Namen seiner Kinder verwechseln, so daß er zu Maria Amalia, zu Katharina Elisabeth, zu Paul Peter und zu Peter Paulus sagt, wenn er nicht überhaupt schon so kopflos ist, daß er eine Tochter mit einem Jungen- oder, wie Ihr im Süden sagt, Bubennamen und einen Sohn mit einem Mädchennamen anspricht… Papa, ich bin ein Dirndle und heiße Pauline, nicht Paul!

Die eigentliche Arbeit des Erziehens und der Betreuung in reichen und kinderreichen Familien, namentlich des Adels, erledigen und besorgen indessen Gouvernanten (Aufpasserinnen) und Hofmeister, Knechte und Mägde. Sie sind die eigentlichen und gar nicht die geheimen Erzieher. Die moralische Bonität (Güte) dieses domesticen Milieus (Umgebung) sey natürlich fraglich und oft deficitär (abwesend). Gerade was die Hofmeister und die Hauslehrer der an Gütern, aber nicht immer auch an Geist reichen Adeligen betrifft, gebe es unter ihnen sehr zweifelhafte Gestalten. Hier berührte C. wohl auch einen wunden Punct seiner eigenen Biographie, jener 8 oder 9 Jahre nämlich, die er als Hofmeister im Litauischen verbracht hat und über die er später wenig, eigentlich gar nichts erzählet hat, auch nicht in den aufgeräumten Gesprächen seiner Tischgesellschaften. Diese 8 Jahre Litauen sind eine merkwürdig unbelichtete Zeit und er hat nicht einmal seinen vertrautesten Menschen wie dem Diacon A. Christoph Wasianski, der ihm doch sonst so nahe ist, daß er sich heute auch um C.s Hygiene (Reinheit) und unter Mithülfe seiner Frau sogar um die Leibwäsche des Greises bemüht, darüber viel oder irgend etwas erzählet. Wasianski ist freilich ein so feiner Character und hingebungsvoller Mensch, daß er, wenn er etwas wüßte, wohl kaum dem an allem brennend interessirten Publico Mittheilung machen würde, schon gar, wenn es etwas Unvortheilhaftes wäre, was man sich aber ohnehin kaum denken wird dürfen … Schmutzwäsche ist den Wasianskis kein Thema! Der Diacon und Gottesmann Wasianski würde sie ins Grab mitnehmen. Natürlich verursacht das Ausbleiben von Informationen über die litauische Zeit, daß Vermuthungen und wohl auch Verdächtigungen ins Kraut schießen. Und wenn Cant heute von den Hofmeistern nicht eben gut spricht, so sagen critische und nicht gerade gut gesinnte und wohlmeinende Interessenten an C.s Lebenslaufe, er wird wohl seine Gründe haben und wissen, warum er diese Meinung über die Hofmeister hat, er war schließlich in Litauen selbst einer …

Werthes Fräulein von Herbert, Herr C. war, als er Euren ersten, eines in Liebesnöthen befindlichen, verzweifelten Mädchens, Brief erhielt, 68 Jahre alt. Durfte man da bey den gravirenden Unterschieden des Alters von an die 45 Jahre und des Geschlechtes – Ihr ein junger weiblicher Mensch des Südens, er ein alter männlicher Mensch des Nordens – auf eine aussichtsreiche Verständigungs- und Gesprächsbasis hoffen? Auch das war einer der Gründe, warum er mich, seinen jungen Amanuensis, mit einer Antwort betraute. Ihr seyd ein junger Mensch und den Problemen der jungen Clagenfurtherin noch nahe. Aber betroffen gemachet hat ihn Euer Hülferuf sehr wohl und durchaus. Ja, Euer Brief hat ihm das mittlerweile von einem seiner Biographen mitgetheilte und verbürgte Wort entlockt: Briefe wie Eurer »reißen mich dahin forth, wo sie mich hin verlangen, nämlich mich in ihre Lage zu versetzen«. Die Lage jener BriefschreiberInnen also.

Eines freilich hat mir Cant eingeschärft, um es Euch auch zu berichten: Es ist nicht Euer Adel, der ihm Eindruck macht und ihn zur Feder greifen läßt oder vielmehr ihn bestimmt, mich, seinen Amanuensis, thätig zu werden. Auch das Fabricantenmilieu, aus dem Ihr kommt, nöthigt ihm keinen besonderen Respect ab. Nicht nur einmal habe ich ihn bey Gesprächen über Fragen der Öconomie bey Tische sagen gehört: Ich komme aus der Wirthschaft, um seiner Argumentation Gewicht zu verleihen. Dabey bezog er sich auf seine Herkunft als Sohn eines ehrsamen Riemermeisters und Sattlers. Sein Geburtsort Königsberg hat ihn auch immer als großer Handels- und Gewerbeplatz stolz gemacht. Ja, schon der feudale und imperiale Name *Königsberg* hat es ihm angethan. Verglichen mit *Königsberg* klingt *Clagenfurth*, das doch eigentlich ursprünglich *Klagenfurth* geheißen haben wird, wirklich ein wenig »beklagenswerth«, um nicht zu sagen »kläglich« oder, Gott bewahre, erbarmungswürdig oder gar erbärmlich. Was das Sociale betrifft, so hatte bereits sein, Cants, Vater, der nun kein großmächtiger Industrieller war, gegenüber seiner vor allem adeligen Kundschaft, wenn sie bey ihm Sättel bestellte, einen gesunden Bürgerstolz. Die schlimmsten Kundschaften seyen immer die Neureichen, die so genannten »Bettelleute« gewesen, »die aufs hohe Pferd gekommen sind«. Vater Cant aber hat auch sie zu behandelen gewußt, indem er sie vom hohen Pferde herunter geholt habe, sagte Cant einmal, sich in Zuneigung an seinen Vater erinnernd.

Nicht aus Fürwitz, sondern aus gutem Grunde, weil wir damit der Lage und Beschaffenheit Eurer Zwickmühle, in der Ihr Euch befindet, vielleicht ein Stück näher kommen, theile ich mit, daß C. angesichts Eurer Verzweiflung eben jene Vermuthung geäußert hat: »Wird halt wieder ein Hofmeister seine schmutzige Hand im Spiele haben!« Dieser Satz hat mir natürlich sehr zu denken gegeben, in zweyerlei Richtung. Einmal im Hinblick auf den, der ihn geäußert hat. Weil er ja, wie oben bereits angedeuthet, über seine Hauslehrer- und Hofmeisterzeit in Litauen, vor allem bey Pastor Andersch im Kirchspiel Judtschen, die er als 23-Jähriger im Jahre 1747 begonnen, und die folgenden acht oder neun Jahre abgeleistet hat, mit Nachrichten sehr gegeizt hat. Obwohl also selbst Hofmeister oder Hofmeister gewesen, oder vielleicht gerade *weil* Hofmeister gewesen, hat er von diesem Berufsstande und der Reputation (Achtung) der ihm Angehörenden eine sehr niedrige Meinung. Er kenne seine Pappenheimer, sagte er einmal, Schiller citirend, worüber ich größlichst erstaunte. Die Hofmeister gelten ja nicht erst, seit Jacob Michael Reinhold Lenz sein gleichnamiges Stück »Der Hofmeister oder Vortheile der Privaterziehung« im Jahre 1774 in Leipzig erscheinen ließ, und das sehr früh auch in Königsberg gespielt wurde, als die gewisser Maaßen bestallten Verführer ihrer Schülerinnen! Sind die Lehrer allgemein, wie es ein Spontanspruch der Stürmer und Dränger und der Jugendbewegten will, die natürlichen Feinde der Schüler? Wie konnte sich C. nach dem Besuche des Theaterstückes von Lenz, das durch Göthes Vermittlung in Druck ging und zu vielen Aufführungen an verschiedenen Orten und so auch in Königsberg gelangte, über den Helden des Stückes, oder vielmehr »Antihelden«, wie C. sagte!, alteriren (entrüsten) und lustig machen! Bekanntlich heißt jener Held im Hofmeisterstück des Lenz, ein Candidat der Theologie, *Läuffer*. Nomen est omen, sagte C., obwohl er sonst kein Freund von billigen Wortspielen mit Personennamen, dem

»Argumentum ad nomen«, ist. Derart billige Witze und so genannte Kalauer hat er bey seinem Niveau nicht nöthig. Kalauer verschmäht er grundsätzlich. Wir haben es wieder einmal mit einem »läufigen« Hofmeister zu thun … Cant lobte diesmal den Einfall des Dichters, seines Hörers Lenz, mit diesem Namen! *Läuffer* mit zwey f, sagte er, ein *Läuffer* aus dem efef! Das Mädchen der Herrschaft, des Majors auf dem Landgut Heidelbrunn in Insterburg, heißt *Gustchen*. Sie wird trotz Verlobung mit dem Vetter Fritz, der freilich selbst in Halle und Leipzig als Student auf seine Verlobungs- und Treueschwüre vergißt, zu einer Beute des Hauslehrers. Von der Majorin, Gustchens Mutter, »in flagranti« (auf frischer Unthat, Unzucht) ertappet, fliehen beide in die Frömde. Läuffer kömmt zu einem schrulligen Dorfschullehrer Wenzeslaus, der dem jungen Theologen und Collegen jedwede aus der Geschlechtlichkeit des Menschen kommende Regung ausredet und ihn schließlich buchstäblich zum Castraten (Entmannten) macht. Es ist eine ausgemachte Infamie (Bosheit), daß einige, meinem Herrn übel wollende Critiker in der Gestalt des kauzigen, leib- und lebensfremden Wenzeslaus ein Abbild Cants sehen wollten, diesem Zerrbild und dieser schlimmen Caricatur eines Unbedarften! Solchen Spott hätte Lenz, der begeisterte Cant-Schüler, seinem Lehrer nie angethan! Und Cant hat noch nie jemandem die Castration empfohlen! Er räth zu souveräner (selbstbestimmter) Enthaltsamkeit und will nichts auf dem chemischen Wege oder durch das Messer des Chirurgen erreichen! Es ist hier nicht der Platz, um den Inhalt jenes merkwürdigen Stückes von Lenz in extenso auszubreiten. Ihr habt vermuthlich auch in Clagenfurth von der Sensation und dem

Scandalon (Ärgernis) des Stückes erfahren. Hat sich doch gerade auch der Adel, welcher in dem Stücke schlecht wegkömmt, sehr über die socialen Aussagen und Implicationen (Schlußfolgerungen) der Theaterpiece von Lenzen empöret. Dies obwohl der Vetter Gustchens, der eine öffentliche Schule besucht, was als unerhörte Modernität und Progressivität (Fortschrittlichkeit) in aristocratischen Kreisen gilt, auch nicht vortheilhaft dargestellt wird. Ja, er ist der eigentliche, wenn auch zum guten Ende bekehrte Schurke des Dramas. Und wenn Euer aufgeklärter Herr Vater oder Vormund es für gerathen und angebracht hält, könntet Ihr sicher eines Exemplars in einer der Clagenfurther Buchhandlungen oder Officinen habhaft werden. Mein Herr nun hat nicht im Sinne und in der Intention (Absicht) des Autors Lenz viel Mitleid mit dem subalternen Hauslehrerdaseyn und dem Hungerlohn des Hofmeisters entwickelt, sondern eher Aversion gegen den armen Verführer. Er ließ auch keine mildernden Umstände, wie sie sonst Übelthätern auf Grund ihrer mißlichen Ausgangslage gerne zugestanden werden, gelten. Ein Hofmeister müsse sich selbst in der Hand haben, er müsse moralisch autarc (selbstbestimmt) seyn, so wie sein Arbeitgeber materiell souverän (erhaben) sey. Er selbst, C., mag ein solch souveräner und autarcer Hofmeister gewesen seyn. Es ist freilich trotz »Nachrichtensperre«, wie einmal jemand im Hinblick auf die Spärlichkeit der Informationen (Mittheilungen) über C.s Litauer Zeit sagte, immerhin bekannt geworden, daß C. an allen drei Posten nur Knaben, Junker, die Söhne somit der Herrschaften unterrichtet hat. Mit Töchtern hatte er nie zu schaffen, woraus auch eine gewisse Unsicherheit in der Beurtheilung Eures Falles und meine Beauftragung resultiren (erfolgen) mag. Gefürchtet aber, wie einige wissen wollen, hat sich Cant vor weiblichen Menschen damals und seinen ganzen Lebtag nicht. Menschenfurcht ist ihm überhaupt frömd. Schüchternheit kannte er auch als junger Mensch nicht.

Wird wohl wieder ein Hofmeister seine Hand im Spiele haben …! Dieser Satz, nur im Sinne einer Conjectur (Vermuthung) eine Frage, müßte freilich von Euch leicht zu beantworten seyn. Wurdet Ihr oder werdet Ihr noch von privaten Lehrern unterrichtet? Und hat sich ein Hofmeister an Euch vergessen und vergangen? Hat ein Lehrer Euch den Kopf verdrehet, statt ihn Euch zu unterrichten und »auszurichten«? »Vortheile der Privaterziehung« heißt der Untertitel, der ironische Zusatztitel des Hofmeister-Werkes von Lenz. Wie vielen Educanden (Zöglingen), vor allem des weiblichen Geschlechtes, also ZöglingInnen, ist die Privaterziehung aber nicht zum Vortheile, sondern zum Nachtheile ausgeschlagen. Ist es nicht, als ob der ursprüngliche Sinn von »privat« dabey zum Tragen käme? *Privat*, müßt Ihr wissen und Ihr werdet es auch wissen, heißt ursprünglich »beraubt«. Und mancher Privatlehrer hat seiner Schülerin schon die Unschuld geraubet und die Etymologie seiner Berufsbezeichnung auf diese Weise verificirt (wahr gemacht). Berühret dies Euren Fall? Seyd Ihr das Opfer einer solchen falsch verstandenen »Privatisirung«? Hat sich Euch ein Verführer in der Tarnung und Gestalt eines Lehrers und Hofmeisters aproximirt (angenähert, zu nahe gekommen)? Hat sich ein Hofmeister an Euch zu viel herausgenommen? Hat Euch ein Hofmeister den Hof gemachet? Denn daß Ihr vermuthlich nicht nur die durchaus berühmte Clagenfurther Jesuitenschule besucht – oder besucht habt –, sondern auch Privat- und Nachhülfelehrer gehabet, die die Neigung Eurer Familie zur Aufklärung und eben zu Immanuel Cant getheilt haben, ist mehr als wahrscheinlich. Ganz allgemein wird in den deutschen Ländern vom österreichischen Schulwesen und der Einführung der allgemeinen Schulpflicht durch die Großmutter des regierenden Kaisers Maria Theresia mit Hochachtung und Respect gesprochen. Auch der Umstand, daß selbst Mädchen und Töchter der unbemittelten Schichten, ja selbst der Bauern, Schulbildung erhalten sollen, wird von allen Aufgeklärten in Europa mit Lob bedacht. Natürlich ist jede Schulpflicht qua (als) Pflicht auch eine Restriction (Einschränkung) der persönlichen Freiheit. Mein Herr spricht bey der Precarität (Bedenklichkeit) solcher Pflichten gerne von »Dialectic« (Zwiespältigkeit, Kehrseitigkeit). Kein einfacher Gedanke, weshalb ich Euch hier nicht weiter mit Klarstellungen und Erklärungen behelligen möchte.

Reinhold hat im Gespräche über die Clagenfurther Situation meinem Herrn gegenüber von den Jesuiten als »Dunkelmännern« gesprochen und ein polemisches Wort gebrauchet, das in der Zeit der Reformation Martin Luthers, Ulrich von Huttens und des Erasmus von Rotterdam in Gebrauche und Schwange war. Ich halte eine solche Wortwahl durch Reinhold, den entsprungenen Mönch, für sehr unpassend. Und ich habe meinen Herrn nie auf diesem Niveau sprechen und auch nicht antworten gehört. Ja, ich erinnere mich daran, daß er sogar einen der Clagenfurther Jesuiten, den Franz Xaver von Wulfen, zwar nicht wegen seines Priesterthums, aber seiner Verdienste um die Naturwissenschaften, namentlich der Botanik und

Mineralogie, wegen, hoch gelobt hat. Hierin accordirt Cant ausnahmsweise mit Eurem poetischen Idol Göthe, der von Wulfen große Stücke hält und mit ihm in regem brieflichem Contacte steht. Göthe reitet bekanntlich viele naturkundliche Steckenpferde. Von von Wulfen hat Göthe, der Sammler, viele Mineralien und Steine aus dem Alpenlande erhalten, heißt es. Verglichen mit ihm, Göthe, ist Wulfen freilich ein Professional (Zünftiger) und, hippologisch gesprochen und fortzufahren, ein Herrenreiter! Da Wulfen noch lebt, und zwar in Eurer Vaterstadt Clagenfurth, wird ihn das Fräulein Maria von Herbert vielleicht sogar kennen? Immerhin ist Wulfen so wie die Herbertfamilie von Adel. Und Adel obligirt nicht nur, Adel associirt (verbindet) auch, ja dieses Standesmäßige und Verbindende wird von vielen Adeligen über alles andere gestellet. Die Hochgestellten werden von den anderen Höhergestellten hochgehalten! Vielen christlichen Adeligen ist ein unchristlicher Adeliger immer noch näher und lieber als ein christlicher Bürgerlicher. Die adeligen Freimaurer aber halten zusammen wie Pech und Schwefel, wenn ich mir dieses freimüthige Wort erlauben darf. Sie sind die Elite (Auslese) der Elite! Da Ihr aber nun kaum das von Lenz in seinem Hofmeisterstücke angepriesene öffentliche oder kirchliche, altchristlich-catholische Schulwesen allein frequentirt haben werdet, werdet Ihr wohl oder übel (!) auch einen liberalen, aufgeklärten Privatlehrer gehabt haben, einem solchen in die Hände gefallen seyn, so Cants Annahme. Und der Göthe- und Werther-Enthusiasmus wird Euch auch kaum in einer öffentlichen Schule beygebracht worden seyn, wo doch die deutschen Weimarer Dichter gerade wegen ihrer weltanschaulichen

Ansichthen im Altreich verpönet sind und im literarischen Canon (Leseplan) nicht vorkommen dürfen. Wulfen, Societatis Jesu, wird mit Göthe zwar correspondirt und ihn mit wertvollen Steinen versorgt, ihn aber als Schulautor an seiner Schule kaum acceptirt (aufgenommen) oder administrirt (angeordnet) haben! »Lest keine Protestanten!« und »Vom Protestantism zum Atheism!«, sollen jugendliche Vandalen an die Mauer einer Schule mit Kreide gekritzel haben. Die Policey aber hat die Übelthäter und »Sprayer« (Sprüher), wie die Engländer sagen, nicht gefunden, weil sie sie nicht finden wollte. Ja, für diese Keckheit sollen die jugendlichen Protestirer sogar den Beyfall ihrer Lehrer in deutscher Unterrichtssprache geerntet haben! Man lese dort im Lande Kärnthen Tschabuschnig statt Schiller, Wiltschnig statt Wieland, Goritschnig statt Göthe, so Reinhold verächtlich... Der Schlußsatz des »Werthers«, nämlich: »Kein Geistlicher hat ihn begleitet«, wird natürlich von kirchlicher Seite dem »Suicidapologeten« (Selbstmordverherrlicher) Göthe, so das gängige catholische Verständnis, (Mißverständnis!) jener Poesie, übel genommen und schier als Blasphemie (Gotteslästerung) ausgelegt. Ich weiß freilich, daß diese bornirte Engstirnigkeit, die Reinhold zu verspotten nicht müde wird, nicht *communis opinio catholica* (allgemeine catholische Anschauung) ist. Schließlich ist der österreichische Selbsthaß, wie ihn neben Reinhold vor allem Aloys Blumauer so grausam verkörpert, sprichwörtlich. Ja, selbst Franz Grillparzer, Euer »Nationaldichter«, ist in diesem Sinne nicht ganz unverdächtig, wenn er sich als Beamter im Brotberufe auch Zügel anlegt und das eigene österreichische Nest nicht beschmutzt. Ein Nationaldichter ist Grillparzer ja nur im Sinne der Deutsch sprechenden Landsleute. Und war es nicht ein Kärnthner Landverweser und Statthalter in Karanthanien, der die österreichische »Nation« eine »ideologische Mißgeburth« genennet hat, wie es als Dictum (Sager) bis hierher gedrungen ist? Franz Grillparzer ist zähneknirschend gegen die Herrschaft und den Clerus, gegen Thron und Altar loyal. Lammfromm ist er ja wohl nicht? Reinhold spricht bey solchen Schelten an die Adresse der österreichischen Bornirtheit freilich auch »pro domo« (für das eigene Haus), weil davon ja nicht nur Göthe und Schiller, sondern auch sein Schwiegervater Christoph Martin Wieland betroffen ist. Dieser wiederum war ja auch der Thür-Öffner für seinen Eidam Reinhold in der Prinzessin-Straße im Hause Cant! Wulfen, um auch in diesem Zusammenhang noch einmal von ihm zu sprechen, wird zwar in der Schule Göthe und Schiller entsprechend der herrschenden Cultuspolitik nicht lesen lassen, wird aber selbst und persönlich von den Weimarer »Classikern«, wie man neuerdings hier sagt, auch eine andere, höhere Meinung haben. Ein Mann im Zwiespalte! Wulfen ist nicht Prunner, jener Prälat Sebastian Prunner in Wien, der sich als großer Culturkämpfer gegen Göthen hervorzuthun anhebt. Und würde nicht die Herrschaft und das Kaiserhaus, vor allem der aufgeklärte Joseph II. eingeschritten seyn, so wäre Göthes Drama »Faust«, in welchem ein alter, liederlicher Gelehrter ein frommes Mädchen namens Gretchen verführet, in den Confessionsschulen des Südens auf den »Index librorum prohibitorum« (id est – das ist – »Liste der verbotenen Bücher«) gesetzet worden! Es hat ja hier im Norden große Bewunderung ausgelöst, daß das Licht der Aufklärung im Süden auf so hohem Niveau (Ebene) angezündet wurde und erstrahlete und das Haus Österreich vom Throne her erhellete und erleuchtete. Bis England ist der Ruhm Österreichs und seines aufgeklärten Kaisers gedrungen, jenes England, wo die Aufklärung Enlightenment genennet wird, was eigentlich »Erleuchtung« oder »Belichtung« bedeuthet. Welch schönes Wort für eine Bewegung, die sich vorgesetzet und vorgenommen hat: »Fiat lux« (Es werde Licht)! »Tenebrae cedant« (Weiche Finsternis)! Euch, werthes Fräulein Herbert, werde ich die Lectüre der Schrift »Was ist Aufklärung?« meines Herrn und Meisters nicht erst empfehlen müssen. Sicher kennt Ihr dessen ersten Satz längst auswendig: »Aufklärung ist der Ausgang des Menschen aus seiner selbstverschuldeten Unmündigkeit. Unmündigkeit ist das Unvermögen, sich seines Verstandes ohne Leitung eines anderen zu bedienen.« Dieser Satz nämlich, heißt es, sey geradezu die Umschrift und Paraphrase eines in Österreich, insbesondere in Kärnthen, populären (gebräuchlichen, volksthümlichen) Wahr- oder Sprüchwortes, das als eine so genannte »Binsenweisheit« oft citirt (aufgerufen) werde und dort laute: »Die Wahrheit ist den Menschen zumuthbar.« So heißt es, würden dort die Pennäler einander begrüßen und verabschieden! Das scheint bey Euren Scholaren ein ähnlicher Usus (Brauch) geworden zu seyn, wie bey uns hier in Königsberg die Studiosi sich mit einem anderen Worte aus Cants erwähnter Schrift über die Aufklärung begrüßen: »Sapere aude!« Das heißt bekanntlich »Wage zu denken!«. So grüßt oder grüßte mich vielmehr auch Jacob Michael Reinhold Lenz an unserer Universität immer, und ich grüßte mit den nämlichen Worten zurück.

Damit gaben wir bereits als grüne Füchse unserer Begeisterung für den Lehrer Cant Ausdruck. Natürlich lag im Gebrauche des Lateinischen auch ein wenig Renommirsucht und Angeberei. Seys drum. Es sollen ja auch im Süden die Studenten mit dem lateinischen Gruße »Servus« sich vom landesüblichen »Geschämtester Diener«, das die Philister gebrauchen, abheben wollen. Wahrscheinlich grüßet auch Ihr Eure vielen Brüder mit diesem Salute? Was freilich gegen die sprachliche Logik verstößt, weil es sich beym Worte »Servus« um ein masculines (männliches) Substantivum (Hauptwort) handelt, und die Mädchen dem entsprechend ja eigentlich »Serva« sagen müßten, um sich generisch (geschlechtlich) zu genügen! Ein Wort *serva* existirt freilich im Lateinischen nicht. Die Mädchen müßten wohl mit *ancilla* grüßen, das bekanntlich »Magd« bedeuthet, wie Euch als gute Catholikin wohl das Syntagma *Ancilla Domini* (Magd des Herrn) für die Gottesmutter geläufig seyn wird. Und wie begrüßt Ihr Mädchen Euch untereinander? Von Johann Benjamin Ehrhard, dem Freund Eures Bruders Franz Paul von Herbert, will Reinhold erfahren haben, daß sich die Mädchen in den Schulen des Südens neuerdings zur Begrüßung gerne küssen, ja ganz intime Zärtlichkeiten austauschen. Nicht nur von Küssen allein, nein, von Zungenküssen ist die scandaleuse Rede! Und es falle der schulischen Obrigkeit schwer, den Abusus (Mißbrauch) solcher Intimitäten abzustellen. Es entspreche auch einem neuen Freundschaftsculte, an dem die so genannten neumodischen »romantischen« Dichter nicht unschuldig seyen, daß viele so genannte »Separatfreundschaften« gepflegt werden und sich die einander besonders zugethanen Pärchen in aller

Öffentlichkeit küssen. Von Schmusen ist die scandaleuse Rede! Wie haltet Ihr es wohl mit Euren Busenfreundinnen, der Ursula und der Babette Dreer, den Schwestern des Freundes Eures Bruders Franz von Herbert Ignaz Dreer? Ja, und was bedeuthet Euch Ignaz Dreer selbst? Der Freund Eures Bruders. Der Bruder Eurer Freundinnen. Ist er nicht auch Euer Freund? Oder Euer Freund gewesen? Ist er es, der, wie hier gerüchteweise durchgedrungen, Euer Vertrauen mißbraucht hat? Hat er Eurem Verlobten über Euer Vorleben berichtet, in welchem er eine unrühmliche Rolle gespielet hat? Hat er gar mit Intimitäten (Vertraulichkeiten) renommirt? Hat der Cavallir genossen und nicht geschwiegen, wie es sich convenienter (vereinbarungsgemäß) gehörte? Ich hoffe, ich habe Euch mit diesem Namen Ignatius Dreer, der nun einmal genannt seyn mußte, nicht erschrecket? Ich bitte für meine indiscreten Fragen um Entschuldigung. Da aber nun von verschiedenen Besuchern in Königsberg, die mit dem so genannten »Herbert-Kreis« in Clagenfurth vertraut sind und Schüler oder Freunde des Cant-Apologeten Carl Leonhard Reinhold in Jena sind, Nachrichten von dort nach hier dringen und über Jena auch an die Pregel-Mündung gelangen, ist Euer »Fall«, um es casuistisch-juristisch zu sagen, vielen bekannt und interessant geworden. Ich nenne als solche Zuträger neben Ehrhard vor allem Friedrich Immanuel Niethammer und Friedrich Karl Forberg. Diese werden Euch bekannt seyn. Sie jedenfalls behaupten große Vertrautheit mit Eurem Hause. Sie liefern direct ins Haus in der Prinzessin-Straße oder indirect das, was man heute gerne »Hintergrundwissen« nennet. Sie sind Exponenten einer neuen »Seitenblickegesellschaft«!

Für ganz großes Gelächter und Heiterkeit sorgten hier im Hause in der Prinzessin-Straße unter den aufgeklärten Protestanten die Mittheilungen des erwähnten Forberg, einem der Freunde Eures Bruders Franz, über Eure Freundinnen, die Schwestern Ursula und Babette Dreer, die als besondere Cant-Enthusiastinnen schon vor Forbergs Ankunft in Clagenfurth die »Critiken« gelesen und von ihnen so fascinirt (eingenommen) gewesen seyn sollen, daß sie ständig, ja inständig Sätze daraus citirt und auch mit solchen Sätzen in unpassender Weise auf Fragen ihrer Umgebung respondirt (geantwortet) hätten. Auch hätten sie ihre Eltern in aufsässiger Manier mit philosophischen Rückfragen auf einfache Bitten oder elterliche Befehle belästigt und schließlich gegen sich aufgebracht. Wie rechte Trotzköpfe hätten sie als Höhepunct und »ultima ratio« (äußerstes Mittel) gern auf solche Bitten oder Befehle mit dem nicht von Cant stammenden, sondern älteren scholastischen Satze rückgefragt: »Quid ad aeternitatem?« Ihr wißt, was dies meint, und habt jene innerste Grundsatzfrage des Thomas von Aquino von Euren Freundinnen Ursula und Babette sicher auch selbst manchmal gehöret? Führt Ihr das »sub specie aeternitatis« unter dem Gesichtspunct der Ewigkeit, selbst manchmal in Eurer Rede? Oder, die hübsche Babette soll laut Forberg auf irgend ein Ansinnen und eine Forderung ihrer Mutter hin, etwa der Bitte, dies oder jenes in der Stadt auf dem Markte des dortigen Benedictiner-Platzes zu besorgen, mit einer der so genannten »Folgerungen« aus dem Capitel über die »Grundsätze« in der »Critik der practischen Vernunft« geantwortet und entgegengehalten haben: »Alle materialen practischen Regeln setzen den Bestimmungsgrund des Willens im unteren Begehrungsvermögen, und, gäbe es gar keine bloß formalen Gesetze desselben, die den Willen hinreichend bestimmten, so würde auch kein oberes Begehrungsvermögen eingeräumt werden können.« Ihr kennt sicher auch diesen Satz und wisst, was er bedeuthet. Im Dialog von Mutter und Tochter Dreer war er so viel wie eine Weigerung der Babette, der Bitte der Mutter nach Heimholung von Kraut oder Kohl vom Markte auf dem Benedictiner-Platze nachzukommen, weil das »Begehrungsvermögen« selbst in Frage und Zweifel gestellet wurde. Wohl auch die Legitimität (Berechtigung) der Autorität, dies mindestens in der Interpretation (Auslegung) der Babette. Es soll, wie Forberg hier erzählte, vor allem in Angelegenheiten der Religionsausübung zu Zerwürfnissen zwischen den frommen, vielleicht auch bigotten Eltern und den aufmüpfigen und religionsunwilligen Kindern gekommen seyn, wobey sich der Nachwuchs zum Ärgernis der Eltern oft auf Cant und seine religionscritischen Äußerungen berufen habe. Ein besonderes Schelmenstück und Gegenstand der besonderen Heiterkeit hier war freilich Forbergs Mittheilung, daß sich Ursula und Babette Dreer, die Cants Bücher daheim gar nicht lesen durften, sondern sich im Hause Eures Vaters mit Cants »Critiken« beschäftigten und vertraut machten, jene »Critiken« und als ketzerisch verrufenen Bücher in fromme schwarze Einbände hüllten und als getarnte Gebeth- und Andachtsbücher in die Kirche mitnahmen und schmuggelten und dort darin lasen. Und während die Gemeinde andächtig kirchliche Gesänge aus dem Gesangsbuche entsprechend dem Kirchenjahre recitirte und intonirte, lasen Ursula und Babette Dreer seelenruhig und, sozusagen sang- und klanglos Cants »Critik der reinen Vernunft« …

Wenn ich vorhin sagte, daß alle über diese Erzählung Forbergs in einer der hiesigen Gesellschaften in der Prinzessin-Straße hellauf lachten, so muß ich mich doch nun corrigiren. Einer nämlich lachte nicht: Immanuel Cant. Er, der Denker, der Selbstdenker, war nachdenklich geworden. Denn, wenn er auch selbst die Kirchen Königsbergs mied und auch niemals in die Thragheimer Kirche ging, in welcher sein Helfer in allen Lebenslagen, der Diacon Wasianski, seines kirchlichen Amtes waltete, so hatte er doch einen natürlichen Respect vor liturgischen und gottesdienstlichen Handlungen und Übungen und eine ausgeprägte Aversion gegen Religionsstörungen aller Art. Religionsverächter hat er immer verachtet. Und vor allem war er, wie schon vorhin erwähnet, gegen die »Vergöttlichung« seiner Person, welche er auch Euch, wie auch erwähnet, anfangs sehr übel nahm. Niemals reclamirte er für sich die »Ehre der Altäre«! Und ähnlich mißstimmte ihn wie Eure Vergöttlichung die Nachricht und Mittheilung, daß der erwähnte Ehrhard aus Eurem hier »Herbert-Kreis« bezeichneten Circel ihn als »unseren Messias« bezeichnete. Einmal ließ sich Cant, als er auch von jemandem erfuhr, der ihn für den Messias hielt und einen richtiggehenden Cant-Cult installiren (einrichten) und inauguriren (einweihen) wollte, dazu hinreißen, diesen mit dem kirchlichen Bannfluche zu bedenken: »Anathema sit«! (Er sey verflucht!) So zuwider war ihm Vergötzung jedweder Person, ganz besonders aber seiner selbst. Er sey keine Cultfigur und er habe mit der »Critik der reinen Vernunft« auch kein »Cultbuch« geschrieben, wie er zu seinem Mißvergnügen dort und da lesen müsse. Ja, er verachte den inflationären (aufgeblasenen)Mißbrauch des

Wortes Cult im säcularisirten (verweltlichten) Sinne. Die Kirche allein hätte ein Patent auf Cultus und Cult, wenn auch die davon abgeleitete Cultur keine ausschließlich clericale Angelegenheit sey. Wenn er, ein Kirchenmeider, als Culturträger bezeichnet werde, lasse er sich das gerne gefallen. Die Zeit sey vergangen, da die Mönche die einzigen Culturträger und Geistesvermittler gewesen seyen, sagte er, der in puncto Lebensführung mit jedem Mönch concurriren könnte! Er achtete den scholastischen Philosophen Thomas von Aquin als einen Geistesverwandten, was ihn aber nicht hinderte, sich bey Tische manchmal über ihn wegen seiner Corpulenc (Fülle) lustig zu machen. Ob da nicht die *Gula* (Völlerei) im Spiele gewesen sei, fragte er einmal in die erlauchte Runde. Thomas sei, so gesehen, eigentlich nicht *angelicus* (engelsgleich) gewesen, wie sein Ehrentitul laute, weil man sich einen so massiven Menschen kaum geflügelt vorzustellen vermöge! Ein dicklicher Mensch könne kaum abheben und fliegen. Das Dicke sei eher zum Stürzen und zum »Sturzfluge« prädestinirt (vorbestimmt)!

Es dürfte auch Euch bekannt seyn, daß Cant einem frommen, so genannten pietistischen Elternhause entstammet, und daß er deshalb dem Pietismus seiner Eltern und Geschwister zeit seines bisherigen Lebens eine hohe Meinung bewahrte, wenn er auch selbst einen ganz anderen Weg nahm. Friedrich Theodor Rink, ein College Cants, Orientalist und Pastor, hat mir selbst glaubwürdig berichtet, daß Cant zu ihm gesagt habe: »Man sage dem Pietismus nach, was man wolle. Genug! Die Leute, denen er ein Ernst war, zeichneten sich auf eine ehrwürdige Weise aus. Sie besaßen das Höchste, was ein Mensch besitzen kann, jene Ruhe, jene Heiterkeit, jenen inneren Frieden, der durch keine Leidenschaft beunruhiget wurde. Keine Noth, keine Verfolgung setzte sie in Mißmuth, keine Streitigkeit war vermögend, sie zum Zorne und zu Feindschaft zu reizen.« Wer dies bedenkt, weiß auch, daß der große Mann an Religionsstörung nicht interessirt war.

Die Schwestern Dreer, Eure Busenfreundinnen, müssen merkwürdige Fräuleins seyn. Ihr Einfluß auf Euch ist uns ein Rätsel. Als einer der Besucher aus dem Kärnthner Süden hier von ihnen in den höchsten Thönen sprach und schwärmte, sagte mein Herr, Ihr hättet vielleicht gar keinen Brief an ihn schreiben müssen, sondern Euch gleich mit Eurer Noth an die nächstliegenden Freundinnen wenden sollen. Cant sagte dies, nachdem ich ihm den Brief eines Kunstschriftstellers, des Carl Ludwig Fernow, aus dem Jahre 1794 zur Kenntnis brachte, den ich ins Archiv nahm und hier stellenweise aufrufen darf. Fernow schreibet an seinen Lehrer Reinhold, daß die Philosophie in Clagenfurth viele Freunde habe. Der ganze Circel im Herbertschen Hause sey in ihre Geheimnisse mehr oder minder eingeweihet. Und über die Dreerischen wörtlich: »An den beiden Baronessen von Dreer hat die Philosophie ein Paar Priesterinnen von vorzüglicher Fähigkeit … Sie haben Cants sämtliche Critiken studirt, und, wie aus ihren Gesprächen zu schließen ist, verstanden. Es war mir beym ersten Male gar besonders zu Muthe, als ich zwey Mädchen von Categorien und Antinomien so geläufig sprechen hörte, als andere gewöhnlich von Putz, Mode und Wetter sprechen. Sie haben durch ihre Philosophie ihrer Weiblichkeit eben keinen sichtbaren Eintrag gethan, denn die Eine ist geliebt und die Andere liebenswürdig … Da nun sogar die Damen Selbstdenkerinnen sind, so wird den ganzen Tag philosophirt und polemisirt, und die Unterhaltungen werden nie matt und fade, darum hat das Leben in Clagenfurth einen so himmlischen Reiz für mich.« Nicht wegen der holden Weiblichkeit und der schönen Frauen an sich, sondern wegen des Philosophirens und philosophischen Disputirens hätte das Leben in Clagenfurth diesen himmlischen Reiz? Hier dürfte es sich um eine so genannte »Übersprungshandlung« drehen. Über dieses Schriftzeugnis haben wir, mein verehrter Lehrer Cant und meine Wenigkeit, nicht wenig gestaunt. Staunen und zweifeln, sagte Cant, ist das Geschäft des Philosophen oder vielmehr des philosophirenden Menschen. Mit dem *taumacein* (Sich-Wundern) fängt der griechische Selbstdenker zu philosophiren an. Beym Staunen, mit anderen, deutschen und deuthlichen Worten gesagt. Und schmunzelnd fügte er hinzu: Sollte in Clagenfurth thatsächlich meine Ansicht über das schöne Geschlecht außer Kraft gesetzt und widerlegt werden? Und er bat mich oder rieth mir vielmehr, einen Passus aus seiner Menschenkunde nachzulesen. »Confer paginam duocentesimam quinquagesimam sextam!« (Blicke auf die Pagina 256!) Dort aber, auf Seite 256, las ich: »Was die gelehrten Frauen betrifft: so brauchen sie ihre Bücher etwa so wie ihre Uhr, nämlich sie zu tragen, damit gesehen werde, daß sie eine haben; ob sie zwar gemeiniglich stille stehet oder nicht nach der Sonne gestellet ist.« Dort hat er also einmal mehr, wie auch in seinem Briefentwurfe an Euch, von dem noch die Rede seyn soll, gezeiget und bewiesen, daß er kein »Schmeichler« ist. Und vielleicht wißt Ihr auch, und es ist bis Clagenfurth gedrungen, was er über eine der gelehrtesten

Frauen unserer Zeit, die Marchise von Chastelet, Voltaires Freundin und die Übersetzerin Sir Isaac Newtons, geäußert hat? Von dieser hat er gemeint, sie werde wohl als Grund und wegen ihrer dem weiblichen Geschlechte unspecifischen naturwissenschaftlichen Gelahrtheit oder auch als deren Folge zusätzlich einen Bart haben. Hierin war Cant, den sie in seiner Jugend und in den ersten Jahren an der Universität den »galanten Magister« nenneten, ein wenig incorrect und ungalant. Konnte er sich keine Frau in den Wissenschaften vorstellen, weil es ja auch an den Universitäten keine weiblichen Menschen, kaum als Studentinnen und erst recht nicht im Lehrkörper, gibt? Frauen an den deutschen Universitäten gibt es nur in der Mensa als Köchinnen und Bedienerinnen am Mittagstische. Auch mißfiel ihm der Ausdruck »Priesterinnen der Philosophie« für Euch und die Dreer-Schwestern, er führe wieder zum Complex Cult, Gott und Messias für ihn und sein Selbstdenkertum, womit er nichts zu schaffen haben wolle.

Wenn Jakob Michael Reinhold Lenz und ich uns mit »Aude sapere« und dem Gegengruße »Sapere aude« begrüßten und beurlaubten, dann lag in diesem Salute (Gruß) auch das Signale (Anzeige), daß wir im »Streit der Facultäten«, dem Disput also zwischen der Philosophischen und der Theologischen Facultät, der in Cants gleichnamiger Schrift ausgetragen wird, die Position unseres verehrten Lehrers Cant eingenommen haben, wenn auch jeder von uns, Lenz und ich, auf seine besondere Weise, Lenz, der Theologiestudent und Protestant, auf seine evangelische und ich, der Bauernsohn aus dem Saarlande, auf meine catholische Weise ...

Der aufgeklärte Monarch, Euer verstorbener Kaiser, Seine Majestät Joseph II., um auf ihn zurückzukommen, gilt unter allen deutschen Fürsten als der überragende Selbstdenker und als Philosoph auf dem Kaiserthrone. Selbst Reinhold, der über seine alte österreichische Heimat sonst nicht viel Positives (Bejahendes) sagt, ja, kein gutes Haar an ihr läßt, spricht vom Kaiser seelig, dem erleuchteten Aufklärer, wie ein unaufgeklärter, unbelichteter und enthusiastischer Bewunderer! Als entsprungener Barnabit ist er, Reinhold, freilich selbst ein Product der durch den Kaiser ermöglichten Liberalität (Freisinnigkeit). So scheint bey Euch gerade der Hochadel recht liberal, auch libertinistisch (freizügig, gerade in Liebesangelegenheiten) zu seyn, der niedere oder niedrigere, mittlere Adel, der gerade auch die Kirche dominirt, da ja in kaum einer Diöcese ein Bürgerlicher einen Bischofsitz einnimmt, aber recht rückwärts gewandt und auf dem Alten, Überkommenen, auch den Privilegien (Vorrechten) seines Standes beharrend. Mit ihnen hat nun Josephs Bruder Leopold leichtes Spiel. Cant hat schon oft seiner Verwunderung über die widersprüchliche Situation in Österreich, so wie sie ihm Reinhold darlegt und vermittelt, zum Ausdrucke gebracht. Und als ihm Reinhold eben von Clagenfurth erzählte, daß sich dort eine Loge (Vereinigung der so genannten Freien Maurer) nach der Schwester des großen Joseph und Tochter der Maria Theresia, Maria Anna, benannte, nämlich »Zur mildthätigen Marianne«, da sagte er staunend: Jetzt verstehe einer die Brüder! Jetzt verstehe einer die Weiber! Jetzt verstehe einer die Österreicher!

Zu Eurem Hülfe rufenden Briefe zurück kehrend, macht er uns, wenn ich nach Rücksprache mit Cant diesen Pluralis (Mehrzahlform) gebrauchen darf, den Eindruck, als klagtet Ihr mehr Euch selbsten der Untreue an als Euren Verlobten. Dieser scheint Euch vielmehr nach erwiesener Treulosigkeit Eurerseits verlassen zu haben? Es sey wohl, um concret zu werden oder wenigstens unsere Vermuthung nach der Lectüre Eures hierin cryptischen (geheimnisvollen) und hermetischen (verschlossenen) Briefes zu concretisiren (verdeutlichen), zur Offenbarung und Veröffentlichung Eures Fehltrittes gekommen. Gravidität (Schwangerschaft), sollte sie vorliegen, wäre natürlich ein schlagender Beweis eines solchen Fehlverhaltens und wohl eine Legitimation (Rechtfertigung) einer Zurückweisung und Entlobung, wenn der Verlobte auf Grund erwiesener Keuschheit für die Vaterschaft nicht verantwortlich seyn will und kann. Wenn ein so liebevoller und hingebungsvoller Mensch, wie Ihr, nach dem Briefe zu urtheilen, ohn Zweifel seyn müßt, so handelt, wie Ihr gehandelt habt, dann verfährt er ja buchstäblich nach einer Praxis, die mit »Anleitung zum Unglücklichseyn« überschrieben werden könnte. Ein junger Mensch dieser, Eurer Sensibilität (Empfänglichkeit) und Enthusiasmierbarkeit (Begeisterungsfähigkeit), darf sich nie und nimmer solche moralischen Fehler und Fehltritte erlauben! Untreue überfordert einen solchen Menschen, er ist zur Treue nicht nur verpflichtet, er ist zur Treue verdammet. »Sehen wir uns denn verpflichtet«, müßt Ihr wissen, ist ein geflügeltes Wort Cants, gewisser Maaßen ein »verbum ipsissimum«, wenn die ein wenig frivole Allusion (Anspielung) erlaubt ist, denn »verba ipsissima« werden von den Theologen die (wenigen) verbürgten Worte des Gottessohnes genannt. Wie schwer oder auch leicht dann eine Verfehlung auch seyn mag, der psychisch so fein Tarirte (Ausgewogene) und Conditionirte (Bedingte oder Festgelegte) kann sie niemals leicht, er muß sie schwer nehmen. Er nimmt sich, wie Cant meint und in einem vielsagenden Wortspiele es ausdrückte, »alles zu Herzen«. Das Herz spielt mit. Und das heißt auch: Das Herz spielt *nicht* mit. Das Herz bricht. Selbst das objectiv Leichte verursacht dem Schwermüthigen Beschwerde. Der Verstand aber richtet wenig gegen das Herz aus. Spricht das Herz, so schweigt der Verstand. Das Herz duldet keinen Wider- oder Einspruch des Verstandes. Das Herz ist unvernünftig. Die Vernunft ist herzlos. Die Vernunft kann herzlich seyn. Es sind ja erst 5 Jahre vergangen, seit wir in Frankreich ansehen mußten, wie schrecklich, herzlos und grausam die Tugend wuthen kann. Und die Göttin der Vernunft, die man dortzulande auf die Altäre erhoben hat, hat sie sich nicht als eine seelenlose Hure erwiesen? Die anfängliche Begeisterung Cants für das »Weltereignis« der so genannten »Französischen Revolution« ist allmählich einer Ernüchterung und zuletzt einer thiefen Enttäuschung gewichen. Dies nebenbey, über Cants Verhältnis zu Napoleon später. Die Revolution selbst hält Cant für eine »liederliche Angelegenheit der leichtlebigen Romanen«, wie er einmal bey Tische sagte. Bey den »austeren Preußen« sei etwas Ähnliches undenkbar, sagte er. Mit *auster* meinte er wohl »sparsam, rechtlich streng«!

Cant ist, ganz allgemein gesprochen, der maaßgeblichen Meinung, daß in einer Angelegenheit wie der Euren die

Philosophie nicht die Retterin und ein Philosoph nicht die rechte Auskunftsperson ist, sondern daß diese wohl eher ein liebevoller Vater oder Vormund oder naher Verwandter seyn sollte, der nebst der grundsätzlichen Kenntnis des Problems auch die Kenntnis der handelnden Personen besitzet. Ideal im Sinne des Idealismus wäre ein philosophisch gebildeter und moralisch im Sinne des Categorischen Imperativs handelnder Vater, ein Mensch somit, der Nähe und Betroffenheit (nicht Befangenheit!) in die Calculation (Erwägung) einzubringen im Stande ist. Cant ist freilich auch bewußt, daß Väter gerade in diesen Angelegenheiten, der Verehelichung ihrer Kinder, oft schicksalhafte Fehler begehen. Einen dieser Fehler erblicket mein Herr darin, daß sich viele Väter (auch Mütter) zu sehr von starren Regeln bestimmen lassen. Es wird in Clagenfurth nicht anders seyn wie in Königsberg: Hat ein Vater mehrere Töchter, so will er verständlicherweise, aber nicht verständigerweise, seine Mädchen der Reihe nach verheurathen und unter die Haube bringen. Und mancher Freier hat schon bey seinem präsumptiven (voraussichtlichen, vermuthlichen) Brautvater angeklopfet und um die Hand der jüngsten, schönen Tochter angehalten und hat doch schließlich die älteste ihrer Schwestern, der jüngeren an Alter überlegen, an Schönheit aber hintan, heimgeführet, heimführen müssen. In einem solchen Falle könne man natürlich sagen, daß der Vater durchaus vernünftig und vernunftgemäß in seinem Sinne gehandelt hat, was man vom Bräutigam, subjectiv und objectiv gesehen, nicht unbedingt sagen wird dürfen. Er hat nicht auf die Stimme seines Herzens gehöret! Er hat zu sehr die Vernunft (des Vaters) sprechen lassen! Gerade der Adel verfolgt sehr oft diese Maximen, sodaß man nicht zu Unrecht von der so genannten »Heurathspolitik« spricht. Cant meint freilich, daß der so genannte aufgeklärte Norden gar keinen Grund und keine Berechtigung besitzet, sich über den finsteren und dunklen Süden lustig zu machen, wie hier immer wieder der lateinische Spruch der Habsburger genüßlich angeführet und bespöttelt wird: »Bella gerant alii tu felix Austria nube.« Dies heißt in unserer deutschen Hauptsprache: »Andere mögen Kriege führen, du glückliches Österreich heurathe!« Das Phänomen (die Erscheinung) bleibt hier wie dort und in allen Himmelsrichtungen das nämliche: Die Erzeuger möchten ihre Brut glücklich sehen und machen sie aus falschem Ehrgeize doch unglücklich. In wie vielen ehelichen Verbindungen fehlt in unserer Zeit jede Zuneigung zwischen den Eheleuten und die Ehen, aus Räson (Vernunft) eingegangen, werden aus Vernunft (Räson) aufrechterhalten! Das aber sey unvernünftig! Vernunftehen sind unvernünftig. Liebesheurathen aber hingegen sind in den besseren Kreisen unbeliebt. Aber auch in günstigeren Fällen und bey besseren Ausgangsvoraussetzungen und Anfangsbedingungen erkaltet nach wenigen Jahren das Emotive (Gefühl) der Partner (Theilhaber) füreinander, und es macht sich Gewöhnung, Routine (Geläufigkeit) und schließlich Indifferenc (Gleichgültigkeit) breit, sodaß aus dem anfänglichen Miteinander alsbald ein unverbundenes Nebeneinander wird. Aufgeklärte Moraltheologen, vor allem der evangelischen Richtung, vertreten denn heute auch bereits die Ansicht, daß von der Unauflöslichkeit der Ehe nur dann gesprochen werden kann, wenn das Gefühl der Zusammengehörigkeit fort dauert. Der angedeuthete Kältetod der Liebe aber müsse oder dürfe auch in der Annullirung (Vernichtung, Nichtigerklärung) des Ehevertrages seinen Ausdruck finden. Die Relegirung (Entrechtung, gesetzliche Rückgängigmachung) der Ehe sey die Consequenz (Folgerung) der Desensibilisirung (des Gefühlsverlustes). Zwar gelte, wie es im Ritus der Trauung in den christlichen Kirchen laute, daß der Mensch nicht trennen dürfe, was Gott verbunden hat. Aber es gelte in gleichem Sinne, daß der Mensch nicht für verbunden halten dürfe, was Gott getrennt hat oder gar nicht verbinden wollte. Weniger fromme Theologen setzen im Sinne des Naturism auch gern Natur für Gott. Das dürfte, wie ich von Collegen, protestantischen Theologen und Amanuenses, vor allem dem hierorts an unserer Königsberger Universität inscribirten und wie erwähnt auch als Dichter des »Hofmeister« hervor getretenen Jakob Michael Reinhold Lenz, weiß, der Status quo des moraltheologischen Discurses seyn. Aber wird nicht damit, habe ich mir Collegen Lenz zu fragen erlaubt, die Ehe überhaupt für obsolet (veraltet) erklärt? Lenz ist mir eine befriedigende Antwort schuldig geblieben! Ehe aber bedeuthet dem Worte nach Dauer, ja Ewigkeit und Unauflöslichkeit! Unverbesserlicher Idealist!, hat Lenz in einer solchen Discussion einmal zu mir gesagt. Aude sapere! Und ich habe geantwortet: Sapere aude! So haben wir wieder einmal die Seriosität (Ernst) der Quaestion (Frage) hinweg gelacht!

Ja, Freiin Maria von Herbert, der Lenz ist gekommen, Jakob Michael Reinhold Lenz. Gekommen ist er eigentlich schon viel früher, weil er ja schon vor meiner Zeit an unserer Königsberger Universität studirt hat. Wenn, was Cant im Gespräche und bey Vorbereithung dieser Antwort an

Euch auch erwogen hat, in der Tragödie Eures Lebens ein Soldat eine Rolle gespielt habe, so empfehle er oder lasse er durch mich empfehlen, ein anderes einschlägiges Drama seines Schülers Jakob Michael Reinhold Lenz zu lesen, welches den lapidaren Titel »Die Soldaten« führet und das Schicksal eines bürgerlichen Mädchens mit Namen Marie, der Tochter eines flandrischen Tuchhändlers aus Lille, vorführet, das sich Hoffnungen auf einen adeligen Major und Obristen macht und in ihren Hoffnungen mehr als bitter enttäuscht, ja als Soldatenhure denuncirt (verrathen) wird. Vielleicht kann die Clagenfurther Bittstellerin Maria von Marie etwas lernen und entnehmen, sagte Cant in seiner Lust am Wortspiele. Vielleicht sey Nomen (Name) hier wirklich Omen (Fingerzeig, Hinweis)? Ich dürfe aber nicht darauf vergessen, sagte er, darauf hinzuweisen, daß es sich im Spiele des Lenz um eine Tragödie handle, die per definitionem und gemäß der Regel der Ästhetik (Schönheitslehre) übel enden müsse. Er wünsche sich und möchte dazu beytragen, daß das Leben der Clagenfurther Maria anders als im Spiele sich abspielen möge und einen guten Ausgang nehme. Der Ausgang möge mehr der Cadenc der »Pamela« von Richardson als jenem der Marie der »Soldaten« von Lenz entsprechen! Möge geschehen, was der Engeländer Richardson in seiner englischen Haupt- und Muttersprache ein »happy end« nennet. Möge ihre Tugend wirklich belohnt werden, sagte er, den Untertitel der »Pamela« anziehend. Oder ihre Untugend doch nicht allzu strenge bestraft werden, fügte er nachdenklich hinzu. Marie stürzet nämlich samt ihrem vergeblich zur Zurückhaltung und zur Vorsicht mahnenden Vater kopfüber ins Unglück! Ist vielleicht gar Euer Verlobter, der

Euch verlassen hat, ein so genannter »Militärschädel«, also bornirter Militarist gewesen? Cant, den sie immer wieder als Begründer und Verfechter des preußischen Ehrbegriffs und des Drills gebrauchen und mißbrauchen, ist kein Freund des martialischen Militarismus! Nicht das Militär, sondern die Universität hält er für die »Schule der Nation«. Und für die Übergriffe des Königs von Preußen Friedrichs II., des »Großen«, auf das Reich Eurer Kaiserin Maria Theresia in den »Schlesischen Kriegen« kann er schon gar aus Zeitgründen nicht verantwortlich gemacht werden. Ein Anachronism! Eine Grotesce! Nicht Cant, Voltaire hat Friederich, den Wütherich, »erzogen«. Und mit dem Duelle, das gerade in Eifersuchts- und Liebesangelegenheiten unter Soldaten eine so große unrühmliche Rolle spielet, hat er sich nie und nimmer angefreundet. Er ist für andere, friedlichere und vernünftigere Lösungen!

Hat Euch vielleicht ein solcher, soldatisch gesinnter Bräutigam jene Scrupel beygebracht, die aus Eurem Schreiben geradezu herausschreyen? Seyd Ihr das Opfer einer solchen teuflischen psychologischen Strategie? Im Drama von Lenz spielt auch die Gräfin La Roche, die böse Mutter eines adeligen Majors, des »jungen Grafen«, auf den die bürgerliche Marie hofft, eine unsägliche Rolle, weil sie absolut nicht die Schwiegermutter einer Bürgerlichen werden will. Sie, die Frau Gräfin, denkt für Ihren Sohn an eine bessere Partie als Marie, »sit venia verbo« (wenn Ihr mir das Wortspiel erlauben wollt). Die Gräfin geht aber bey der Verhinderung einer Verbindung zwischen ihrem Sohne und Marie merkwürdige Wege. Wege, die als Umwege erscheinen könnten, sich aber doch als zum Ziele führend erweisen. Sie nimmt Marie bey sich im adeligen

Hause als Gesellschaftsdame auf. So hat sie sie in ihrer Nähe und kann sie weiter in ihrem Sinne beeinflussen und quälen. Die Vornehme spricht die bürgerliche Marie auch von aller Schuld frei. Einen einzigen Fehler wirft sie ihr vor. Und dieser Fehler hat einen Namen: Pamela! Sie sagt, ich gebe wörtlich wieder: »Ihr einziger Fehler war, daß Sie die Welt nicht kannten, daß Sie den Unterschied nicht kannten, der unter den verschiedenen Ständen herrschet, daß Sie die ›Pamela‹ gelesen haben, das gefährlichste Buch, das eine Person aus Ihrem Stande lesen kann!«

Pamela!!! Ich kann mir schwerlich vorstellen, daß Ihr, Freiin von Herbert, dazu sagen werdet, was Marie zur Gräfin sagt: »Ich kenne das Buch nicht!« Ich bin mir sicher, daß jemand wie Ihr, der »Die Leiden des jungen Werthers« mit solcher Betroffenheit und Participation (Antheilnahme), ja schon mit religiöser Andacht und Inbrunst buchstäblich, Buchstabe um Buchstabe, »verschlungen« hat, wie ein treffender Ausdruck für eine derartig intensive, ja excessive (maaßlose) Lectüre in der Sprache der Stürmer und Dränger lautet, wird hierin todsicher Bescheid wissen. Die heutige Jugend hat Bücher wie den »Werther« zum Fressen gern, wieder in der Ausdrucksweise der drängenden Stürmer. Ihr kennt doch sicher auch den erwähnten Briefroman von Samuel Richardson »Geschichte der Pamela, oder die belohnte Tugend eines Frauenzimmers«? Vielleicht, ja wahrscheinlich habt Ihr jenes von der Gräfin La Roche in den »Soldaten« von Lenz als das gefährlichste Buch für unedle Damen bezeichnete Werk sogar in der englischen Sprache gelesen?: »Pamela or Virtue Rewarded«. Wenn dies nicht der Fall ist, wenn Ihr jenes von der Gräfin La Roche als so verhängnisvoll eingeschätzte Buch nicht gelesen habt, was ich mir schwerlich vorstellen kann, weil es ja alle Welt erreicht und sicher auch Clagenfurth von sich eingenommen haben wird, wenn vermuthlich auch nur in deutscher Übersetzung, so würde ich anders als die Gräfin im Stücke Lenzens trotz aller Bedenken zur Lectüre rathen. Die Bedenken rühren und schreiben sich daher, daß Richardsons Briefroman Euer Problem als das Problem einer Edlen, die von einem ebenfalls in meiner Annahme edlen Bräutigam verlassen wird, nicht tangirt (berührt, behandelt). Dort geht es ja vielmehr darum, daß ein bürgerliches Mädchen von einem arroganten (anmaaßenden) Baron wie der letzte Kehricht behandelt wird, daß das Mädchen aber alles wie eine Heiliche und Büßerin erduldet und schließlich, und dies ist die in der englischen Sprache als »happy end« bezeichneten Cadenz des Romans, mit der Conversion (Bekehrung) des reichen Bösewichtes zum Guten – und der Ehe mit dem Verwandelten – belohnet wird. Der schlechte Mensch wird durch die Hingabe einer Guten zum Gutmenschen. Natürlich ist Richardsons Briefroman ein sentimentales Machwerk und ein unrealistisches (unwirkliches) Artefactum (Kunststück), aber ohne literarische, ästhetische (schöne) und psychologische (seelische) Meriten (Verdienste) ist es nicht! Ich concordire (stimme überein) keineswegs mit der Gräfin in den »Soldaten« von Lenz, und weil ich es selbst, wie übrigens auch Lenz, der »Stürmer und Dränger«, gelesen habe, empfehle ich es auch Euch zur Lectüre. Es kann Euch trotz der ständischen Unterschiede zu Euch und Eurem precären (heiklen) Falle durchaus unterhalten und instruiren (unterweisen). Es ist durchaus im Stande, die Forderungen einer Anspruches vollen Poetic (Dichtungslehre) zu erfüllen, welche mit den auf Horaz zurückgehenden Termini *prodesse et delectare* umschrieben wird. Es kann »nützen und unterhalten«. Mit dieser Literaturempfehlung entferne ich mich freilich sicher auch von den Intentionen meines Mandatsherren, Professor Cants, und es kann durchaus seyn, daß dieser Passus (Abschnitt) meines Schreibens an Euch nicht seine Billigung findet und bey einer definitiven (schlußendlichen) Revision (Durchsicht) meiner Schreibarbeit seiner Censur (Überprüfung) zum Opfer fällt. Jemand wie er, der sich sogar der Lectüre der »Leiden des jungen Werthers« von Göthe entziehen wollte, weil ihm aller Gefühlsüberschwang in der thiefsten Seele zuwider ist, wird Richardson erst recht ablehnen. Er hat sich die »Pamela« sicher »nicht angethan«, wie die Stürmer und Dränger solches Lesen zugespitzt nominiren. Ja, ich erinnere mich, daß er bey den Gesprächen über Richardson, die ja allenthalben und in allen Salons der Herrschaften in ganz Europa Statt finden und eben auch vor dem Hauswesens unseres Cant hier in Königsberg nicht Halt gemacht haben, weil Eingeladene an den Mittags- oder Abendtisch das Thema importirt (eingeführt) haben, äußerst sarcastische (bissige) Anmerkungen dazu gemachet hat. Schließlich hat er die Gespräche über Richardson gern ein wenig gewaltsam beendet, indem er etwa ein neues, anderes, ernsthaftes Thema vorgeschlagen und angeschlagen hat, oder die Eingeladenen sind selbst dazu verstummet, weil sie gemerket haben, daß sie ihn mit dieser Geschichte ennuyiren (lange Weile bereiten) und ihm in der Terminologie der Schönheitslehre und der Poetic (Dichtwissenschaft) *taedium* (Ekel, Mißfallen) verursachen. *Taedium* und *fastidium* (Widerwillen). Er verwendete übrigens gern auch statt des Namens Pamela den verballhornten Namen *Shamela* und damit den Titel eines parodistischen Pamphlets auf Richardson von Henry Fielding aus dem Jahre 1741. In *Shamela* steckt das Wort *shame* und diese Etymologie sagt alles! Sie führt auf das Wort Schande zurück! Shamela, die »Schändliche«! Gelesen hat Cant freilich weder Pamela noch Shamela, er hatte Wichtigeres zu thun. Er schrieb an der Critik der practischen Vernunft! Für sein Urtheil über derartige Bücher der Thränenströme und des Gefühlsüberschwangs war er aber sicher ausreichend informirt (unterrichtet), wenn nicht aus eigener Lectüre, dann durch Mittheilungen von Freunden aus der Literaturwissenschaftlichen Abtheilung der Universität, auf die er hielt. Seine Lenz-Kenntnisse auf Grund von Lectüre wie auch durch Besuch der Stücke waren da eher die Ausnahme. Und dies rührt sicher nicht nur daher, daß Lenz der erste Verfasser einer Hymne auf Cant in einer langen Reihe von epideictischen (Lob spendenden) Gratulanten ist, die von hörenden Schülern der Universität Königsberg auf Cant ausgebracht wurden. Das Gedicht »Als Seiner Hochedelgebohrnen der Herr Professor Cant, den 21sten August 1770 für die Professor-Würde disputirte, Im Namen der sämtlichen in Königsberg studirenden Cur- und Liefländer« wird vermuthlich auch in Clagenfurth bekannt geworden seyn. Es ist ein schönes Beyspiel für den Enthusiasm (Begeisterung) von Studenten, die für einen Professor Partei ergreifen und schwärmerisch und mit warmem Gefühle ihrem Meister huldigen. Es war aber nicht das Huldigende, das Cant von da an zur Lectüre der Lenzschen Schriften führte, sondern ehrliche

Überzeugung von der Bonität jener Schriften. Er hatte von Lenz eine ähnlich hohe Meinung wie von Albrecht von Haller, dem Verfasser der »Alpen«, oder Michael Richey oder Daniel Stoppe. Und er stellt diese über Göthe! Und in Lenzens Falle hat er darin ganz sicher nicht ganz unrecht! Über Stoppe ließe sich streiten. Aber ich will mich, liebes Fräulein Herbert, nicht in Literaturangaben verlieren. Meine Aufgabe ist es nicht, wie ich es als Amanuensis freilich des Öfteren thue und gethan habe, einen so genannten Seminarapparat (Büchervorrat) für Euch zusammenzustellen, sondern Euch zu rathen, wie Ihr aus Eurer Bedrängnis herausfinden könnt. Da kann es eher seyn und auch Cants Absichten entsprechen, Euch von der Lectüre des einen oder anderen Buches abzurathen, wenn nicht schon das Kind in den Brunnen gefallen ist und die Lectüre des einen oder anderen schädlichen Buches bereits erfolgte und Statt gefunden hat. Wie viele junge Menschen haben sich nicht nach der Lesung der »Leiden des jungen Werthers« selbst entleibet! Darin sind sie in gewisser Weise dem Helden des Briefromanes von Göthe gefolget. Ach, hätten sie lieber Cants, meines Herrn, Menschenkunde gelesen, die von Göthe geschmähte »Anthropologie in pragmatischer Hinsicht«, und beherziget, was der Philosoph dort über den Freitod zu sagen hat. Sie könnten alle noch am Leben seyn! Auch ich habe bedauerlicher Weise einen Freund und Commilitonen (Mitstreiter) deshalb verloren! Und in wie vielen Fällen in ganz Europa und in vielen Ländern hat sich nicht die Reception (Lectüre) der »Pamela« von Richardson als schädlich erwiesen. Schädlich insoferne, als sich bürgerliche Jungfrauen falsche Hoffnungen auf den Adel und seine Moralität gemachet oder auch dahin gehend, daß Subalterne zu lange submissest (unterwürfig) verharret und sich zu viel anthun und gefallen haben lassen, statt zu revoltiren und aufzubegehren! Viele haben sich in unvernünftiger Weise und aus einem Mangel an Aufklärung gegen die Vernunft und eine Vernunftehe entschieden und auf eine Liebesheurath gesetzt – und auf dem Sande einer temporären (vorübergehenden) Verliebtheit gebaut. Das eine oder andere Motiv (Beweggrund) mag auch für Euch aus Buchconsum resultirt seyn. Ihr müßt zu Eurer Errettung ein, wie es die Stürmer und Dränger mit einem englischen Ausdrucke »Brain storming« nennen, also eine Gewissenserforschung abhalten und Euch vom für Euch Schädlichen fernhalten und das Nützliche anstreben.

Im Briefe vom 16. Januarii 1793, dem zweyten Brief nach jenem ersten vom August 1791, in welchem Ihr zu Cants Verdrusse ihn divinirt (vergöttlicht und vergöttert) habt, als hättet Ihr gesagt: Großer Cant wir loben Dich, Herr wir preisen Deine Stärke…, in jenem zweyten Briefe also kündigt Ihr einen Besuch in Königsberg an, den Ihr in Begleitung des trefflichen Johann Benjamin Ehrhard zu unternehmen willens seyd. In jenem zweyten Briefe beginnt Ihr in der Überschrift Gott sey Dank nicht mehr mit »Großer Cant«, sondern natürlicher und nüchterner mit »Lieber, Ehrenwerther Herr«. Ganz offensichtlich seyd Ihr in der Zwischenzeit wirklich ernüchtert worden, wohl durch das Schweigen oder Ausbleiben einer befriedigenden Antwort Eures Gottes Cant.

Zu jenem Puncte, dem angekündigten Besuche, sey das Entsprechende zu sagen, läßt Cant Euch durch mich ausrichten. Denn Briefe sind das Eine, Besuche aber das Andere. Einen Brief nämlich kann man kurz oder lang machen, man kann sich kurz fassen oder ausführlich werden. Das hängt immer vom Adressaten, beziehungsweise dem Verhältnis des Briefschreibers zu demselben ab. Damit ist die Souveränität (Oberhoheit) beym Correspondenten (Briefschreiber). Ja, man kann einen Briefschreiber auch durch Schweigen abwehren oder bestrafen. Wozu gibt es Papierkörbe! Der Angeschriebene kann sich toth stellen. Er kann sich in der Weise toth stellen, wie sich der Gott der so genannten Deisten toth stellt, der die Welt zwar erschaffen, aber dann sich selbst überlassen hat. In wie vielen Fällen hat Cant dies gethan! Ich will mich toth stellen! Nicht nur einmal habe ich ihn dies sagen gehöret. Und dies stehet keineswegs im Widerspruche zu der tausendmal an ihm gerühmten Moralität. Mein Herr ist schließlich kein Stürmer oder Dränger und kein Enthusiast, sondern ein auch mit seiner Zeit und seinem Umgange haushälterisch, das heißt vernünftig verfahrender Mensch. Auch das Mitleiden habe seine Grenzen, habe ich ihn wiederholt sagen gehöret. So wie nach Begräbnissen die Hinterbliebenen einmal die Trauerkleider ablegen und sie für den nächsten kommenden Trauerfall in den Schrank oder Kasten, wie Ihr im Süden sagt, hängen. Cant besucht übrigens kaum Begräbnisse. Vor allem verweigert er sich stets der Bitte um Grabreden. Er hat in diesem Contexte (Zusammenhang) einmal zu mir gesagt, ein Aufklärer könnte jenen biblischen Satz geprägt haben: Lasset die Tothen die Tothen begraben! Und wenn die Bestatter den Grundsatz »De mortuis nihil nisi bene« (Von den Tothen nur gut reden) befolgen, seyen sie naturgemäß zum Lügen gezwungen. Alles, was gesaget werden könnte, ist allenfalls die halbe Wahrheit, meistens aber die glatte Lüge. Auch er wünsche sich im Falle seines Ablebens keine »gute Nachrede«. Das beste, was man von ihm sagen könne und seinetwegen sagen solle, sey, daß er ein Aufklärer gewesen und als solcher gewußt und thief empfunden habe, wie rätselhaft, dunkel und geheimnisvoll der Cosmos sey!

Briefe schreiben also mag angehen. Mit Besuchen aber, auch Condolenzbesuchen, ist das etwas Anderes, das physische Contactiren bringt für den Besuchten, den Aufgesuchten, sehr häufig die Unannehmlichkeit der Zudringlichkeit mit sich. Man rückt dem Besuchten an den Leib, man tritt in seine Aura. Man rückt ihm an den Pelz! Und es ist nicht nur der üble Mundgeruch mancher Besucher, der dem Besuchten übel mitspielt. Selbst mit Speichel wird man bey manchen Besuchern confrontirt. Oft ist es wie Sprühregen! Vom Schweiße zu schweigen, den manche vergießen, um nur ja schnell vor dem Besuchten zu erscheinen, oder auch aus Anspannung und Nerveusität wegen der einschüchternden Monumentalität des Gegenübers. Besuche können zu Heimsuchungen werden! Ein höflicher, bürgerlicher Mensch thut sich mit unangemeldeten und nicht bestellten Besuchern schwer, er kann sie nicht zurückweisen. Unsere Haussprache nennt dies gern »abwimmeln«. Abgewimmelt werden aber im primären Wortsinne Insecten, die wir mit der Hand durch schnelle Bewegungen verscheuchen. Unhöfliche Adelige thun sich dabey leichter oder machen es sich leichter. Sie werden nicht einfach besucht, sondern gewähren oder verweigern eine Audienc (Anhörung). Und sie terminisiren und limitiren (beschränken) die Audienc. Der Besucher wird angehöret und vielleicht auch *erhöret*, wenn er ein Anliegen vorbringt, das der Höhere anzuerkennen bereit ist. In der Regel ist es in adeligen Häusern dergestalt, daß der Domestice am Portale den Ankommenden, wenn er nicht avisirt (angemeldet) ist, fraget: Wen darf ich melden? Dann geht er mit dem Namen des Einlaß Wünschenden auf den Lippen ins Innere des Hauses. Und kömmt er zurück, so bringet er das Placet (Zustimmung) der Herrschaft mit und verkündet die so genannten Rahmenbedingungen der Visite und die Hausordnung. Es gibt aber auch cholerische (aufbrausende) Herren, die nicht gestöret werden wollen und durch den Diener bestellen und ausrichten lassen, sie seyen nicht zu Hause oder sie seyen nicht zu sprechen. Solche Schroffheiten, wie sie etwa von Göthen colportirt (verbreitet), würden Canten nie einfallen, aber er weiß sich auf andere Art vor unliebsamen Besuchern zu schützen. Ich sage dies im Hinblicke auf Eure projectirte Reise nach hier, um Sie vor Enttäuschungen zu bewahren. Noch ist es dafür nicht zu späth, weil Besuch und Reise Eurerseits ja wohl erst geplant oder wie die Philosophie sich ausdrückt: *angedacht* sind. Besucher, die wenigen immer wiederkehrenden Königsberger Collegen und Freunde abgesehen, sieht Cant nun in seinem Hause nicht gern. Er geht wohl lieber selbst zu Gesellschaften, namentlich ins Haus des Reichsgrafen Keyserling. Dabey brauchet er bestimmt als Junggeselle nicht zu besorgen, daß er für einen Schmarutzer angesehen werde. Er ist so hoch angesehen, daß sich die besten Familien hier wie die allerbeste des Reichsgrafen um seine Aufwarthung angelegentlichst kümmern. Cant ist wahrhaftig das, was die academische Nomenclatur (Namensgebung) einen *Emeritus* nennt, einen »Verdienten«, ja »Hochverdienten« und die so genannten Privilegien, die er genießt, ehren jene mehr, die sie ihm einräumen, als er sie selbst in Anspruch nimmt. Wer ihn besucht, braucht oder darf auf keinen Gegenbesuch hoffen. Wer ihn einlädt und wen er besucht, auf keine Gegeneinladung. Und er kömmt und ist alleine. Es gibt in seinem Fall nicht den von letzmäuligen Amanuenses so genannten »Beywagen«, also die sich miteingeladen fühlenden Ehegattinnen. Ein Selbstdenker wie er lebt nicht reciproc (rück-bezüglich). Und auch dies sage ich und es ist Euch sicher auch in Clagenfurth bekannt geworden: Er liebt das Gespräch unter Männern, namentlich unter Gelehrten, man kann aber kaum sagen »Seinesgleichen«, denn« »Seinesgleichen« hat der Unvergleichliche ja kaum. Doch ein Frauenfeind ist er nicht, sonst würde er in seiner Anthropologie das weibliche nicht wiederholt das »schöne« Geschlecht« nennen. Es ist die überragende Stellung der Gräfin Charlotte Carolina Amalia von Keyserling, der Gastgeberin und Gesprächspartnerin in Cants Leben – die Stürmer und Dränger nennen solche Personen gern »Lebensmenschen« –, die ihn zu jenen oft wiedergegebenen frauenfreundlichen Äußerungen, die freilich mit anderen widersprüchlich contrastiren (entgegenstehen), bewogen haben. So möchte ich auch Euch, Fräulein von Herbert, wieder dringend genaue Lectüre der »Anthropologie in pragmatischer Hinsicht« anrathen. Nehmt sie als ein Sachbuch und auch als einen Rathgeber für den zwischenmenschlichen Verkehr. Euch wird Rath werden. Denn dort spricht einer, der wahrlich Rath zu geben weiß. Viele jener Autoren, die sich heute anmaaßen, Rathgeber zu seyn und Rathgeberbücher verfassen, verdienen den Titel Rathgeber nicht, sind rathlose Thoren!

Ein College hier, Amanuensis eines emeritirten mathematischen Professors, mit dem ich in Verbindung bin und dem ich von Eurem Briefe und meiner in statu nascendi (Entstehung) begriffenen Antwort und vor allem auch Eurer Absicht, Herrn Cant in Königsberg aufzusuchen, erzählt habe, kam aus dem Staunen über ein Mädchen mit solchen Ambitionen kaum heraus. Wie könne eine Frau respective ein Fräulein einen solchen Professor in einer solchen Angelegenheit consultiren (rathfragen) und auch noch besuchen wollen? Ich vermeide es, jene Ausdrücke wiederzugeben, die mein maliciöser (boshafter) College statt des »Professors« in meinem vorigen Satze verwendete. Selbst das drastische deutsche Sprüchwort vom Bocke als Gärtner kam in seiner Invective vor. Er bezweifle ja bereits, daß ein junges Mädchen aus den theoretischen Werken des Philosophen klug werden und lebenspractische Anleithungen gewinnen könne, vom Besuche eines alt gewordenen Junggesellen aber wohl gar nicht. Relata refero (Ich gebe das Geäußerte des Collegen wider). Es ist nicht meine Meinung, wenn an seinen Bedenken gleichwohl »etwas dran« ist, wie der Volksmund sagt. Es gibt außer der alten Reichsgräfin keine Frau, deren Umgang und Conversation er schätzt, sagt der College, was wird er neugierig seyn auf den Umgang mit einem jungen Mädchen – er sagte »jonge Deern« –, mag sie immerhin von Adel seyn, mit einem Mädchen aus Österreich, einem Dirndle aus Kärnthen! Auch dies bedarf einer zusätzlichen Erklärung durch mich. Der Name Österreich hat hier zu Lande eben keinen guten Klang. Wenn Österreicher wie Reinhold oder Wulfen hier gelobt werden, dann immer als die singulären Ausnahmen. Als würden selbst in Wüsteneien hin und wieder kleine Edelsteine gefunden. Der Name Österreichs wird dabey nur noch von jenem der Schweiz unterboten. Was mein Herr von der Schweiz hält, ließe sich in der »Anthropologie« nachlesen. Österreich aber kommt in der »Anthropologie« gar nicht vor! Österreich ist Cant gar »kein Begriff«, um es in philosophischer Terminologie zu sagen. Obwohl auch Geograph (Erdkundler), ist ihm Österreich eine »terra incognita« (unbekanntes Land). Österreicher, die in der Philosophie einen Namen hätten, sind ihm, mit der mathematischen Mengenlehre gesprochen, eine so genannte »leere Menge«. Mit der Schweiz ist es, wie gesagt, ähnlich. Die große Schweizer Ausnahme ist natürlich Albrecht von Haller, der Verfasser der »Alpen«. Aber sonst gilt meinem Herrn die Schweiz als das Exemplum (Beyspiel) für ein armes Land. Der Mangel an extraordinären (außerordentlichen) Mäzenen führe zugleich zu einem Mangel an bedeuthenden Männern und herausragenden wissenschaftlichen und künstlerischen Leistungen. Ich habe Cant selbst in einer Vorlesung über die morphologische Geographie Europens im helvetischen Contexte das Sprüchwort citiren gehört: Die Armuth kommt halt von der pauvrete. Cant sagte dazu, dieses Sprüchwort habe in diesem Horizonte eine zwiefache Bezüglichkeit, weil es die beiden oder zwey von den Schweizer Landessprachen anspreche, das Deutsche und das Französische.

Hier möchte ich, ohne mein Thema aus den Augen zu verlieren, auf eine Stelle in der »Anthropologie« hinweisen, weil sie in vielfacher Hinsicht, als insbesondere auf Cants Verhältnis zu den Frauen, auf seine Lust an Wortspielen und auch auf das Thema Besuchsverkehr, zu welchem ich schließlich retourniren (zurückkehren) werde, aussagekräftig ist. Cant bringt in einer Fußnote zum Capitel »Von den Affecten, durch welche die Natur die Gesundheit mechanisch befördert«, das also das Lachen tractirt (behandelt), eine Schnurre, die ihm die Reichsgräfin Keyserling (»eine Dame, die die Zierde ihres Geschlechtes ist«) mitgetheilt hat. Ich darf Cant wörtlich anführen: »Bey ihr hatte der Graf Sagramoso, der damals die Einrichtung des Malteserritterordens in Polen zu besorgen den Auftrag hatte, den Besuch gemachet, und zufälligerweise war ein aus Königsberg gebürthiger, aber in Hamburg für die Liebhaberei einiger reicher Kaufleute zum Naturaliensammler und Aufseher dieser ihrer Kabinetter angenommener Magister, der seine Verwandte in Preußen besuchte, hinzugekommen, zu welchem der Graf Sagramoso, um doch etwas mit ihm zu reden, in gebrochenem Deutsch radebrechend sprach: ›Ick abe in Amburg eine Ant geabt (Ich habe in Hamburg eine Tante gehabt); aber die ist mir gestorben.‹ Flugs ergriff der Magister das Wort und fragte: ›Warum ließen sie sie nicht abziehen und ausstopfen?‹ Er nahm das englische Wort *Ant* (aunt), welches »Tante« bedeutet, für *Ente*, und weil er gleich darauf fiel, sie müsse sehr rar gewesen seyn, bedauerte er den großen Schaden. Man kann sich vorstellen, welches Lachen dieses Mißverstehen erregen mußte.«

Wenn österreichische Enthusiasten, in der Ausdrucksweise der Stürmer und Dränger »Fans«, was ein pennälersprachlich verkürztes Fanaticer (Begeisterte) ist, einen deutschen Geistesmenschen vom Formate meines Herrn Cant oder auch in anderer Weise Göthe besuchen, dann geht dies in aller Regel nicht gut. Die Begeisterten zeigen sich nicht selten dann als Entgeisterte, wie C. sie wortspielerisch nennt. Es wurde auch an Cants Tafel in jüngster Zeit nicht wenig von jener Visite gesprochen, die Euer österreichischer, in unserer deutschen Hauptsprache zu schreiben versuchender »Nationaldichter« Franz Grillparzer bey Göthen in Weimar abgestattet und die für den Österreicher so entwürdigend verlaufen ist. Grillparzer habe keine Sprache gefunden, heißt es, er sey vor lauter Bücklingen schwer zu sprechen gekommen und hätte kaum gewaget, dem Weimarer ins Antlitz und in die Augen zu schauen. Auch seine Sprache und sein Reden habe merkwürdig geklungen, Grillparzer habe sich ein ihm fremdes Idiom angequält, von dem er annahm, daß es Göthe conveniren (entgegenkommen) möchte, eine Sprache, die dem Deutschen entsprechen müßte. Der Österreicher habe merkwürdiger Weise Sächsisch oder ein künstliches Sächsisch gesprochen, Göthe aber habe ungenirt (anstandslos) in seinem Frankfurter Hessischen replicirt (Antwort gegeben). Es hat sich der Inhalt und die Form der insgesamt drei Besuche Grillparzers bey Göthen sicher auch wie ein Lauffeuer bis nach Clagenfurth hinunter gesprochen, etwa, daß Göthe von Grillparzer wissen wollte, ob das Italienische in Wien und seine Literatur wohl eine Rolle spiele, worauf Grillparzer antwortete, das Italienische als Umgangssprache bey den Beamten und am Hofe wohl, nicht aber die Literatur, wie er seine Heimat leider selbst als eine Wüste des Desinteresses und der Ignoranc sehr schlecht machte, dies in der Hoffnung, von Göthe dafür als bescheiden und selbstcritisch, groß auf Unkosten der geschmähten, kleingeredeten Heimat, angesehen zu werden! Doch ging dieser wie manch anderer Schuß, preußisch-militärisch ausgedrücket, nach hinterwärts los. Denn es war wohl auch Göthes humanistische Meinung, daß man Ausländern gegenüber und im Auslande die eigene Heimath nicht klein redet, schlecht macht oder gar schmähet. Das schickt sich nicht. Der zweyte Besuch in jener Weimarer Woche Eures Nationadichters beym Weimarer Olympier war insoferne vielleicht ein Körnchen befriedigender, als die beiden Gs. ins Gespräch gekommen zu seyn scheinen, wenn auch dieser Besuch mit einer Demüthigung des Südländers endete, weil Göthe jene Brotkrümel, die der nerveuse Grillparzer auf dem Tische erzeugte und verstreute, mit seiner Hand einsammelte und auf einem Häufchen concentrirte (zusammensammelte). Und als Grillparzer, auf persönliche Einladung Göthes hin, zu einer dritten Invitation (Einladung), die allein ihm gegolten hatte, zu früh erschien und wartend um das Haus am Frauenplan spacirte (lustwandelte) und schließlich beschloß, in seine Herberge zurückzukehren und den Besuch »sausen« zu lassen, wie die Stürmer und Dränger sagen, und so den hohen Herrn brüscirte (vor den Kopf stieß), war die Niederlage perfect (vollkommen, vollkommen mißlungen). So also gestalten sich die Besuche von Südländern im mittleren und hohen Norden bey den angebetheten Geistesgrößen. Die österreichischen Menschen und Besucher leiden an etwas, was man vielleicht in medicinischer Diction einen »Minderwerthigkeitscomplex« nennen könnte! Grillparzer besuchte in Weimar bekanntlich auch noch den Musicus und Mozart-Schüler Johann Nepomuk Hummel. Die Freude sey fast rührend gewesen, mit welcher der sonst im Umgange trockene Kapellmeister den Landsmann Grillparzern begrüßte. Einerseits brachte Grillparzer ihm wohl die Erinnerung an seine schwer verlassene Vaterstadt zurück, dann mochte es ihm auch wohl thun, in Weimar, wo er nur abschätzige Urtheile über die geistige Begabung Österreichs zu hören bekam, einen Landsmann literarisch geehrt und geachtet zu finden. Von Göthe empfangen worden zu sein, galt schließlich als höchstes Privileg. Man kam dadurch in eine erlauchte Gesellschaft, wurde so etwas wie ein illuminates (erleuchtetes) Mitglied einer Gralsgemeinschaft!

Die Kehrseite jenes als »Minderwerthigkeitscomplex« bezeichneten psychischen Phänomens ist zugleich paradoxer Weise ein »Überwerthigkeitscomplex«, wie ich es nennen möchte. So wird der Überschuß auf der einen Seite durch eine Unmäßigkeit auf der anderen Seite »compensirt« (ausgeglichen). Es fehlt aber das rechte Maaß und die Mäßigung! Wie stolz war etwa Hummel und mit ihm alle Österreicher im deutschen Auslande, als sie in Göthes Dichtung »Hermann und Dorothea« Wolfgang Amadeus Mozart, Hummels Lehrer, wie erwähnt, genannt und geehret fanden. Ja, frage ich, bedarf denn Mozart, der Unvergleichliche, etwelcher Protection? Aber meine Aufgabe ist es nicht, Österreich zu vertheidigen.

Es herrscht eine große Alterität (Fremdheit) zwischen dem österreichischen Süden und dem deutschen Norden. Die Bayern stehen dazwischen. Und sie verachten die einen und die anderen, die Nordlichter, wie sie sagen, und die Barfüßigen, wie sie die Österreicher gern verspotten. Diese Fremdheit hat der spitzzüngige Professor Georg Lichtenberg in Göttingen, der College des erwähnten, von Cant so sehr geschätzten Albrecht von Haller, auf die paradoxe Formel eines Aphorism gebracht: Die Deutschen und die Österreicher trennt die gemeinsame Sprache! Auch ist es hier im Norden den Menschen unverständlich, daß die Centrale des alten »Heilichen Römischen Reiches Deutscher Nation« und seine Kaiserwürde immer noch in Wien und bey dem Geschlechte der Habsburger seyn soll, wenn sich nun auch bereits der Verzicht auf die widersinnige Suprematie (Vorherrschaft) durch die Habsburger abzeichne. Es ist auch weiter nichts mehr als ein »Titel ohne Mittel«! Heilich und römisch ist das Reich schon lange nicht mehr! Das Bewußtseyn von dieser Suprematie nimmt gegen Norden, in Mittel- und Norddeutschland, freilich successive ab. Der Zar ist weit! Wo liegt Wien und wo sind wir! Wieder hat ein Aphorismus Lichtenbergs diese Absenc (Abwesenheit) und Distanc (Abstand) zum pointirten Ausdrucke gebracht: Österreich hat in Deutschland nichts zu sagen! Ich citire aus dem Gedächtnisse. Kann seyn, daß es im Originale (Ursprung) auch *reden* statt *sagen* heißt: Österreich hat in Deutschland nichts zu reden. Oder heißt es gar *plaudern*? Das kommt freilich sprachpolitisch auf das Nämliche hinaus. Reinhold, der Österreicher und Österreich-Kenner, hat freilich meinem Herrn das respectlose, den aufgeklärten Kaiser Joseph, den einzigen Habsburger, den die Intellectuellen und Intelligenten Deutschlands gelten lassen, herabsetzende reactionäre Sprüchwort mitgetheilt: »Geh, Pepperl plausch nicht!« Auch »Österreich, halt das Maul!« läßt sich hören! Das also ist die indolente (freche) Antwort des österreichischen Südens auf die vernünftigen und verständigen, vom deutschen Idealismus beeindruckten Reden des aufgeklärten Kaisers Josephs II.! (Gott hab ihn seelig, muß man ja leider nun sagen.) Er, Reinhold, habe dieses unerhörte Gerede selbst an vielen Stammtischen in vielen Gasthäusern gehört.

Deutsch ist die Sprache der Deutschen, so wie Französisch die Sprache der Franzosen ist. Und so haben, wird behauptet, die Österreicher und die so genannten Deutschschweizer, also die Deutsch sprechenden Schweizer, den Deutschen nichts darein zu reden, wie auch die so genannten francophonen Schweizer oder die sonstwo auf der Welt Französisch sprechenden Völker den Franzosen in Lingualibus (Sprachangelegenheiten) nichts zu vermelden haben. Die Schweizer mögen sich anhören, was die Franzosen zu sagen haben, und im Übrigen schweigen, schweigen auf Französisch. Und die Österreicher mögen auf Deutsch schweigen! Dies ist ein sprachimperialistischer Standpunct, liebes Fräulein von Herbert, den ich nicht theile und einnehme, er ist freilich rebus sic stantibus (wie die Dinge nun liegen) leider actuell (vorhanden), actuell und acut (scharf). Nebstbey gesagt: Wir Saarländer, die wir Deutsch und Französisch sprechen, haben unter dem Sprachimperialism gleich beider Seiten zu leiden, als könnten wir weder Deutsch noch Französisch!

Bleibt, wo Ihr seyd, liebes Fräulein Herbert. Es wäre von einer solchen Visite Eurerseits bey Canten nicht viel zu erwarten. Ihr würdet einen hinfälligen Greis sehen, der einmal ein geistreicher Weltweiser war. Und Ihr würdet ihm Schmerzen bereithen, weil er immerhin noch weiß oder doch fühlt, daß er die schweren Fragen, die Ihr oder irgendwer sonst ihm stellt, nicht oder nicht mehr beantworten kann. Vielleicht gelänge es ihm noch, einige der fragwürdigen Sicherheiten, in denen sich die Menschen wie in ihren liebgewordenen Irrthümern einrichten, zu hinterfragen, wie es heute heißt, oder auch zu dementiren (Vernunft absprechen), aber konstructive (aufbauende) Antworten auf die großen Seynsfragen oder auch auf lebenspractische Fragen, wie sie Euch quälen, wie man an Euren Briefen sieht, dürftet Ihr nicht erwarten. Nun nehme ich an, Ihr seyd ein hübsches, liebenswürdiges, aus gutem Hause, was das Vermögen sowohl als auch das Benehmen und den Anstand betrifft, stammendes Mädchen. Ein solches Menschenkind anzusehen und in seiner Lebendigkeit vor sich sitzen und anmuthig sprechen zu hören, ist eine Lust und ein Vergnügen für jeden Mann oder doch für die meisten Männer. Ihn aber, meinen hohen Herrn, kann es nicht mehr tangiren. Und wenn Ihr Euch sicher auch keine Hoffnungen machen werdet, Cant als Mann zu attrahiren (anziehen), so würde die Begegnung für Euch mit einem versteinerten, alten, zaundürren Knochenmann doch ein gravirendes (schwer wiegendes) Desappointement (Enttäuschung) bedeuthen. Was er zu sagen hatte – und er hatte mehr zu sagen als irgendein Sterblicher seiner Generation –, das hat er in seinen Büchern gesagt und es ist jederzeit für jeden und jede noch nachlesbar, wenn auch nicht jedermann zugänglich. Der Rest aber ist Schweigen, wie der große englische Dichter sagt. Ihr werdet wissen, wen ich meine. Wir wollen ihn also in Ruhe lassen und uns nicht an jenem Volkssporte des Südens betheiligen, der im Volksmunde »Schauen« heißt. In Wien, erzählt man hier im Norden, werde sehr viel »geschaut«. Mehr Personen als jene, die die Feste feiern und zu den Festen eingeladen sind, sind jene an Zahl, die die Auffahrt der Gäste vor den Villen, Festspielhäusern und Palästen der Reichen anschauen und betrachten und besprechen. Man schaut nicht nur, man verschaut sich auch, heißt es, vergißt sich also vor lauter Gaffen! Ihr werdet es besser wissen und in vivo (lebendig) erlebt haben, daß jene Schauer oder Gaffer oft die Pforten und Porthale der Festspielstätten belagern und die Anfahrt und die Auffahrt der Equipagen, der Landauer und der Kutschen und der Kaleschen der Adelspersonen, die zum Feste eilen, behindern. Selbst die Gazetten sind voll mit Noticen (Anmerkungen) über die Roben und Gewänder der zum Feste Angereisten und jedes alberne Detail (Ausschnitt) wird des Mittheilens werth gehalten, wie thief die Dekolletees (Ausschnitte) der Damen gewesen und wie viel Busen den lüsternen Blicken dargeboten worden sey. Welcher Art und Gestalt die Zurüstung der Cavalire gewesen sey und welcher Cavalir welcher Dame den Arm zum Geleithe geboten habe. Man müsse freilich, das sagt auch Reinhold, ins Calcül nehmen (in Rechnung stellen), daß die Reichen und Adeligen und Adlichten, namentlich auch die so genannten Neureichen, das sind jene, die in jüngster Zeit, in der Jetztzeit des grassirenden Merkantilism und Capitalism (Geschäftemacherei), zu Reichthum gelangt sind, über diese Belästigung durch gaffendes Publicum gar nicht unglücklich sind, ja, sie gar nicht als Belästigung, sondern als eine zusätzliche Bereicherung ihres erworbenen oder meist ererbten Reichthums empfinden, weil sie ihnen das Gefühl der Wichtigkeit und Erhobenheit gibt, wo sie doch oft, geistig gesehen, von ödester Leere und erbärmlichster Nichtigkeit sind! Sie prunken sicherlich mehr mit Kleidung und Schmuck als mit Geist und Verstand. Letztere sind ja auch unsichtbar. An ihren Früchten müßte man sie erkennen, um es biblisch auszudrücken. Was sie der Schaulust bieten, sind aber nur die Früchte und Ergebnisse ihrer Renditen und Actien, ihr Schmuck ist ihr Conto currente (laufendes Guthaben). Es geht ihnen nicht um die Güte, sondern um das Guthaben, nicht um die moralische, sondern die fiscalische Bonität und Credit. Ihr Credo ist der Credit. Personen ihres »Ansehens« werden gerne angesehen, gerne lassen sie sich auch beneiden, dies gehört zum Niesbrauch ihres Vermögens. Ich will vermeiden, in den Thonfall des großen Predigers Abraham a Sancta Clara zu verfallen. Sicher habt Ihr von ihm gehört, oder habt Ihr einen barfüßigen Augustiner in der Augustinerkirche in seinem Sinne und in seinem Style predigen gehört? Dort wird jene Tradition der schneidigen Rede ja auch heute noch, beinahe 100 Jahre nach Abrahams 1709 erfolgten Tode, beybehalten und lebendig gepflogen. Vielleicht habt Ihr einmal an einer jener Fahrten theilgenommen, die Director Wulfen unter dem Motto »Österreichs Jugend lernt Wien kennen« für ausgewählte und erlesene Vorzugsschüler veranstaltet? Die Haupt- und Residenzstadt Wien ist ja, wie Reinhold und andere Österreicher oder Österreich-Fahrer mittheilen, sehr stolz auf ihren großen Sohn Abraham. Dieser Stolz habe durch Friedrich Schiller, der dem Abraham in seiner Wallenstein-Trilogie, namentlich im Theile »Wallensteins Lager«, ein literarisches Denkmal in Gestalt der »Kapuzinerpredigt« gesetzt hat, weiter Nahrung bekommen, wie ja auch Kärnthen stolz sich brüstet, weil sein Herzogthumsname ebenda bey Schillern genannt ist, was sich der Freundschaft Schillers mit Eurem Bruder Franz Paul verdanket. Einen kleinen Schönheitsfehler hat jener Schönheitspreis freilich, weil Abraham a Sancta Clara als

Ulrich Megerle im Jahre des Herrn 1644 in Kreenheinstetten bey Meßkirch geboren wurde und damit eigentlich kein Innerösterreicher, sondern ein waschechter Schwabe und damit genau genommen ein Landsmann des in Marbach am Neckar geborenen Friedrich Schiller ist. Schiller kannte so gesehen seinen Pappenheimer! Ein Schwabe also hat den Wienern, und als Hofprediger, vor allem dem Hofe eben, die Leviten gelesen. Wien hat freilich laut Reinhold ein besonderes Talent, Zugezogene »einzugemeinden« und für seinen Ruhm zu reclamiren (beanspruchen). Schließlich wird das österreichische Südreich in Gestalt der Habsburger ja auch von Schweizern regirt. Wo ist die Hofburg und wo ist die Habsburg!

Womöglich noch mehr Schaulustige als Feste aber zieht bey Euch im Süden, laut Reinhold, die Catastrophe an. Am beliebtesten seyen Feuersbrünste und Gießen. Das ergibt immer einen Bahell. Wenn die Donau übergehe, gehe alles Volk zur Brücke und über die Brücke und blicke ins Wasser, in der Erwartung, daß vielleicht ein extraordinärer Gegenstand, wenn nicht gar eine Wasserleiche ihren Schauplatz passire. Wie ja ganz besonders Begängnisse und Begräbnisse exorbitante (herausragend) Sensationen (Sinnerregungen) und Evente darstellen. Handelt es sich um den Exitus (Abgang) einer valde importanten (sehr wichtigen) Person, dann steigere sich laut Reinhold die Curiosität (Neugier, Fürwitz) ins Enorme (Unübliche). Schon Tage vor der Erdübergabe defilire die Bevölkerung an der Bahre des aufgebahrten Prominenten (Herausragenden), und es müßten Ordnungsdiener und Policey für ein frictionsfreies (reibungsloses) Defilee besorgt seyn. Und selbst die Kirchen, sonst von vielen wenig besucht und gemieden, quellen bey den Exequien und dem Requiem vor Menschen über. Und unter den Trauergästen ist mancher, der dem Hingegangenen zu Lebzeiten eher feindlich als sympathetisch gegenübergestanden ist, ja, den Hingegangenen vielleicht so gar hintergangen hat. Und hat er ihm auch Anerkennung und Achtung versagt, so gibt er ihm nun das so genannte letzte Geleith. Demjenigen, dem er in vivo (Lebzeit) keine Ehre erwiesen hat, erweist er nun die letzte Ehre, die so genannte letzte Ehre! Und auch bey Funebrien gibt es bey den so genannten V.I.-Personen Begräbnistheilnehmer, die weniger Antheilnehmende als Wichtigthuer sind und sich selbst hervorthun. Die kirchlichen Exequien selbst mit der Tothenmesse, der Aussegnung und dem Libera und Dies irae nennt Reinhold, der entsprungene Pfaffe – um dieses Wort des Anticlericalism zu gebrauchen –, ein kirchliches Trauerspiel. Ich sehe das, liebes Fräulein von Herbert, naturgemäß anders und ich glaube auch nicht, daß mein Herr Cant, an dessen protestantischer und aufgeklärter Nüchternheit freilich kein Zweifel besteht, mit seinem Bewunderer, gegen dessen Avancen er sonst leider nicht ganz immun ist, übereinstimmt und es ähnlich despectirlich (abschätzig) sieht. Ihr, Fräulein von Herbert, werdet aus der Anthropologie Cants ja sicher auch meines Lehrers Respect vor dem von der Noth des Daseyns afficirten (erfaßten) Menschen herausgelesen haben, wenn Ihr die Menschenkunde mittlerweile gelesen habt? Und so ist er sicher nachsichtiger und vorsichtiger als der grobe Reinhold, wenn er Handlungen beurtheilt, die der geschundenen Creatur Trost und Hülfe in schier trostloser Hülflosigkeit bieten. Was wiederum nicht bedeuthet, daß er nicht Vorsorge getroffen und dem Diacon Wasianski von der Tragheimer Kirche als Mandat (Auftrag) aufgegeben hätte, daß im Falle des Falles, das heißt bey seinem Abgange von dieser Welt, das Begräbnis das allerstillste zu seyn habe. Man möge auch nicht seinen Bruder, den Pastor aus Mitau, und auch nicht seinen Neffen, der wie sein Vater Pastor geworden und ordinirt worden ist, rechtzeitig verständigen oder gar für seine Abdankung bemühen! Mein »geistlicher« Bruder, sagte er ein wenig schelmisch in altcatholischer Diction, möge ruhig daheim bleiben. Und auch die Kinder seines Bruders sollen ihn unbehelliget lassen. Damit spielte er auf jenen Brief an, in dem die Töchter seines Bruders ihn um eine Strähne seiner Haare gebethen hatten. Auch hat er seinem Bruder jenen Brief, in dem er ihm seine Vermählung angezeigt und auch ihn zur Abkehr vom Cölibat und zur Eheschließung gerathen und gedrängt hat, bis zuletzt nicht verziehen. Wasianski, der Diacon und Vertraute Cants, der auch als mein Vorgänger interimistisch (zwischenzeitlich) sein Amanuensis gewesen war, hat ihn freilich einmal, als er wieder von der völligen Schmucklosigkeit sprach, die er für sein Begängnis verlange, darauf hingewiesen und aufmerksam gemacht, daß die Antheilnahme an seinem Schicksale und die Begeisterung für seinen Geist, die längst ganz Deutschland, ja sogar das Ausland erfaßt habe, ihrerseits seine Verabschiedung zu einem spectaculären Eventus werden lassen werde, an dem jedermann, dem es möglich ist, Augenzeuge werden wollen werde. Die Persönlichkeiten werden von überall her, aus den hintersten Winkeln der bewohnten Welt bis hinaus nach Österreich und Rußland, Spanien und Frankreich anreisen, wohin sein Ruhm gedrungen ist. Damals schmunzelte Cant, als ihm Wasianski solches in Aussicht stellte. Dann wollen wir lieber so bald nicht abtreten, sagte er darauf schelmisch. Und Gott sey Dank lebt er auch noch.

Leider ist er freilich mittlerweile alt und gebrechlich und empfängt ungern Besuche, womit wir zu Eurem Problem, das heißt der Problematik Eures angekündigten Besuches, zurückkehren. Selbst Freunde empfängt er nun nicht mehr. Wenn sich aber ein solcher Besuch nicht vermeiden läßt und ein Besucher hartnäckig auf der Visite besteht, dann empfängt er ihn stehend. Damit macht er, so schwer ihm das Stehen selbst schon fällt, deuthlich, daß er dem Besucher nur kurze Zeit zur Verfügung stehen könne und wolle. Verstehen Sie bitte, daß wir stehen müssen, sagt er mit einem Wortspiele. Er ladet niemanden mehr zum Sitzen ein. Er betreibe hier keine Niederlassung, sagte er einmal zu Lampe in meiner Anwesenheit. Nicht einmal langjährigen Collegen von der Universität und Lehrstuhlinhabern bietet er einen Stuhl an oder läßt er durch Diener Lampe anbieten oder herbey schaffen. Zu trinken habe ich leider nichts im Haus, sagt er gern. Er habe einen totaliter dehydrirten (trockenen) und unspirituellen (alcoholfreien) Haushalt, sagte er neulich zu einem Theologen, der ihn besuchte. Dem Alcohol habe er schon als junger Mensch Ade (Lebwohl) gesagt. Verfährt er so aber mit Freunden, ja Lebensmenschen, wie dann erst mit Fremden? Und Ihr müßt Euch trotz Eurer beiden Briefe als Fremde fühlen. Wollt Ihr nun wirklich die Beschwernisse einer Weltreise von Clagenfurth nach Königsberg auf Euch nehmen, die Unbill mit den vielen Kutschern und Herbergswirthen, von Wegelagerern und Dieben und anderem Gesindel, das heute um die Wege ist, ganz zu schweigen, um dann vielleicht, wenn Ihr außer Athem hier anlangt, im Vorzimmer Cants stehend begrüßt und kurz abgefertigt zu werden? Es könnte Euch ergehen wie neulich einem ähnlichen bewundernden Besucher, zu welchem Cant sagte: Was sehen Sie doch an mir altem Manne? Ich bin schwach und matt! Ihr werdet also kaum Zeit und Gelegenheit finden, Euer Anliegen und Eure Liebesnoth darzustellen und vorzubringen. Sollte dies aber ausnahmsweise und aus Höflichkeit seinerseits gelingen, dann würdet Ihr sicher keine elaborirte (ausgefeilte) Antwort und bestimmt keinen practischen Rathschlag erwarten dürfen, sondern allenfalls ein Bonmot. Aus aufkommendem Mißmuth könnte freilich auch das Unglück einer schroffen, zurückweisenden Antwort geschehen. Dann könnte es seyn, daß er sagte: Dies ist eine Aporie! Aporie bedeuthet Ausweglosigkeit. Nach dem langen Weg die Auskunft: Ausweglosigkeit! Der Weg hat kein Ziel! Oder er sagte und fügte seinen lateinischen Lieblingssatz hinzu: Aude sapere! Denn so viel er gerade über Religion und Weltanschauung geschrieben hat, namentlich über die Grenzen der practischen Vernunft in der Religion, beantwortet er Weltanschauungsfragen nun im Alter überhaupt nicht mehr. So bestünde die Gefahr, daß es Euch wie dem Professor Hasse geht, einem altvertrauten Freunde, der ihn neulich ein wenig fürwitzig fragte, was er sich von dem Daseyn nach dem Tode verspräche, worauf er nach einigem Zögern erwiderte: »Nichts Bestimmtes.« Und auf die Unsterblichkeit der Seele hin angesprochen und befragt: »Davon weiß ich nichts.« Vom Sophisten Sokrates stammt bekanntlich der Satz: Ich weiß, daß ich nichts weiß. Darin äußert sich nun ganz und gar die Culmination (Gipfel) der Weisheit oder doch Klugheit oder auch Schlauheit. Um dies zu hören und thief zu bedenken, muß ja auch niemand eine Reise nach Athen auf sich nehmen. Natürlich will ich nicht ausschließen, daß er in einer plötzlichen Anwandlung von Energie und gewisser Maaßen in Geberlaune trotz seiner Resignationen und Alterspessimism plötzlich einem Besucher, vielleicht Euch, ein profundes, wenn auch kurzes Privatissimum über die Seele des Menschen und seinen Geist oder auch einen Cursus intensivus (Intensivkurs) über Privates, wie Euren Liebeskummer, halten und schenken könnte. Aber was wäre damit gewonnen? Die kostbaren Wörter, nein Worte des alten und auch altersschwachen Weltweisen aufschreiben und so protocollarisch festhalten, werdet oder würdet Ihr in diesem Augenblicke stante pede (im Stehen) nicht können, sie aber nachträglich in Eurer Herberge aus dem Stegreife reproduciren (zurückführen) und so Euch und der Nachwelt erhalten, wird oder würde Schwierigkeiten bereithen, weil die Aufregungen bey der Begegnung mit dem Großen Euer Gedächtnis beeinträchtigt haben werden und Ihr aus der Erinnerung manches Wort nicht mehr heraufholen werdet oder würdet können. So wäre auch zu befürchten, wie es oft mit den Beschreibungen von Begegnungen von einfachen Menschen mit Geistesgrößen der Fall ist, daß sie zum Verständnis des Großen wenig beytragen oder Neues hinzufügen, sondern doch bloß Documente der hülflosen Eitelkeit der Unberühmten in den Begegnungen mit Celebritäten (Berühmtheiten) sind. Sie sprechen gegen den, der sich so wichtig machen und berühmen will, zur thieferen Einsicht in die Gedankenwelt der berühmten Größe tragen sie nichts bey. Diese Berichte wären besser unterblieben. Der oben erwähnte Eckermann ist hier die große Ausnahme. Er hat mit seiner Genauigkeit im Aufschreiben der Worte Göthes dem Verständnis des Dichters gedient und sich ein gutes Zeugnis ausgestellt… Was man übrigens von dem anderen Herrn in Göthes Nähe, dem Philologen (Wortwissenschaftler) und Poeten Friedrich Wilhelm Riemer, welcher Hauslehrer des Dichtersohnes August Göthe wie schon Hauslehrer und Hofmeister bey Wilhelm von Humboldt gewesen, nicht behaupten könne. Auf ihn hier einzugehen führte zu weit. Aber ein Wort über jene Frau Charlotte von Kestner zu sagen, die mit ihrem Mädchennamen Charlotte Buff geheißen hatte und die sich in dem schon angezogenen und besprochenen Romane »Die Leiden des jungen Werthers« weniger verbirgt als offenbart und offenlegt, ist hier vielleicht, betreffend die Materie von Besuchen bey Hochberühmten, durchaus angezeigt. Dabey ist dieser Fall, die Visite der altgewordenen Charlotte in Weimar, von dem viel gesprochen wird, freilich ein ganz besonderer. Schließlich hat gerade der Liebesroman Göthes das reizende Mädchen Charlotte, das der Poete im Jahre 1772 in Wetzlar kennengelernt hatte, und das ihm zur Lotte im Roman wurde, ihrerseits weltberühmt gemacht, wenn von ihr auch in der Folge keine Ruhmesthaten mehr zu vermelden waren, wenn man davon absieht und vielleicht nicht als solche ihre Ehe mit J. Ch. Kestner, dem sie neun Kinder gebahr, ansehen und gelten lassen wolle. Selbst dieser Besuch aber, für den so vieles zu sprechen schien, ging, wie man hört, um es salopp (locker) zu sagen »schief« und wurde keinem von beiden, weder dem Dichter noch seiner ältlichen oder altgewordenen Muse, weder dem alten Mann noch auch der alten, durch das viele Gebähren mürbe gewordenen Frau und Matrone zu einem positiven (erfreulichen) Erlebnis, haben sie sich doch rein eidetisch (anschaulich) und optisch (augensinnlich) und ästhetisch (schönheitsmäßig) kaum wiedererkannt. Sie waren sich fremd geworden, sagt der Volksmund.

Wenn aber nun Ihr, Fräulein von Herbert, ein junges Mädchen aus Kärnthen, Herrn Cant in Königsberg besuchen werdet, wie Ihr es ankündigt – fast wäre ich versucht gewesen zu schreiben *androht* –, so liegt der Fall selbstverständlich ganz anders. Um ihn zu beurtheilen, rufe ich mir und vielleicht auch Euch, des Falles, daß Ihr von Eurem »kunterbunten« Brief, wie Ihr selbst schreibt, vielleicht keine Abschrift gemacht und zur Hand habt, die entscheidende Stelle ins Gedächtnis und setze sie einmal hierher. Ich citire (berufe) und ich citire verbaliter (wörtlich), erspare mir aber, wie bey Philologen üblich geworden ist, hinter jeder sprachlichen Abnormität und hinter jedem Rechtschreibfehler (Ihr befleißigt Euch offenbar einer neuen, vielleicht in Österreich üblichen Rechtschreibung?) in Klammern ein *sic*! zu schreiben, womit die Gelehrten zum Ausdrucke bringen, daß sie ein Wort so vorgefunden haben und daß der Leser nicht annehmen möge, es handele sich um einen Abschreibefehler des Citanten. Ihr schreibt also in jenem zweyten Briefe:

»Wenn meine Geßuntheitsumstände mir s Vergönen, so bin ich willens in etlichen Jahren eine Reise nach Königsberg zu machen, wozu ich jedoch im voraus um die Erlaubnis bey ihnen vorzukomen ansuchen will, da müsten sie mir ihre Geschiechte sagen, dan ich möchte wießen, zu welcher lebensweiße ihre philosophie Sie führte, und ob es ihnen auch nicht der Muhe werth war, sich ein Weib zu nehmen oder sich irgend wem von ganzen Herzen zu widmen, noch ihr Ebenbild fortzupflanzen …«

Das mag einmal reichen. Diese Erlaubnus nun, um die Ihr nachsucht, soll und darf ich Euch hier ertheilen, dazu bin ich authorisirt (berechtigt), und zwar nicht nur als Amanuensis an sich und als solcher Inhaber einer Procura (Sorgerecht), sondern ausdrücklich. Ich gehe aber ein wenig darüber hinaus und theile Euch auch einige hintergründige Informationen mit, die Euch von einem solchen Besuche abzubringen vielleicht geeignet sind, was ich zu Euren Gunsten nicht ohne Vortheil erachtete. Sagt dem naiven österreichischen Fräulein, sagte C., sie möge kommen, auch wenn er nicht wünsche, mit unpassenden und indiscreten Fragen wie jenen im Briefe behelliget zu werden – oder gar mit einem Heurathsantrage confrontirt zu werden, fügte er lachend hinzu. Und er griff Ihre Frage im Brief nach seiner *Lebensweiße*, zu der ihn seine Philosophie gebracht habe, heraus und sagte, das klinge ihm suspect (verdächtig), weil sich das schwache Geschlecht offenbar nicht vorstellen könne, daß das starke Geschlecht ohne es sein Glück oder doch Auslangen finde. Er aber eigne sich auch nicht für Zwangsbeglückung. Ähnliche Versuche von Frauenspersonen habe er zeit seines Lebens öfter erlebt, aber mit dem bekannten Resultate. Seine »Lebensweiße« sey das Ergebnis von Originalität (Eigensinn) und nicht Fremd- oder Schicksalsbestimmung. Er wundere sich außerdem, daß seine frei gewählte *Lebensweiße* nicht hinlänglich bekannt sey – sey sie doch auch in der

»Menschenkunde« stringent argumentirt. Ihn von seiner cölibatären Lebensweise abzubringen, habe sich schließlich schon sein Bruder Johann Heinrich vergeblich bemüht. Sein Cölibat aber sey kein Deficit (Nachtheil), sondern im Gegentheile ein Profit (Vortheil), wie oft werde er das noch wiederholen müssen!

Cants »Lebensweiße«! Sic! So schreibt Ihr ja, verrätherischer Weise, verrätherischer Weiße, um Euch zu berufen. Ein vielsagender Versprecher, eine thief blicken lassende Verschreibung. Eine entlarvende Verwechslung! C., der aufgeklärte Protestant, vermuthete in diesem Ausdruck einen Reflex Eurer religiösen Prägung und präsumptiven Catholicität, wo ja das Weiße eine so große Rolle spiele, das für Virginität (Jungfräulichkeit) stehe. Hierin mußte ich ihm auf Grund meiner Socialisation (Erziehung), die von Eurer nicht so fernab liegen wird, durchaus recht geben. Welch große Rolle spielt nicht in unserer catholischen Welt die *candidas* und die *alba*! Die Unschuld ist allüberall weiß, die Bräute schreiten nach dem so genannten Weißen Sonntag, wenn nach der »geschlossenen Zeit« wieder geehelicht werden darf, im weißen Kleide zum Traualtare. Nur die wiederverheuratheten Witwen werden ins Schwarz gezwungen, um ihre macula (Makel) zu significiren (anzuzeigen). Freilich wissen auch wir »Altgläubigen«, wie uns die Reformirten gerne und ein wenig abschätzig nennen, daß manches Weiß einer Braut nicht den Thatsachen entspricht und als Tarnfarbe verstanden werden könnte, weil sie die Ungeduld des Herzens und die Zudringlichkeit des Bräutigams schon vor der Zeit die so genannte Unschuld verlieren und einbüßen haben lassen. Wir kennen das Sprüchwort: »Die Orgel vor der Messe spielen«, was so viel bedeuthet wie: Matrimonium consumptum. Die Ehe ist schon vor der Eheschließung am Traualtare im Brautbette vollzogen worden. Ich will mich bey all den Bräuchen und Anzüglichkeiten in diesem Zusammenhange, den weißen Leintüchern und gerötheten Bettbezügen nicht weiter aufhalten, will aber im Hinblicke auf meinen Herrn, dem ich als Amanuensis zu dienen die Ehre habe, doch noch auf einen Punct hinweisen, auf den mich Eure »Lebensweiße« im Briefe führet: Cant lebt als aufgeklärter Protestant und unkirchlicher »Ungläubiger« gleichwohl das so genannte »weiße Martyrium«. Was ist darunter zu verstehen?, werdet Ihr fragen. Ich exemplificire (erkläre mit einem Beyspiel) es Euch: Das Attribut (Beywort) *weiß* ist ein antithetisches oder antinomisches (gegengesetztes) Wort zum anderen Farbwort *roth* in der gebräuchlicheren Zusammensetzung »rothes Martyrium«, womit man die Blutzeugenschaft bezeichnet, die mit dem ersten Martyrer der Christenheit als nämlich Sanct Stephanus, dem Gesteinigten, beginnt. Das *weiße* Martyrium aber ist die Überwindung und Unterdrückung der venerischen Libido (Geschlechtslust) im ascetischen Sinne der *castiditas* (Keuschheit und Enthaltsamkeit). Das Fleisch wird abgetöthet! So entsprach es dem moralisch-ethischen Programm der iro-schottischen Mönche, die neben den Angelsachsen unsere deutsche Heimat missionirten und indoctrinirten (mit der christlichen Lehre versorgten). Cant, der sich, wie Ihr wißt, gern seiner schottischen Vorfahren berühmt, könnte sein defensives (zurückweisendes) moralisches Programm und seine Maximen, die in der Empfehlung zur stricten Vermeidung der Vergeudung der drei menschlichen Körperflüssigkeiten, der Thränen, des Schweißes und des Samens, culminirt, in diesem Sinne durchaus als Schotte passiren (durchgehen). Deshalb nannte er sich einmal scherzhaft auch MacCant... Jenes defensive Programm ist freilich schon älter, ja alt und ehrwürdig. Alle Philosophenschulen haben ihre Anhänger gegen die bösen Wechselfälle des Schicksals, die die Menschen zum Weinen und Heulen bringen, zu immunisiren (fühllos machen) versucht. Das Weinen und die Anstrengungen, sey es im Arbeiten oder im Lieben, zu vermeiden, galt als Ideal, wie natürlich die corporale (körperliche) Arbeit überhaupt Sache der Sclaven (Unfreien) war. Otium (Muße) hieß das Ideal (Leitbild) der Optimaten (besseren Leute). Jene irisch-schottischen Mönche haben ihre ascetischen Verdienste – vielleicht muß man sagen: in grotescer Weise – oft sogar noch dadurch erhöht, daß sie die Nähe von Frauen, seyen es Nonnen oder andere, weltliche Weibspersonen gewesen, nicht gemieden, sondern im Gegentheil gesuchet haben. Sie haben die Versuchung gesuchet, um sie zurückzuweisen, sie haben das schwache Geschlecht gesuchet, um ihre eigene männliche Stärke zu demonstriren (vorzuzeigen). So haben sie Beweise ihrer Stärke und Widerstandskraft geliefert! Sie haben gemeinschaftlich in Dormitorien (Schlafsälen) genächtigt, aber diese Beylager keineswegs ad coitum (zum Beyschlafe) genützt. Natürlich, werthes Fräulein, führen diese Associationen zur *Lebensweiße* zugleich weit ins Weite und auch ein wenig von den Erwartungen meines Herrn in mich fort. Er, Cant, nämlich verspricht sich übrigens für sein defensives Leben, das Ihr Euch freilich kaum zu ausgeprägt vorstellen könnt, keine himmlische Gratification und keinen ewigen Lohn für seinen *contemptus mundi*

(Zurückweisung der Welt und ihrer Genüsse). Seine Zurückhaltung ist in diesem Sinne *Sinn*-los. Absichtslos! Er ist nicht berechnend. Er folgt, wenn er so lebt und denkt, wie er gelebt und gedacht hat, nicht einem der so genannten evangelischen Räthe Jesu Christi, der zur Ehelosigkeit um des Himmelreiches willen räth. Sein Ansinnen ist ganz und gar diätetischer und hygienischer, also innerweltlicher Natur. Es ist ihm um ein glückliches, ein gesundes, oder noch eigentlicher um ein schmerzfreies Leben zu thun. Wer die Ehe meidet, vermeidet den so genannten Ehekrach, so viel ist sicher. Solltet Ihr denn wirklich hier in Königsberg in Erscheinung treten und zu meinem Herrn vorgelassen und womöglich, was aber unwahrscheinlich ist, zu einem Spaziergange mit ihm eingeladen werden, dann würdet Ihr sehen, was auch der Diacon Wasianski in seinen Berichten erwähnt und was auch in andere Literatur Eingang gefunden hat, daß er die Beine beziehungsweise die Füße »perpendiculär« (wie das vertikal schwingende Pendel der Standuhren) aufsetzt, um sicheren Tritt zu haben und keinen Fehltritt zu thun, und daß er außerdem strictest vermeidet, energisch auszuschreiten, sondern im Gegentheile viele Intervallia (Pausen) einlegt und oft unvermittelt innehält, wenn er nur annähernd merkt, daß er ins Transpiriren (Schwitzen) kommen und gerathen und Schweiß vergießen könnte. So ist es nicht nur oft schwer, ihm bey seinen großen und thiefen Gedanken und Gedankengängen, sondern auch beym Gehen und sey es Spacirengehen selbst zu folgen, weil auch das Ambulatorische (Gehwerk) an ihm von einer ganz besonderen Qualität (Eigenart) ist. Einmal und anfangs kann man ihm womöglich schwer folgen, plötzlich steht man aber auch wieder alleine da. Er ist ein unendlich einsamer Mensch, ein einzigartiger, will ich sagen. Es soll und darf sich niemand einbilden, er könne ihn begleiten und mit ihm Schritt halten. Er ist in sich gekehrt und er geht allein seinen Weg. Nicht nur der Gang seiner Gedanken und sein Verstand, auch sein Gehen und Stehen, sein Stehenbleiben ist schwer zu verstehen. Ich darf mich glücklich schätzen, daß er mir einmal ein kleines Separatissimum über den Zusammenhang zwischen dem Physischen (Körperlichen) und dem Cognitiven (Gedächtnismäßigen) anhand des deutschen Wortschatzes gehalten hat, was insbesondere die Wörter *Verstehen* beziehungsweise *Verstand*, *Erfahren* und *Erfahrung*, *Überlegen* etcetera betrifft. Seither weiß ich und kann es auch Euch hier mittheilen, daß alles Cognitive eine physische und natürliche Grundlage hat und daß unsere Wörter, die lateinischen sowohl als auch die deutschen, eine Erinnerung an die urthümlichen und primitiven Verhältnisse wachhalten. Wachhalten jedenfalls für den Menschen, der sich daraufbesinnt und nicht gedankenlos in den Tag hineinlebt und mehr thierisch als menschlich vegetirt. Das Thier läuft instinctiv, aber es versteht sein Laufen nicht, der Mensch aber kann sein Laufen begreifen und verstehen und das Laufen auch sein lassen oder unterlassen, er kann das Laufen aus Verstehen und Begreifen auch unterlaufen, er kann bleiben, aber auch das Bleiben seyn und bleiben lassen. Die Welt sey alles, was der Fall und fällig ist, und der Weg sey das Ziel, sagte Cant schmunzelnd.

Betrachtend diesen meinen Schriftsatz, werde ich gewahr und inne, daß ich nun weniger die Einladung zu einem Besuche Eurerseits hier bey C. communicirt (mitgetheilt) als vielmehr die Gründe explicirt (ausgesprochen) habe, die Hintergründe nämlich, um einen solchen Besuch eher zu unter lassen, da er letztlich doch nicht als Divertiment (Vergnügen), sondern als Incommodation (Belästigung) empfunden werden könnte. Der Reiche, der Große, kann zwar uns Gewöhnlichen etwas schenken und geben und opfern, wir aber können ihm nichts offeriren (bieten). Er opfert uns Zeit, wo doch gerade der Zeitgeiz die herausragende Eigenschaft und Tugend der Großen ist. Sie wollen und können Großes erbringen und nicht sich mit Petitessen (unseren Kleinlichkeiten) abgeben und die werthvolle Zeit vergeuden. Wer einen Heroen des Geistes besucht und mit seinen Lappalien (Tand) und Trivialitäten (Primitivitäten) daherkommt, stiehlt und raubt dem Giganten werthvolle Zeit. Diese Zeit aber geht ihm schließlich ab. Sie muß als Auszeit und Verlust verbuchet werden. Zum Nachtheile der Menschheit und ihres Fortschrittes. Ein specieller (besonderer) Casus (Fall) ist dabey, was Euch betreffen könnte, wenn sich Geistesgrößen, namentlich alte Herren, mit weiblichen jungen Menschen abgeben. Cant findet gerade solche Constellationen (Zusammenstellungen) als extrem ridicül (lachreizend). Ich illustrire diese seine Anschauung mit einem Aperçu, das mitzutheilen ich mir die Freiheit nehme. Als er von Eurem Vorsatze eines Besuches hier in Königsberg las, sagte er scherzhaft, man möge erwägen, ob man das »dumme Ding«, so wörtlich, nicht nach Weimar umdirigiren (überleiten) könne. Damit spielte er darauf an, daß sein Antipode (Gegenspieler, eigentlich »auf dem gegenüberliegenden Puncte der Erde lebender Mensch«!) angeblich, wie colportirt, daß also Göthe mit zunehmendem

Alter Umgang mit zunehmend jüngeren Frauen, ja Fräuleins suche, wie er einer Unmündigen neulich und jüngst in einem aufgesuchten Badeorte sogar einen Heurathsantrag gemacht habe. Cant betrachtet diesen Zug, dieses Nachgeben und Hingezogenseyn des alternden Dichters gegenüber dem weiblichen, insbesondere jüngeren Menschen freilich als consequent (folgerichtig), weil es der Continuation (Fortsetzung) des Lebensweges entspricht. Er sagte unter schallendem, sozusagen homerischem Gelächter: Die Katze läßt das Mausen nicht! In seinem Falle aber wäre eine derartige Apprehension (Reizbarkeit, Sinnergreifung) ein Bruch seiner Carriere (Lebenslauf) als distancirter und aversiver (abgewandter, zurückhaltender) und cölibatärer Mensch. So handle jeder instinctiv. Mit jeder meinte er den Weimarer und sich. Nochmals und abermals handle ich entgegen der Directive meines Herrn (»Beschweren Sie das dürftige Mädchen nicht mit Scientificien und Lectüremandaten!«) und rathe zur Lectüre einer kleinen, wenig bekannten Schrift meines Herrn als nämlich »Allgemeine Geschichte in weltbürgerlicher Absicht« aus dem Jahre 1784. Dort spricht er von der »ungeselligen Geselligkeit« des Menschen, »der des anderen Menschen bedürfe, um sich eigentlich als Mensch fühlen zu können, der aber dann, wenn er sich in der Gesellschaft mit anderen als Mensch zu fühlen vermag, alles nur nach seinem eigenen Sinne richten möchte«. Daß er in der »Metaphysik der Sitten« in ähnlichem Sinne von der »separatistischen Misanthropie« spricht, ist sicherlich auch Euch bekannt. Das ist ja eine der bekannten und berühmten Schriften, mit der Euch Euer Bruder Franz Paul von Herbert vermuthlich oder sicherlich vertraut gemacht hat.

Noch etwas ist anzufügen über meines Herrn Aversion gegen Besuche, über Hofhalten und Audiencengeben, und einem daraus abzuleitenden Vorbehalte gegen Göthen, dem dieses Abfertigen großer Besucherscharen offensichtlich Freude mache, das er jeden Falles, wie es ja auch Euer Nationaldichter Grillparzer beschreibt, weil er es erlebt hat, als Minister und Poet ausgibig practicirt. Dabey ist Cant unverständlich, daß er, Göthe, sich nicht nur selbst groß gebärdet, sondern auch eine gewisse subalterne und devote (unterwürfige) Haltung gegen gesellschaftlich ihm an Rang überlegene Personen als insbesondere der Königshäuser, insbesondere seinen Großherzog einnimmt. Zwar wird ja auch er, Cant, selbst manchmal von jungen respect- und distanclosen Menschen, von Stürmern und Drängern wegen seiner submissesten und humilissesten (ehrerbietendsten) Gruß- und Abschiedsformeln in seinen Briefen, wegen seiner verbalen Bücklinge critisirt, doch sind diese in seinem Selbstverständnis weiter nichts als Formeln, Flosceln und Etikette. Im Grunde seines Herzens ist er kein Herrendiener, Kronenkraxler oder Speichellecker. Er ist kein »geschämtester Diener«, wie im Süden thief gestapelt wird. Hierin gleicht er ein wenig dem aus dem rheinischen Bonn stammenden, in Wien lebenden und componirenden Ludwig van Beethoven, der ja auch einmal während eines Badeaufenthaltes in Marienbad mit Göthe – und dessen Hang zum thiefen Verbeugen vor Majestäten – Bekanntschaft gemacht hat und dessen angeblich wiederholt in Gesprächen als ihm widerwärtig und unverständlich Erwähnung gethan hat. Es gibt freilich keine Regel ohne Ausnahme. Und auch von van Beethoven selbst wird ja ein Sündenfall in Gestalt einer

Widmung einer seiner Symphonien an Napoleon mitgetheilt. Sie soll ihm freilich, wie Ehrhard und Reinhold hier angeben, bereits leid thun. Auch Göthe hätte sich mit Bonaparte »ins Bett gelegt«, sagt Cant in metaphorischer (übertragener) und ironischer (spaßhafter) Weise. Damit spielt er auf jene bekannt gewordene Audienc an, die Göthe beym Franzosenkaiser absolvirt hat. Sey dem bey Göthe oder Beethoven wie immer. Cant jedenfalls hat nach einer Einladung durch Königin Luise, die er als Vorladung empfand und bespöttelte, sicher anders reagirt (gegengehandelt), als es Göthe getan haben würde. Ich habe selbst gehört, wie er seinen Mittagsgästen sagte: »Ich bin höflich gegen jedermann. Dieser Besuch fiel mir aber doch etwas auf. Von Seiten dieses Mannes (des Lacaien, der die Einladung brachte) war es auch etwas Insolenz, besonders da er sich anbot, mich bey der Königin vorzuführen.« Cant hat der Königin, also einer Frau von allerhöchstem Adel, einen Korb gegeben. Und er hat sein Lebetag noch keiner Frau die Hand geküßt! Wie fremd würde sich ein solcher Mensch bey Euch im Süden, schon gar in Wien, ausnehmen, wo, wie Reinhold sagt, »dauernd gebusselt« werde. Wollt Ihr, werthes Fräulein Maria von Herbert aus Clagenfurth, unter diesen obwaltenden Umständen wirklich einen Besuch riskiren? Ich bitte Euch trotzdem, das Letzte nicht als rhetorische Frage zu betrachten. Ihr müßt nur die Antwort bey Euch selbst finden. Das von Cant gebrauchte Wort *Insolenz* wäre als »Unverschämtheit« oder »Anmaaßung« zu übersetzen …

Nachdem ich aber nun schon eigenwillig und gegen die Directiven meines Herrn mit internen Mittheilungen gehandelt habe, fahre ich in diesem Sinne fort und theile das lang Verschwiegene und Arcane (Heimliche) mit. Herr Cant hat einen Brief an Euch entworfen! Er datirt aus dem Frühjahre 1792. Er hat diesen Brief aber nicht nur nicht auf die Reise nach Clagenfurth geschickt, sondern mir auch aufgetragen, ihn bey meiner in seinem Namen erfolgenden Antwort an Euch unerwähnt zu lassen. Den Grund sah oder sieht er wohl darin, daß er seinen Innehalt und Gedankengang als für Euch überfordernd und zu schwierig erachtete. Nichts in der Welt falle ihm schwerer, als kindethümlich zu seyn, sagte er. Kindgemäß zu schreiben, sey ihm gänzlich unmöglich und verwehrt. Eigentlich habe ich gegen seinen Befehl, seinen Briefentwurf unberücksichtigt zu lassen, weiter oben schon einmal verstoßen. Ich theile ihn nun der Länge nach mit, zugleich mit dem Versprechen, ihn im Anschlusse einer Exegese (Auslegung) und propädeutischen (kindgemäßen) Interpretation (Ausdeutung) zu unterziehen und so die Sorge, er könne Euch überfordern, zu entschärfen und zu neutralisiren. Ich verspreche also vor Weg eine Exegese *ad usum Delphini*, wie die Lehrer gern sagen, womit sie meinen: für den Schulgebrauch. Eigentlich versteckt sich in *Delphini* ja der französische Dauphin, also der junge Thronfolger und der Prinz. Ich verspreche, so gesehen, eine Erklärung »ad usum Mariae«. Der Amanuensis in der Prinzessin-Straße verspricht eine Lection »ad usum princessae«… Cant wollte also an Euch schreiben:

»Ihr affektvoller Brief, aus einen Herzen entsprungen, das für Tugend und Rechtschaffenheit gemacht seyn muß, weil es für eine Lehre derselben so empfänglich ist, die nichts Einschmeichelndes bey sich führt, reißt mich dahin fort, wo Sie mich hin verlangen, nämlich mich in Ihre Lage zu versetzen und so über das Mittel einer reinen moralischen und dadurch allein gründlichen Beruhigung für Sie nachzudenken. Ihr Verhältnis zu dem geliebten Gegenstande, dessen Denkungsart ebensowohl echt und achtungsvoll für Tugend und den Geist derselben, die Redlichkeit seyn muß, ist mir zwar unbekannt, ob es nämlich ein eheliches oder bloß freundschaftliches Verhältnis seyn mag. Ich habe das letztere aus Ihrem Briefe als wahrscheinlich angenommen; allein das macht in Ansehung dessen, was Sie beunruhigt, keinen erheblichen Unterschied; denn die Liebe, es sey gegen einen Ehemann oder gegen einen Freund, setzen gleiche gegenseitige Achtung für ihrer beiden Character voraus, ohne welche sie nur eine sehr wandelbare sinnliche Täuschung ist.

Eine solche Liebe, die allein Tugend (die andere aber bloß blinde Neigung) ist, will sich gänzlich mittheilen und erwartet von Seiten des anderen eine ebensolche Herzensmittheilung, die durch keine mißtrauische Zurückhaltung geschwächt ist. So sollte es seyn, und das fordert das Ideal der Freundschaft. Aber es hängt dem Menschen eine Unlauterkeit an, welche jene Offenherzigkeit, hier mehr, dort weniger, einschränkt. Über dieses Hindernis der wechselseitigen Herzensergießung, über das geheime Mißtrauen und die Zurückhaltung, welche machen, daß man selbst in seinem innigsten Umgange mit seinem Vertrauten doch einem Theile seiner Gedanken nach immer noch allein und in sich verschlossen bleiben muß, haben die Alten schon die Klage hören lassen: meine lieben Freunde, es gibt keinen Freund! Und doch wird Freundschaft aber als das Süßeste, was das menschliche Leben nur immer enthalten mag, und von wohlgearteten Seelen mit Sehnsucht gewünscht. Kann nur in der Offenherzigkeit Statt finden.

Von jener Zurückhaltung aber als dem Mangel dieser Offenherzigkeit, die man, wie es scheint, in ihrem ganzen Maaße der menschlichen Natur nicht zumuthen darf (weil jedermann besorgt, wenn er sich völlig entdeckte, von dem anderen gering geschätzt zu werden), ist doch der Mangel der Aufrichtigkeit als eine Unwahrhaftigkeit in wirklicher Mittheilung unserer Gedanken noch gar sehr unterschieden. Jene gehört zu den Schranken unserer Natur und verdirbt eigentlich noch nicht den Character, sondern ist nur ein Übel, welches hindert, alles Gute, was aus demselben möglich wäre, daraus zu ziehen. Diese aber ist eine Corruption der Denkungsart und ein positives Böse. Was der Aufrichtige, aber Zurückhaltende (nicht Offenherzige) sagt, ist zwar alles wahr, nur er sagt nicht die ganze Wahrheit. Dagegen der Unaufrichtige etwas sagt, dessen er sich als falsch bewußt ist. Die Aussage von der letzteren Art heißt in der Tugendlehre *Mendacium* (Lüge). Diese mag auch ganz unschädlich seyn, so ist sie darum doch nicht unschuldig; vielmehr ist sie eine schwere Verletzung der Pflicht gegen sich selbst, und zwar einer solchen, die ganz unerläßlich ist, weil ihre Übertretung die Würde der Menschheit in unserer eigenen Person herabsetzet und die Denkungsart in ihrer Wurzel angreift; denn Betrug macht alles zweifelhaft, und verdächtig und benimmt selbst der Tugend alles Vertrauen, wenn man sie nach ihren Äußeren beurtheilen soll.

Sie sehen wohl, daß wenn Sie einen Arzt zu Rathe gezogen haben, Sie auf einen solchen trafen, der, wie man sieht, kein Schmeichler ist, der nicht durch Schmeicheleien hinhält, und, wollten Sie einen Vermittler zwischen sich und Ihrem Herzensfreunde, meine Art, das gute Vernehmen herzustellen, der Vorliebe fürs schöne Geschlecht gar nicht gemäß sey, indem ich für den letzteren spreche und ihm Gründe an die Hand gebe, welche er als Verehrer der Tugend auf seiner Seite hat und die ihn darüber rechtfertigen, daß er in seiner Zuneigung gegen Sie von Seiten der Achtung wankend geworden.

Was die erstere Erwartung betrifft, so muß ich zuerst anrathen, sich zu prüfen, ob die bitteren Verweise, welche Sie sich wegen einer, übrigens zu keiner Bemäntelung irgend eines begangenen Lasters ersonnenen Lüge machen, Vorwürfe einer bloßen Unklugheit oder eine innere Anklage wegen der Unsittlichkeit, die in der Lüge an sich selbst stecket, seyn mögen. Ist das erstere, so verweisen Sie sich nur die Offenherzigkeit der Entdeckung derselben, also reuet es Sie, diesmal Ihre Pflicht gethan zu haben: (denn das ist es ohne Zweifel, wenn man jemanden vorsätzlich, obgleich in einen ihm unschädlichen Irrthum gesetzt und eine Zeitlang erhalten hat, ihn wiederum darausziehen); und warum reuet Sie diese Eröffnung? Weil Ihnen dadurch der freilich wichtige Nachtheil entsprungen, das Vertrauen Ihres Freundes einzubüßen. Diese Reue enthält nun nichts Moralisches in ihrer Bewegursache, weil nicht das Bewußtseyn der That, sondern ihrer *Consequentia* (Folgen) die *Causa* (Ursache) derselben ist. Ist der Verweis, der Sie kränkt, aber ein solcher, der sich wirklich auf bloßer sittlicher Beurtheilung Ihres Verhaltens gründet, so wäre das ein schlechter moralischer Arzt, der Ihnen riethe, weil das Geschehene doch nicht ungeschehen gemacht werden kann, diesen Verweis aus Ihrem Gemüthe zu vertilgen und sich bloß fortmehr einer pünctlichen Aufrichtigkeit von ganzer Seele zu befleißigen, denn das Gewissen muß durchaus alle Übertretungen aufbehalten, wie ein Richter, der die Acten wegen schon abgeurtheilter Vergehungen nicht kassirt, sondern im Archiv aufbehält, um bey sich eräugnender neuen Anklage wegen ähnlicher oder auch anderer Vergehungen das Urtheil, der Gerechtigkeit gemäß, allenfalls zu schärfen. Aber über jener Reue zu brüten und, nachdem man schon eine andere Denkungsart eingeschlagen ist, sich durch die fortdauernde Vorwürfe wegen vormaliger nicht mehr herzustellender für das Leben unnütze zu machen, würde (vorausgesetzt, daß man seiner Besserung versichert ist) eine phantastische Meinung von verdienstlicher Selbstpeinigung seyn, die, so wie manche vergebliche Religionsmittel, die in der Gunstbewerbung bey höheren Mächten bestehen soll, ohne daß man eben nöthig habe ein besserer Mensch zu seyn, zur moralischen Zurechnung gar nicht gezählet werden müssen.

Wenn nun eine solche Umwandlung der Denkungsart Ihrem geliebten Freunde offenbar geworden – wie denn Aufrichtigkeit ihre unverkennbare Sprache hat –, so wird nur Zeit dazu erfordert, um die Spuren jenes rechtmäßigen, selbst auf Tugendbegriffe gegründeten Unwillens desselben nach und nach auszulöschen und den Kaltsinn in eine noch fester gegründete Neigung zu verändern. Gelingt aber das letztere nicht, so war die vorige Wärme der Zuneigung desselben auch mehr physisch als moralisch, und würde nach der flüchtigen Natur derselben auch ohne das mit der Zeit von selbst geschwunden seyn; ein Unglück deren uns im Leben mancherlei aufstößt und wobey man sich mit Gelassenheit finden muß, da überhaupt der Wert des letzteren, sofern es in dem bestehet, was wir Gutes genießen können, von Menschen überhaupt viel zu hoch angeschlagen wird, sofern es aber nach dem geschätzet wird, was wir Gutes thun können, der höchsten Achtung und Sorgfalt, es zu erhalten und fröhlich zu guten Zwekken es zu gebrauchen, würdig ist. – Hier finden Sie nun, meine liebe Freundin, wie es in Predigten gehalten zu werden pflegt, Lehre, Strafe und Trost, bey deren ersterer ich etwas länger als bey letzterem ich Sie zu verweilen bitte, weil, wenn jene ihre Wirkung gethan haben, der letztere und verlorene Zufriedenheit des Lebens sich sicherlich von selber finden wird.«

Ja, werthes Fräulein Herbert, was wäre dazu noch zu sagen, was nicht schon gesagt wäre, es sey denn, man sagte es mit anderen, einfacheren Worten in der versprochenen pädagogischen und propädeutischen Intention. Der Rest ist Schweigen, der Rest ist Paraphrase und Circumloquium (Herumreden)! Cants Rathlosigkeit, wenn ich es so bezeichnen darf, hat ihren Grund darin, daß er, der große Weltweise, aus Eurem Briefe nicht ganz klug wird. Er sieht aber äußerst scharf die Unschärfen Eures Schreibens. Und er weiß sie mit Conjecturen (Rückschlüsse) zu füllen! Selbst Rückfragen bey den schon genannten hiesigen Clagenfurth-Kennern als insbesondere Reinhold und Ehrhard haben ihm hierin keine letzte Klarheit gebracht. Das gilt einmal davon, daß er nicht weiß, ob der von Euch beleidigte junge Mann Euer Mann oder nur Euer Freund oder vielleicht Bräutigam ist. Diese Unsicherheit aber nimmt er nicht weiter tragödisch (schwer), sie sey im Hinblicke auf das eigentliche Problem nicht erheblich. Der Anthropologe sieht auf den Menschen, den Ihr laut Eurer Selbstanklage beleidigt oder betrogen oder hintergangen habt. Der Prediger, von dem er am Schlusse des Briefentwurfes spricht und mit dem er sich selbstironisch vergleicht, weil er auch Lehre, Strafe und Trost anbiethe, der catholische Prediger, über den er sich in diesem Passus im Selbstvergleich ein wenig lächerlich macht, möchte diesen Punct freilich anders, ernster und wichtiger sehen und nehmen. Für ihn machte es sehr wohl einen Unterschied, ob Euch der beleidigte Mensch angetraut oder versprochen oder nur freundschaftlich zugeneigt ist. Denn jeder dieser drei Zustände hätte andere, eigenartige und specifische Rechte und Pflichten zur Consequenz. Selbstredend kann ein Unverheuratheter kein Ehebrecher seyn, er kann seine nicht vor Handen seyende Ehe nicht brechen, er kann nur die Ehe eines anderen stören, wenn er, wie es in den uns alle verpflichtenden 10 Geboten des Mosaischen Gesetzes heißt, und zwar im zehnten derselben, »seines Nächsten Weib« begehret oder vielmehr zur That schreitet und es verehrt und verführt. Der große Aufklärerphilosoph hat natürlich nicht im Sinne, was der Beichtspiegel der römischen Kirche mit solcher Subtilität (Feinheit) über den Status des Sünders, der gegen das 6. und das 10. Gebot Gottes verstößt, herausarbeitet und feststellt. Und er spricht auch nicht wie etwa der große mittelalterliche Regulator (Vorschreiber) Andreas Capellanus von den Ständen, dem Adel, dem Klerus und dem einfachen Volke der Bauern, welche im Hinblicke auf Liebe und Ehe eine so große, jedenfalls historische Rolle spielen. Das empfinde ich als einen bedauerlichen Mangel an Realism, wenn ich ehrlich seyn darf. Obwohl ich andererseits bewundere, daß Cant anthropologisch (menschenkundlich) und was das Ansehen der Person betrifft, keinen Unterschied zwischen den Ständen macht. Denn natürlich mißbillige ich jenen Hochmuth des Adels, der ihn dazu verleitet und verführt, die niederen Stände gering zu achten. Auch Capellanus Andreas scheint ja der Meinung zu seyn, daß ein Aristocrat (Edler) an einem Bauern oder einer Bäurin (!) nicht schuldig werden kann. Jahrhunderte lang haben auch in meiner Heimat, dem Saarlande, die Edlen die unedlen Töchter des Landmannes für Freiwild ästimiret (geachtet), das heißt eigentlich mißachtet. Und mit jenem legaliter festgelegten, jedenfalls lange practicirten so genannten »Ius primae noctis« (Freiheit der ersten Nacht) ward dieser Übermuth der Hohen leider gar codificirt (verrechtlicht) und definitiv concedirt. Vielleicht hat mein Herr aber das Ständische außer Acht gelassen, weil er als Prämisse (Voraussetzung) angenommen, das heißt eben vorausgesetzt hat, daß Ihr als eine »Von« Euch ebenfalls einem »Von« oder auch »Zu« oder »In der« oder auch »Genannten«, jedenfalls einem vom Adelsstande, sey es nun Geburts- oder Schwertadel, versprochen oder verheurathet habt. Wäre dem nicht so, lebtet Ihr also in einer so genannten Mesalliance (Mißverbindung), so würde der Philosoph, der aufgeklärte, eine solche Verbindung natürlich nicht von Haus aus als Vitium (Fehler) oder Fraus (Vergehen) oder gar Crimen (Verbrechen) ansehen, vom Bewußtseyn der betheiligten Personen her wäre der Casus (Angelegenheit) dann aber doch erheblich und erheblich schwerer wiegend.

Neuerdings ist sehr viel von einer russischen Zarin die Rede, die nach der Fama (Leumund), die freilich auch aus diplomatischen Gründen von ihren Feinden gezielt gestreut seyn mag, die also angeblich als liebestolles und unersättliches Weib ihre Domesticen von den Gärtnern bis zu den Kämmerern zu ihrer Lust heranzieht und gebraucht, mißbraucht! Ihre russische Entourage spreche von »Glasnost«, was in unserer deutschen Hauptsprache wohl so viel wie »Öffnung« bedeuthet. Selbst von Vergewaltigung ist freilich die ungeheure Rede! Sie besorge so – die Seiten verkehrt – das böse Geschäft des männlichen Geschlechtes. Übergriffe über Übergriffe und Untergriffe! Sie könne nicht genug bekommen und kein Mann könne es ihr recht machen. Und kein Gerücht, sondern Factum (Thatsache) ist, daß im englischen Königshause Zustände wie in Sodom herrschen und daß die Mätresse (Nebenfrau) eine Institution geworden ist. Der König steht über dem Gesetz, dieses gilt nur für die Unterthanen, der Oberthan ist ihm nicht unterthan und unterworfen. Er macht die Gesetze, ist ihnen aber selbst natürlich nicht unterworfen. Er hat jede Freiheit.

Ganz grundsätzlich nun differencirt Cant in dem mitgetheilten Briefentwurfe zwischen dem Mangel an Offenheit und Eröffnung zwischen zwey Menschen und der expliciten Irreführung des Mitmenschen, der bewußten Lüge (Mendacium). Von der Lüge selbst meint er, daß man zwischen der schädlichen, den Belügten schädigenden und der unschädlichen Lüge unterscheiden könne. Man glaubt, wenn man dies liest, fast einen Scholastiker mit der bekannten Distinction von »*peccatum grave*« (schwerer Sünde) und »*peccatum leve*« (läßlicher Sünde) zu vernehmen. Moralisch belanglos oder harmlos ist keines von beiden, wenn auch unterschiedlich relevant (wichtig).

Den bloß Verschweigenden, den Schweigsamen und Verschwiegenen exculpirt er, namentlich, wenn es sich bey dem Nichteingestandenen oder Übergangenen um etwas oder vielmehr um nichts handelt, was der Partner (Mitmensch) wissen müßte. Die Schuld des an sich Unschuldigen oder Exculpirten verringert sich zudem und darüber hinaus in dem Maaße, als es sich beym Schweigenden um einen ängstlichen Menschen handelt, der andern Falles, also bey etwa schonungsloser Offenheit, mit Liebesentzug rechnen zu müssen fürchtet. Letztlich und im thiefsten Grunde erfährt der Weltweise den Menschen als unauslotbar einsam. Er zeigt es an mit jenem Sprüchworte: Freunde, es gibt keinen Freund. Ist man vielleicht selbst sein eigener und bester Freund?, ist man versucht zu fragen. Damit wäre nicht die Selbstverliebtheit und der Narzism gemeint, sondern die innigste emotionale und intellectuelle Nähe von sich zu einem selbst. Aber sind wir uns denn nicht letztlich selbst fremd und ein Rätsel? Definieren wir uns nicht alle social (mitmenschlich)? Und wie wäre bey einer solchen Annahme der äußersten Verinnerlichung des Selbst der Selbsthaß zu positionieren? Und ist nicht auch die Xenophobie (Fremdenangst) eine innerpersönliche Erscheinung? Indem selbst die Sprache in vielen Redensarten das Selbst auseinander dividirt, bekennt sie den gefährlichen Dualism (Zwiespalt) ein. Wie soll man es verstehen, wenn von einem gesagt wird, er sey *sich* sicher. Oder: Er kommt zu *sich*. Er ist außer *sich*. Ihr werdet auch von Eurer österreichischen Mundart und Sprechweise ähnliche Sätze kennen? In jedem Ich, sage ich einmal, nistet der Spaltpilz. Und solches Reden ist nicht Anzeichen einer krankhaften Ich-Spaltung, sondern unserer Selbst- und Welterfahrung. Die Medicin unterscheidet heute zwischen der Schizzophrenie und der Schizzoidie und für schizzoid erklärt sie jedweden Menschen. Und die Psychiater (Seelenärzte) sagen damit sicher nichts Verrücktes.

Cant siehet Euch also wie offenbar Ihr Euch selbst im Unrechte, Euren Partner, der nun zum Contrahenten oder Gegner geworden seyn mag, im Rechte. Wenn er davon ausgehet, siehet er sich selbst auch als ungalant, weil er dem »Schönen Geschlecht«, wie er es nennt, nicht von Haus aus zustimmt. Ein solches Vorurtheil zugunsten der Frauen liegt ja etwa auch der Bezeichnung der Frauen als »schwaches Geschlecht« zugrunde. Den Frauen von Haus aus recht zu geben, heißt in Cants Augen, sie entmündigen, statt sie entsprechend ihrer Position und Situation in die Pflicht zu nehmen, entsprechend ihrer Position und Situation. »Erbarmen mit den Frauen« wäre demnach kein moralischer Imperativ a priori. Cant ist anders, er nennt sich »keinen Schmeichler«. Er sagt und urtheilt freilich zu Eurem Vortheile, daß Eure Reue, vorausgesetzt daß sie das Rechte, den moralischen Kern der Verfehlung zum Gegenstande und Ziele hat, von Eurem Partner anerkannt werden müßte. Wenn es Euch freilich nur leid thäte, daß die unschöne Wahrheit ans Licht gekommen ist, weil Ihr damit einen Verlust erlitten habt, den Verlust an Zuneigung durch Euren Freund nämlich, so sieht er Eure Reue ohne Verdienst. Da verweigerte er die *Absolutio* (Freispruch) und das *Emissarium* (den Ablaß)! Ja, diese »Reue« wäre dann Ausdruck eines egoistischen Solipsism (Selbstbezogenheit) und von Opportunism (Vortheilssuche). Hier trifft sich der Protestant Cant meiner Ansicht nach wieder mit den rigorosesten Dogmaticern unserer christcatholischen Ethik (Handlungslehre), die von der Verfehlung als Sünde sprechen, die sie für einen Verstoß gegen die göttliche Weltordnung ansehen. Cant urtheilet hier über die practische Vernunft hinaus! Ist Eure Reue also echt und recht, so nimmt Cant folglich und consequent Euren Freund vel Bräutigam vel Ehemann in die Pflicht, er müßte Euch dann verzeihen. Er müßte die Reue als Buße anerkennen! Thuet er dieses nicht, so muß man folgern, daß sein Verhältnis zu Euch oder mit Euch auf keinem soliden moralischen, sondern einem bloß physischen Fundamente, also auf ethischem Schwemmsande errichtet und gebauet war. Dann wird er Euer Eingeständnis des Verschweigens oder sey es auch der Lüge als Vorwand nehmen, um sich »abzuseilen«, wie die erwähnten Stürmer und Dränger heute die Flucht aus der Beziehung und Verantwortung gerne scherzhaft benamsen. Es gibt übrigens, wenn ich dies hier, meine Exegese des Briefentwurfes unterbrechend, einfügen darf, gerade in der Dramenliteratur der erwähnten »Stürmer und Dränger« oder der »jungen Wilden«, wie ich sie nenne, die ziemlich genau vom Jahre 1768 her datiren und darum auch oft »die Achtundsechziger« genannt werden und von denen ich ja meinen Freund Lenz weiter oben wiederholt berufen habe, einige Stücke, in denen große Charactere von Männern vorgeführet und aufgeführet werden, die sich als Giganten im Verzeihen und Vergeben der Sünden und Fehltritte ihrer Bräute beweisen und auszeichnen, – aber noch mehr und öfter von moralisch schwachen Männern, die kläglich versagen. Es gibt da vor allem das Stück »Die Kindermörderin« von Heinrich Leopold Wagner, von dem sicher auch bey Euch im Süden viel die Rede ist! Vermuthlich hat man dieses nicht eigentlich gelungene Tendenzstück gegen den Adel aus dem Jahre 1776 inzwischen auch auf Euren Bühnen aufgeführt und nachgespielt? Aber ein uneheliches oder außereheliches Kind ist in Eurem persönlichen Falle doch wohl nicht im Spiele? Das hat sich und mich auch Cant gefragt und gemeint, daß in diesem Falle der Casus wohl ein besonders und anders zu beurtheilender wäre. In Wagners Stück wird nämlich ein bürgerliches Mädchen, das brave Evchen Humbrecht, eine Metzgerstochter, von einem Manne des Adels, dem Lieutenant von Gröningseck, verführt und geschwängert, und der Übermuth der Aristocraten, aber noch mehr die so genannte Ehrsamkeit des Bürgertums, dem die strengsten Normen (Regeln) der Geschlechtsmoral, namentlich die Virginität der Mädchen vor Brautstand und Ehe, zur Obsession (Besessenheit) geworden ist, treibt die Ärmste mit folgerichtigem Zwange in die Criminalität (Verbrechertum). Wozu berechtigt erlittenes Unrecht? Exculpirt die angethane Schmach ein Mädchen, »eine schöne Jungfer, die sich von einem Serjeanten eins anmessen hat lassen«, wie sich der drastisch formulierende Stürmer und Dränger Wagner auszudrücken gedrängt fühlt, wenn sie die Spur jener Missethat beseitigt und die Dienste einer, wie sich der Süden auszudrücken beliebt, »Engelmacherin« in Anspruch nimmt, und die geborene Frucht der Sünde, ja, wessen Sünde!, beseitigt und zur Kindsmörderin wird? Der nicht enden wollende und heftig geführte Disput über diese Fragen, der in den deutschen Ländern tobt und die unversöhnlichsten Lager bildet, hat sicher auch Euch in den Alpenthälern erreicht. Dort mag es vielleicht nicht Wagner, dessen Stück in einer Umformung durch Karl Lessing, den jüngeren Bruder des bekannten Gotthold Ephraim Lessing, immerhin in Preßburg, also nicht unendlich weit von Eurem Heimatorte entfernt, uraufgeführt wurde, sondern wohl der von Euch neben Cant angehimmelte zweyte Fixstern und »Gott«, nämlich Göthe seyn, der das Thema der Kindsmörderin mit seinem merk- und denkwürdigen Stücke »Faust«, und zwar im ersten Theile desselben, am zweyten laborirt (arbeitet) er ja immer noch, populär gemacht und in den Discurs und in die Controverse (Streitgespräch) gebracht hat. Göthes Gretchen statt Wagners Evchen also. Wobey am Rande bemerkt sey, daß Wagner mit Herrn Göthe gut bekannt ist und angeblich, so jedenfalls ist es nachzulesen in »Dichtung und Wahrheit«, den Stoff von ihm »übernommen« oder gar abgekupfert hat. Vielleicht habt Ihr jene Stelle im Ohre, in welcher es heißt: »Vorübergehend will ich nur, der Folge wegen, noch eines guten Gesellen gedenken. Er hieß Wagner, erst ein Glied der Straßburger, dann der Frankfurter Gesellschaft; nicht ohne Geist, Talent und Unterricht. Er zeigte sich als ein Strebender, und so war er willkommen. Auch hielt er treulich an mir, und weil ich aus allem, was ich vorhatte, kein Geheimnis machte, so erzählte ich ihm wie anderen meine Absicht mit Faust, besonders die Catastrophe von Gretchen. Er faßte das Sujet auf, und benutzte es für ein Trauerspiel, ›Die Kindermörderin‹.«

Doch retro ad propositum, zurück zu Cants Briefe vel Briefentwurfe. Recapituliren (erneut durch den Kopf gehen lassen) wir seinen Gedankengang. Cant bezeichnet also eine gewisse Zurückhaltung im Umgange unter Menschen, namentlich auch unter Geliebten oder Verliebten, eine verminderte »Offenherzigkeit«, wie er es nennt, als natürlich und constitutionell. Sie ist keine Schuld und kein Makel des Menschen, sondern als letzte Einsamkeit sein Schicksal. Das zeigt er an mit dem Wahrworte: Freunde, es gibt keinen Freund. Precär ist freilich der Casus, in welchem etwas verschwiegen wird, was der Mitmensch oder im Liebesfalle der Gatte oder Bräutigam oder Freund wissen müßte. Cant wird dabey nicht concret. Hätte er Beyspiele zur Veranschaulichung herangezogen, so wäre dem Verständnisse natürlich sehr gedient gewesen. Ich nenne von mir aus solche Exempla, gemäß jenem Grundsatze, der uns im Studium generale, ja bereits im Trivium (Grundkurs) beygebracht worden ist: Exemplum docet, Beyspiele machen klar und deuthlich. Hat eine Braut oder ein Bräutigam eine schwere Krankheit, die äußerlich nicht oder noch nicht sichtbar, also nicht ausgebrochen ist, aber unweigerlich auftreten wird, so wird sie dem Partner (Theilhaber von lateinisch pars) darüber Mittheilung machen müssen und ihn nicht im Unklaren lassen dürfen. Dasselbe gilt natürlich auch für den Bräutigam. Hier wäre Verschwiegenheit eine »positive« (in absentia gesetzte und begangene) Verfehlung. Dieses Schweigen klaget an. Und schweiget der Mensch, dann schreyen die Steine, biblisch gesprochen. Dies als so genanntes perhorrescentes (abschreckendes) Beyspiel. Natürlich wird auch bey solchen Veröffentlichungen eine Grenze eingezogen seyn. Man wird nicht jeden Bresthaften in der ferneren Verwandtschaft anführen und nominiren müssen. Vettern dritten Grades sind entbehrlich. Muhmen und Basen mag man übergehen. Aber ein naher Blutsverwandter als etwa ein Bruder, welcher Bluter ist, wird wohl der Publicationspflicht unterworfen seyn. Man könnte sich, diesen Punct betreffend, auch Gedanken über Fragen der Mitgift machen. Männer freilich, die »casibus pecuniaribus« (Geldangelegenheiten) sehr »berechnend« sind und diese Dinge ins Centrum ihrer Aufmerksamkeit rücken, sind ihrerseits suspect, wenn nicht gar Heurathsschwindler! Da könnte man versucht seyn, mit Göthes Gedicht zu antworten: »Haltet die Narren eben zum Narren auch!« Trotzdem wird man gerechter Weise, liegen auf einer Liegen- und Erbschaft als einem Hause schwere Hypothecen (Schuldscheine), davon Kenntnis geben. Kleinere Schwächen, ja auch schon Laster werden wohl im Brautstande von selbst offenbar werden. Wenn ein Werber oder Freier leidenschaftlich die Karten spielet oder, wie der Volksmund sagt, des Teufels Gebethbuch benützet, womöglich sogar das Casino (Spielhöhle) besuchet, so ist natürlich höchste Vorsicht geboten. Von einer solchen Lasterhöhle hat übrigens Reinhold hier Mittheilung gemacht, als wieder einmal die Rede auf Kärnthen kam. In Felden am Clagenfurther See soll sich eine solche, auch von vielen Friulanern, Venetern, Lombarden und Italienern frequentirte befinden. Ihr werdet das besser wissen. Ist die Brautzeit, also jenes *spatium* (Freiraum) zwischen Kennenlernen und Hochzeit kurz, weil etwa die Natur urgirt und die Folgen eines bereits Statt gehabten Beylagers an der Braut ersichtlich werden und Eile heischen, so könnte dieses verheerende Laster der Spielsucht, weil vom Bräutigam in der Bewährungsfrist der Verlobungszeit zurückgehalten, leicht übersehen worden seyn. Kaum aber ist gefreith und die Angetraute vielleicht ans Wochenbett gefesselt, bricht sich die Sucht Bahn und der Eheherr läßt einspannen, um im Galoppe nach Felden zu kommen. Andere Laster wie etwa das excessive Tabaktrinken, neuerdings »Rauchen« genannt, werden wohl auch bey kurzem Verlöbnis offenbar werden. Tabaktrinker (»Raucher«) haben einen eigenen Geruch. Wer diesen Geruch, wie die Stürmer und Dränger, diesmal mit Martin Luther, sagen, »nicht schmecken« kann, wird schon vorher entsprechend gehandelt haben oder aber diesen »Schönheitsfehler« nolens volens (nicht wollend und doch wollend) acceptirt (geduldet) und »in Kauf« genommen haben. Mancher Bräutigam hat auch im Brautstand die Pfeife cachirt (versteckt) und als Verehelichter wieder hervorgeholt und in Gang und Brand gesetzt! Um die Gardinen kümmert sich bey den so genannten »besseren« Leuten sowieso das Personale! Diese Sache stellt sich heute insoferne anders und in neuem Lichte dar, als heute ja auch das schöne Geschlecht, das von Cant so genannte schöne Geschlecht, den Tabac für sich zu entdecken und erobern beginnt. Namentlich unter Frauen der höheren und besseren Gesellschaftsschichte ist die Tabacspfeife und die Cigarre gesellschaftsfähig geworden, was in den Salons ein neues und curioses Bild ergibt, wenn sich die Dames und höheren Töchter mit Qualme umgeben. Cant selbst, dem mäßigen Tabacsgenusse zugethan, wie ihm ja Diener Lampe nach dem Mahle die präparirte (vorbereitete), das heißt ausgeräumte und mit neuem, unverbrauchtem Brennmateriale gestopfte Pfeife bringt, lächelt nachsichtig über die neue Mode der rauchenden Frauen, dürfte aber noch nicht ganz schlüssig seyn, ob er als conservativer Mensch sie nicht für einen fragwürdigen Fall von Emancipation (Entmündelung) halten soll. Aber dies ist ihm kein centrales Thema, er ist auf Wesentliches concentrirt. Und auch meine Casuistik hier führt zu weit. Ist Rauchen ein Problem im Hause Herbert? Es mag mich entschuldigen, daß es mein Bestreben ist, den eher theoretischen und darum auch ein wenig abstracten Brief meines hohen Herren anschaulicher und lesbarer, vielleicht auch ein wenig unterhaltlicher zu machen, dabey hoffend, daß ich Euren Geschmack treffe und, wie die Wissenschaft neuerdings sagt, »recipientenorientirt« (auf den Hörer oder Leser ausgerichtet) verfahre. Ich will Euch nicht über- (was Cants Befürchtung war), aber auch nicht unterfordern!

Ganz grundsätzlich möchte ich hier auf Cants ernste und hohe Meinung von der Ehe, um die es sich in Eurem Falle ja noch nicht zu handeln scheint, hinweisen, damit hier keine Zweifel aufkommen. Dafür hat er, wie Ihr vielleicht im fernen Clagenfurth nicht wißt, in Königsberg ein drastisches Denkmal gesetzt. Dies insoferne, als er seinem vormals guten, ja besten Freunde Johann Julius Göschen, einem Verwandten des berühmten Verlegers aus dem Braunschweigischen, dem Münzmeister Königsbergs, die Freundschaft aufgekündigt, nachdem dieser die Maria Charlotta Jacobi, die um zwanzig Jahre jüngere und bereits mit 13 Jahren an den vermögenden Commerzienrat Conrad Jacobi verheurathete Gemahlin abspenstig gemacht und nach deren Scheidung geheurathet hatte. Und obwohl er mit Göschen, dem Gleichaltrigen, vordem enger verbunden, ja unzertrennlich war, sodaß es in Königsberg oft spöttisch geheißen hatte: »Der Münzmeister und sein Philosoph«, als handele es sich hier um ein Paar wie »Castor und Pollux« oder gar ein homoerotisches Tandem, obwohl er dem Gösche, wie C. ihn nannte, früher weit enger verbunden war als dem Commerzienrat Jacobi, hat er nach jener scandaleusen Scheidung und Wiederverheurathung den Contact mit dem Busenfreunde zugunsten der nüchterneren Beziehung zum alten Jacobi, dem Gehörnten, abgebrochen und beendet. Und erst der Tod des alten Jacobi, also die Biologie hat die Beziehung zum alten Jugend- oder Jungmannesfreunde wieder curirt (geheilt) und restituirt (wiederhergestellt), wenn sie natürlich auch, nachdem Gösche mit der geschiedenen Jacobi eine stattliche Kinderschar gezeugt, nicht mehr das alte Niveau und die frühere Innigkeit erreichte. Die Menschen sind malcontent (schmähsüchtig). Auch in Königsberg, es wird in Clagenfurth nicht anders seyn, im Norden wie im Süden, in West und Ost. Und so können und konnten sich hier viele, weil der Schelm so ist, wie er denkt, und so wie er denkt, auch ist, die Sache nicht anders deuthen, als sey der große Philosoph in die Kindfrau Jacobis, die Maria Charlotta, selbst einmal verliebt gewesen und darum mißgünstig gegenüber dem beym Mädchen reüssirten (erfolgreichen) Freunde, oder gar, was noch schlimmer und geradezu wider die Natur ist, eifersüchtig auf die Maria Charlotta, weil sie ihm den Freund und den intensiven Umgang mit ihm entzogen habe. Ein leicht zweydeutiger neckischer Brief der jungen Jacobi an Cant, den ich in meinem Archive verwahre, der aber leider bekannt geworden ist, wohl weil ihn die Briefschreiberin entsprechend ihrer weiblichen Schwatzsucht selbst ausgeplaudert hat, hat zu entsprechenden Gerüchten Anlaß gegeben. Wie unrecht thut man meinem Meister! Ich glaube übrigens, daß die Geschichte um die Maria Charlotta auch für die Maria

Herbert »mutatis mutandis (mit den nöthigen Änderungen) lehrreich seyn könnte, bitte Euch also, Euch in sie zu verthiefen und die Moral jener Geschichte zu beherzigen. Kann man vielleicht statt Gösche Dreer setzen?

Alles Lüge! Wie oft muß man diesen Fluch heute hören und wie oft trifft er zu. Es wird gelogen, »daß sich die Balken biegen«, wie der Volksmund sagt. Und Mendacium ist auch Cants eigentliches Thema in jenem Briefentwurfe. Ja, es wird viel gelogen. Auf allen Rednerpulten und Kanzeln, sey es in den Universitäten oder selbst den Kirchen, in allen Briefen und anderen Schriftstücken, in allen Wissenschaften wird gelogen und betrogen. Die Romane der Dichter sind per definitionem Lügengeschichten! Cant unterscheidet, wie schon hingewiesen, zwischen unschädlichen und schädigenden Lügen. Die den Belogenen schädigenden Lügen sind so teuflisch, daß Cant darüber kein Wort verlieren möchte. Solche Lügen möchte der große Denker erst gar nicht in den Mund nehmen. Daran will er sich nicht den Mund verbrennen. Daran will der Denker nicht denken! Wer einen anderen oder eine andere belüget, um ihm oder ihr Schaden zuzufügen oder ihn oder sie womöglich gar zu vernichten, ist nichts besser als ein Giftmischer oder eine Giftmischerin. Ein solcher Lügner vollführt und betreibt das Handwerk des Satans, das Gewerbe des Teufels! Leider schweigt mein Herr und Meister im mitgetheilten Briefconcepte, wo die läßliche, etwa auch die kleine Nothlüge aufhört und die gravierende (schwer wiegende) Lüge beginnt. Vor allem ist er zu fein oder muß ich sagen, sich zu fein, die nahe liegendste oder nächst liegende Frage von Betrug bey jungen Menschen, die die Brautzeit beginnen, überhaupt zu erörtern: Habt Ihr Euren

Bräutigam hinters Licht geführt und ihm vorgemacht, vorgelogen nämlich, daß Ihr noch *virgo intacta* (jungfräulich) seyd, obwohl Ihr doch schon einen Mann erkannt habt, um es decent (geziemend) in der Sprache Kanaans auszudrücken? Sicher wißt Ihr, wie ein Stürmer und Dränger in der heutigen, rohen und verrohten Jugendsprache sich ausdrücken würde! Solch drastische Ausdrucksweise widerstrebet mir und wäre auch nicht im Sinne meines Herrn. Aber ganz schweigen und stumm werden wie er will ich auch nicht. Nun ist die Natur des Menschen, des weiblichen Menschen, dergestalt eingerichtet und construirt, daß der Leib selbst die Virginitätslüge Lügen straft. Lügen dieser Art haben wahrlich kurze Beine. Im *Hymen destructum* gibt die Physis Auskunft und Aufklärung. Es ist kein Blut geflossen. Dann wird gespielt und das Stück gegeben: *Deploratio post deflorationem*. (Jammer und Reue nach Entjungferung). Ein Trauerspiel, ein unwürdiges Trauerspiel! Und es kommt sicher die Zeit, wo dies alles als banal und trivial betrachtet und abgelehnt werden wird. Ihr aber, wenn dies Euren Casus tangirt (berührt), hättet wissen müssen, in welcher Gesellschaft und in welcher Zeit Ihr lebt, und den Zeitgeist, auch wenn er Euch mißfällt, in Rechnung stellen müssen. Dann habt Ihr vielleicht keine Sünde, aber einen schweren Fehler, keine Verfehlung, aber einen Fauxpas (Fehltritt) begangen. Und Ihr müßtet Euch, wie auch Cant andeuthet, selbst die Schuld geben. Vielleicht wäre es Euch ein Trost, daß Ihr in diesem Falle eine Leidensgenossin der Friederike Brion, der Pastorentochter aus Sesenheim, geworden seyd. Denn was Göthe in »Dichtung und Wahrheit« zu erzählen unterläßt – es war eingangs ja davon schon die Rede, wenn auch nicht in diesem Zusammenhange – und was ihm selbst Cant, als es ihm zu Ohren kam, hoch anrechnete, obwohl er sich mit ihm sonst, wie erwähnt, gar nicht anfreunden kann, ist eben die unvorstellbare und gar nicht ins Bild der unsterblich in den jungen Straßburger Studenten aus Frankfurt am Main verliebten, in inniger Hingabe sich verzehrenden Friederike passende, angeblich offenbar gewordene, in einer Schwangerschaft hervorgetretene Untreue des Mädchens, hervorgerufen und bewirkt zu allem Überdrusse und Überflusse von einem jungen Priester der catholischen Kirche von Sesenheim! Man ist versucht zu rufen: Vanitas vanitatum vanitas! Oder: Scandalum scandalorum scandalum! Unüberbiethbarer Scandale! Ja, es ist wahrlich nicht zu fassen, aber so will es die hartnäckige Fama, und es gilt wohl hier wie immer: Wenn es ein Gerücht gibt, dann ist auch etwas daran. Es gilt die Schuldvermuthung! Und wenn dieses Gerücht nicht oder noch nicht Erwähnung findet in der anschwellenden hagiographischen (heilichsprechenden, verherrlichenden) Literatur über den Weimarer, dann nicht aus Rücksicht auf das arme Mädchen, die Betrügerin in diesem Falle, sondern den Betrogenen, den gehörnten Dichterfürsten. Dieses Friederike-Lied ist noch nicht angestimmt und gesungen! Es darf nicht seyn, daß der Glänzende und Strahlende hinters Licht geführt worden sey! Der Mythos, die Integritäte (Unberührtheit) der Romance darf nicht geschmälert oder gar durch Banalitäten und Trivialitäten zerstöret werden, das Märchen muß ein Märchen und wunderbar, die Sage muß sagenhaft bleiben.

Wir erleben eben ja gerade auf einem ganz anderen Gebiete, auf dem Felde der Kunst oder eigentlicher des

Kunstmarktes ein Musterbeyspiel für die Nachhaltigkeit, ja für die Hartnäckigkeit von Mythen. Es ist sicher auch bis zu Euch nach Kärnthen die Nachricht gedrungen, daß einer der bedeuthendsten Maler der deutschen Länder, des Lebens im europäischen Überflusse überdrüssig, zu den primitiven Völkern der Südsee emigrirt (ausgewandert) ist, um dort Natürlichkeit und Ursprünglichkeit, die Unschuld der so genannten »Wilden« zu erleben und im Bilde festzuhalten. Seine Bilder aus der unwirthlichen Fremde, die er regelmäßig mit Curiren auf dem Schiffswege in die Heimat und zu seinem Repräsentanten (Geschäftspartner) expedirt und geschickt hat, haben sich zu solchen Sensationen und Aufsehen erregenden merkantilen Objekten entwickelt, daß der Repräsentant dem Maler, als er seine Absicht, in die Heimat zurückzukehren, weil ihn schwere Krankheit und Heimweh heimsuchten und er in der Heimat sterben und in Heimaterde begraben zu werden wünsche, dringend um Himmels willen – und um des Geschäftes willen, flehentlich – brieflich dringendst davon abrieth. Bleibt um Gottes willen, wo Ihr seyd! Die Bilder »lebten« und zehrten nämlich vom Nimbus des verschollenen Schöpfers. Ja, es stellte sich sogar heraus, daß der Kunsthändler, der im Besitze vieler Bilder des emigrirten Malers war, diesen potenten Käufern aus dem Adel gegenüber den Maler als nicht nur verschollen, sondern als bereits verstorben bezeichnete. Ja, die Welt will betrogen werden. Haltet die Narren eben zum Narren auch, um noch einmal Göthe zu berufen, was mir Cant verzeihen möge. Vielleicht, werthes Fräulein, erscheint Euch dieses Beyspiel ein wenig weit hergeholt. Ich bitte Euch aber zu bedenken, wie schön und instructiv (einprägsam) es die

Hartleibigkeit von Mythen, Lebensmärchen und Lebenslügen illustrirt, weil hier der Irrthum und die Irreführung sich buchstäblich »ausgezahlt« haben. Die Lüge mutirt (wandelt sich) zu klingender Münze! Und darum wird man jenen Wallfahrern, die schon jetzt nach Sesenheim pilgern und entzückt und ergriffen das Pfarrhaus und die Kirche suchen und besuchen, wo Göthe die Predigten des Pfarrers Brion gehöret und zum letzten Male in seinem bisherigen Leben das Abendmahl genommen hat, sicher nicht die Wahrheit oder die ganze Wahrheit, die eben weit unansehnlicher und häßlicher ist als das schöne Märchen, erzählen und mittheilen. Und die alten Frauen, zu denen die literarisch berühmten und von den größten Dichtern besungenen liebreizenden jungen Mädchen werden und geworden sind, möchte man eigentlich nicht mehr sehen. Auf wie vielen Partia (Todesavisos) der noblen Gesellschaft, auf wie vielen Tothenbildchen und Memorialblättern werden nicht die verstorbenen alten Männer und Frauen auf alten Conterfeis, Schattenrissen und Portraits wiedergegeben, die dem *status quo ante* (Vergangenheit) und keineswegs dem *status quo* (Jetztzustand) entsprechen. Sie zeigen die Verblichenen in ihrer Jugend, so wie sie wohl ihren Angehörigen und Mitmenschen in Erinnerung bleiben möchten. Als hätte kein gänzlicher Verfall Statt gefunden.

Mich aber beschäftigt im Augenblicke ein ganz anderer Mythos, in dem auch Ihr eine Rolle spielt oder vermuthlich spielt und wo ich ein weniger im Auftrage meines Herren Euch Rathender, sondern ein Fragender und Auskunft Heischender bin. Ich sage einfach einen Namen, einen Namen, der Euch etwas sagen wird, einen vielsagenden Namen, der in aller Munde ist und mit Eurer Heimatstadt Clagenfurth heute zwingend associirt wird und durch ganz Deutschland dröhnt und hallt: Scholastica Bergamin! Sollte ich damit gar Euer Pseudonym (Deck- und Tarnname) genannt haben? Habe ich Euch damit vielleicht sogar aufgedeckt und enttarnt? Seyd Ihr mit diesem Namen bloßgestellt? Und ist damit auch Euer eigentliches Unglück bezeichnet? Und hört dieses Euer Unglück gar auf jenen Namen, der in Europa heute über allen Namen ist. Heißt Euer Unglück Napoleon Bonaparte? Habt Ihr Euch in den Tyrannen, den lieblosen, verliebt? Habt Ihr an diesem Großen und Größenwahnsinnigen einen Narren gefressen, diesem Großen, der doch eigentlich ein Zwerg ist? »Der Großmächtige mit dem kleinwinzigen Gemächte«, nennt ihn der Göttinger Polemiker spottend! Was hat nur Scholastica Bergamin an ihm gefunden! Von zwey Nächten ist hier die Rede, die Napoleon in Clagenfurth verbracht habe, davon eine bey einem Balle, wo er mit einem Clagenfurther Mädchen namens Scholastica Bergamin nicht nur getanzt, sondern im Anschlusse daran in seinem Quartier, das er nicht, wie ursprünglich von ihm vorgesehen, in Eurem Hause, dem so genannten Herbert-Stöckl, sondern in einem Palais Egger oder Sehnus oder Senuhs genommen hat, auch intim geworden seyn soll! Ich kann mich für den Namen des Palais wie natürlich für das ganze Gerücht, das bis hierher die Runde macht, nicht verbürgen. Ihr werdet alles und alles besser wissen. Und handelt es sich bey jenem Mädchen nicht überhaupt um Euch, was mir immerhin im Bereiche des Möglichen schiene, so müßtet Ihr die als Scholastica Bergamin Nominirte wohl kennen. Aber sowohl Ehrhard als auch Reinhold sagen übereinstimmend, es gebe in Clagenfurth zwar einen Kaufmann Bergamin, er hätte aber keine Tochter und vor allem keine mit Namen Scholastica. Clagenfurth ist eine Stadt von 4000 Seelen. In einer solchen Stadt von der Größe auch unseres Königsbergs kennt jeder jeden. Vor allem kann es nicht seyn, daß auf jenem Balle, den der Conquereur und seine Trabanten und Generäle gegeben haben, sich die Eingeladenen nicht alle gekannt haben. Dieses war eine geschlossene Gesellschaft. Es war ja nun sicher so, daß die Franzmänner und ihr Herrgott Napoleon Uniform und die Zugezogenen, die eingeladenen Einheimischen, die Mädchen, jene Willigen also, die sich von den Besatzern einladen haben lassen und sich mit ihnen eingelassen haben, die ortsübliche Tracht, das so genannte »Dirndl« getragen haben. Sollte es sich aber, wie einige behaupten, um einen ausgelassenen Maskenball gehandelt haben, so werden sich die Mädchen nach der Demascirung doch alle gekannt und erkannt haben. Ja selbst, wenn der Eroberer schon vor jenem Zeitpuncte die Scholastica Bergamin erobert haben sollte, müßte ihre Abwesenheit im Saale bey der Demascirung (Entlarvung) doch unverzüglich aufgefallen seyn. Das Fehlen des Veranstalters, Napoleons, aber wäre sicher sofort aufgefallen und als Sensation registrirt (wahrgenommen) worden. Denn auch wenn er sich mascirt (verstellt) haben sollte, wird ihn doch vorher schon jeder als den Kleinen und Zwerg, der er ist, erkannt haben. Es gibt keinen Cothurn und keine Plateauschuhe, um es französisch zu sagen, die ihn als normalwüchsig und unauffällig erscheinen lassen hätten können. Ich bitte tausendmal um Entschuldigung, wenn ich Euch mit meinen kühnen Vermuthungen unrecht gethan habe, solltet Ihr wirklich eines der wenigen Clagenfurther Mädchen seyn, die dem Franzosen keine schönen Augen zu machen versuchten. Aber man erzählt sich hier alle Wunder. Nur zwey Nächte habe Napoleon in Kärnthen, das ihm schon auf seinem Raubzuge von Italien herauf wenig Widerstand geleistet habe und jede Schlacht vermieden und widerstandslos capitulirt (sich ergeben, sich besiegt erklären) habe, das die Waffen schon gestreckt, bevor es sie recht ergriffen hatte, nur zwey Nächte habe er in Clagenfurth zugebracht. Dabey hätte er sich vor Avancen und Adressen (Huldigungen) kaum retten können. Und für jede der beiden Nächte hätte er eine einheimische Bettgenossin zur erotischen Verfügung gehabt. Johann Benjamin Ehrhard, der Freund Eures Bruders, hat uns hier einen Jokus (Scherzwort) mitgetheilt, den man in diesem Zusammenhange zu erzählen schwer unterdrücken kann. Die Kärnthner Mädchen, heißt es in diesem Scherzworte, hätten einen Sprachfehler und dieser Sprachfehler bestehe darin, daß sie nicht »nein« sagen können. Diesen Sprachfehler nenne man die *Anonie*. In diesem Worte stecke das lateinische *non* für nein, das vorangestellte A aber verneine, *Anonie* entspreche so von der Wortbildung her dem *Agonie*. Die Mädchen hätten diesmal freilich bereits und bereitwillig *ja* gesagt, bevor sie gefragt und gebethen wurden … … Und der am häufigsten gebrauchte Satz sey in Kärnthen: »Gleich lassen«, oder, mundartlich: *Lei lossn*. Darin drücke sich Ergebenheit, aber auch Lethargie und Antriebsschwäche aus. Dieses »gleich lassen« correspondire mit, ja sey wie eine Übersetzung des französischen »Laisser faire«. Auf diese Weise hätten sich die belagernden Franzosen und die belagerten

Mädchen gleich gut verstanden. Ehrhard sagte spöttisch, es habe sich in diesem Falle weniger um eine Belagerung, sondern eine »Beylagerung« gehandelt…

Ich erwähne dies hier, obwohl ich natürlich weiß, daß ich damit dem Freunde Eures Bruders Franz Paul, Baron von Herbert, schade oder jenen Schaden, den seine Reputation bey Euch bereits genommen hat, wie leider auch aus Briefen Ehrhards an Cant hervorgeht, in die ich im Archive Einsicht nehmen konnte, noch vergrößere. Ich will nicht trattschen. Aber Ihr sollet Euch, schreibt er einmal, sogar über seinen Namen Ehrhard lustig gemacht haben, weil er ihn nicht verdiene, weil er in Euren Augen kein Mann von Ehre sey. Ihr könnt im Übrigen versichert seyn, daß ich wie im Falle Carl Leonhard Reinholds auch im Falle Johann Benjamin Ehrhards, was den Wahrheitsgehalt seiner Mittheilungen über Österreich und Kärnthen und im Besonderen Euch betrifft, durchaus vorsichtig oder eigentlich sogar mißtrauisch bin. Sie, Reinhold und Ehrhard, sind nicht meine Gewährsmänner. Ein Gewährsmann nämlich spricht die Wahrheit und nichts als die Wahrheit. Das kann man von den beiden Zuträgern aber sicher nicht behaupten. Was jenes maliciöse Bonmot der Anonie von den Kärnthner Mädchen betrifft, rapportirt Ehrhard aber wohl ein Sprüchwort, das in vieler Munde, ja im österreichischen Volksmunde vorhanden ist. Das hat sich unser Informant offenbar nicht aus den Fingern gesogen…

So jedenfalls sey es dem Korsen leicht gefallen, die Stadt und ihre Mädchen einzunehmen und für sich einzuvernahmen. Und es sey sehr bezeichnend, daß Napoleon angeordnet habe, die Stadtmauer und die engen Tore derselben zu schleifen, die Bastionen zu ruiniren und wehrlos zu machen. Es seyen in Clagenfurth, als die Franzosen hier eingefallen seyen und gewütet hätten, nicht nur die Stadtmauern, das Villacher Tor und das Sanct Veither Thor gefallen, sondern es seyen auch viele Mädchen gefallen, einige seyen den Soldaten zum Opfer gefallen, andere aber, und deren seyen nicht wenige, freiwillig »gefallen«. Sie haben sich hingegeben. Das Vergewaltigen freilich gehört, Gott sey es geklaget, zum Handwerke der kriegerischen Gewalttäter. Sie gilt zu Recht als die »*brutalitas prima*« (Hauptdelikt im Kriege). Und zu einer der Spätfolgen der martialischen (nach Mars, dem Kriegsgotte) Übergriffe auf die Bevölkerung, und vor allem die Mädchen, gehören eigentlich auch die vielen Kindsmorde, wie eindrucksvoll Wagner in »Die Kindermörderin« schildert, im Anschlusse an die Invasionen (Raubzüge). Die getötheten Kinder müssen den vielen Kriegstothen zugezählt werden, wie auch die hingerichteten Kindsmörderinnen. Ich entschuldige niemanden, habe aber vor allem Verständnis für die Opfer, die Leidtragenden thuen mir leid, die Thäter thuen mir nicht leid.

Ich bitte noch einmal um Entschuldigung, wenn Ihr hier von mir verdächtigt werdet, aber Eure Briefe sind so cryptisch, was die Verfehlung betrifft, deren Ihr Euch schuldig bekennt, daß man in Anbetrachte der Zeit und der Umstände gar nicht anders und umhin kann, sie, diese Leerstellen, in der Weise meiner Conjecturen zu füllen und dergestalt zu detectieren (aufzudecken). Ihr müßt geradezu mit Napoleon Bekanntschaft gemacht und in irgend einer Weise Stellung bezogen haben, um es militärisch zu sagen. Das Herbert-Stöckl und das Palais Egger sind sich nahe genug, sagt Ehrhard. Sollte aber nicht ein Hofmeister, wie eingangs konjicirt, sondern gleich und gar Napoleon selbst seine Hand im Spiele haben, so wäre dies für Herrn Cant ein triftiger Grund für Ungnade. Bitte erwähnt, wenn es denn zu einem Besuche von Euch hier in Königsberg kommen sollte, auf keinen Fall den Namen Napoleon! Cant ist auf ihn schlecht zu sprechen! Denn mein Herr kann – wiewohl nicht nachtragend – nie und nimmer vergessen, wie abschätzig sich der Erste Konsul, Napoleon Bonaparte, über ihn vernehmen hat lassen. Göthe hat im Gegentheile dem Corsen den Hof gemacht, oder umgekehret, Göthe hat jedenfalls die Aufmerksamkeit des Franzosen genossen. Mit Cant verhält es sich conträr (gegentheilig)! Napoleon hatte bekanntlich den Lothringer Charles de Villers, der 1792, also in dem Jahre, als Cant den oben citirten Brief an Euch entworfen hat, das revolutionäre Frankreich, als und weil Adeliger, verlassen hatte und in Deutschland, namentlich in Göttingen, Carriere (Erfolgslaufbahn) als Professor macht, hatte also jenen Professor de Villers, der Cant in Frankreich bekannt machte und macht, gebethen, ihm ein Aperçu von Cants Philosophie von nur 4 Seiten zu liefern, damit er ein Bild von dessen Gedanken erhalte, über die Europa heute so viel spricht. »Der Erste Konsul von ganz Europa hat sehr wenig Zeit zu verlieren, und man gestand mir nur 4 Seiten zu, um ihm zu sagen, worum es sich handle«, schreibt de Villers an einen Freund, einen anderen aristocratischen Emigranten aus Frankreich.

Ein Aperçu!, sagte Cant immer wieder, als ihm dies zu Ohren kam. Ein Aperçu wollte der Militarist von meinem Werke! *Aperçu* aber, das werdet Ihr als Gymnasiastin oder gewesene Gymnasiastin sicher auch wissen und übersetzen können, heißt so viel wie »geistreiche Bemerkung«. Dies also nur nebstbey in Klammern hinzugefüget. Nur in einer geistreichen Bemerkung also wollte der schreckliche Napoleon mein Lebenswerk kennen lernen und hätte de Villers mich als »éclaireur« (Aufklärer) bezeichnet, so hätte ihm das wahrscheinlich schon genügt. Was Cant aber in seinen »Critiken« aufgeklärt und geklärt habe, wollte der Corsicaner offenbar gar nicht so genau wissen. Er hatte natürlich gegen den Philosophen aus Deutschland ein nationales Vorurtheil. Das wird auch durch viele Mittheilungen bestätigt und erhärtet. So weiß man, daß schon vordem in Genf ein philosophischer Enthusiast und Cant-Begeisterter Napoleon für die neue Philosophie einnehmen wollte. Und als Napoleon später in Lausanne mit einem dortigen Gelehrten in ein Gespräch gerieth, fragte er ihn sehr lebhaft: »Was hält man in der Schweiz von Cants Philosophie?« Die entwaffnende Antwort lautete: »General, wir verstehen sie nicht.« Und es ist verbürgt, daß diese Antwort den Generalissimus sehr befriediget und daß er zu seinem Adjutanten (Begleiter) gesagt hat: »Haben Sie es wohl gehöret? Cant wird auch hier nicht verstanden!« Und es kam noch krasser, als der Potentat (Gewalttäter) seinen Frieden mit der römischen Kirche in einem Concordate (Übereinstimmungsvertrag) machen wollte, obwohl er alles andere als ein frommer Mensch, sondern vielmehr ein zynischer Spötter war, sagte er in einem ebenfalls verbürgten Worte: »Die Religion ist noch eine Art Blatternimpfung, die uns, indem sie unsere Liebe zum Wunderbaren befriediget, vor den Charlatans und Zauberern bewahrt: die Priester sind mehr wert als die

Cagliostros, die Cants und die deutschen Träumer.« Und in anderer, nicht minder glaubwürdiger Version heißt es, daß Napoleon, dieses Urtheil wiederholend, gesagt hat: »Alles dieses hat keinen practischen Wert, und die Welt wird wenig gefördert durch Menschen wie Cant, Cagliostro, Swedenborg und Philadelphia.« Ihr, Fräulein von Herbert, wißt wohl, um wen es sich bey Philadelphia handelt? Dies ist der Künstlername eines berühmten Illusionisten und Taschenspielers. Napoleon nennt also hier den Namen Cants in einer Litanei zusammen mit dem Namen eines unserieusen Zauberers und Jongleurs! Das mag genügen, um Euch zu warnen, den Namen des Unseeligen auch nur zu erwähnen, wenn Ihr denn mit Eurem Besuche hier in Königsberg ernst machen solltet. Und sollte mit dem Namen Napoleon thatsächlich Euer Unglück, wie Ihr es weniger beschreibt als andeuthet, verbunden seyn, so bleibt wie in den Briefen im Generellen und Allgemeinen. Denn allein die Nennung dieses Namens in diesem Zusammenhange könnte Euch allen Wohlwollens Cants berauben. Und ich könnte mich in einem solchen Falle, wenn ich anwesend seyn sollte, für nichts verbürgen. Da müßten Persönlichkeiten größerer Reputation (Ansehens) auf den Plan treten, um zu calmiren (beruhigen). Es ist ja nicht anzunehmen, daß Ihr, wenn Euch denn eine Liebesnacht mit N. geschenkt war, sofern man hier von einem Geschenke sprechen möchte, daß Ihr dabey den Verächter des Geistes zu einem Cantianer bekehrt habt, wie Ihr eine Cantianerin seyd, wenn Ihr meinen Herrn Euren Gott nennt. Erwähnet, wenn Ihr hierher kommet, Napoleons nicht. Und laßt auch Göthen, der zum Ärger Cants auch seinen Frieden mit Napoleon gemacht hat, was ein weiterer Grund für Cants Verachtung ist, unberücksichtigt. Also, bitte, Göthe, den sie tausendmal »den liebenden Mann« nennen mögen, bey Cant, den sie zu Unrecht den »Liebe-losen Mann« nennen, in keinem Falle ansprechen! Kein Wort über Göthe! Schiller mag passiren.

Jener Schweizer, der sich Napoleon gegenüber dergestalt abfällig über die Philosophie Cants geäußert hat, mag sich für ein Aburtheil Cants über die Schweiz in seiner »Anthropologie« gerächt haben. Cant hat die Schweiz dort als ein bitter armes Land hingestellet. Nun ist nichts so erniedrigend, denn als arm hingestellet zu werden, wenn die Armuth nicht derart himmelschreyend ist, daß keine Bemäntelung und Beschönigung derselben mehr möglich ist. Der wahrhaft Elende kann sich natürlich keinen Stolz mehr leisten. Der minder Arme aber, wenn auch sicher nicht Reiche, ist verschämt und will seine Armuth nicht wahr haben. Etwas *nicht wahr haben wollen*, das ist der rechte philosophische Ausdruck für jenes Ignoriren der Realität. Die Philosophie spricht von »Realitätsverweigerung« – ein trefflicher Ausdruck! *Wirklich* aber ist in den Augen des Ignoranten (Unkundigen) nur das Anerkannte und Erkannte. Derjenige, der verdrängt, und Cant spricht in seiner Menschenkunde ausdrücklich von »Verdrängung«!, möchte der Realität ihre Wirklichkeit »aberkennen«, er verweigert ihr Facticität (Thatsächlichkeit) im Nichtanerkennen. Nur der Bettler hat sich damit abgefunden, er kann seine Armuth, die Wirklichkeit seiner Bedürftigkeit nicht mehr ableugnen. Er ist das declarirte (erklärte) Mängelwesen. So hat er die Licenz zum Betteln! Stimmt, was Ehrhard sagt, daß Ihr in Eurem Idiome die Bettler »Fechter« nennt? Die Schweiz ist nicht bettelarm, sie ist arm, will es aber nicht wahr haben, sagt Cant. Ihre Armuth sey aber wahr-scheinlich, nein augen-scheinlich und augen-fällig. Und er führt als Zeugen und als Bürgen seiner Einsicht den verehrten Albrecht von Haller und seine Epopöe »Die Alpen« an, der es als gebürtiger Schweizer Eidgenosse ja wohl wissen muß. Er muß es wissen!, sagte Cant einmal im Gespräche. Cant selbst war natürlich persönlich nicht in der Schweiz, wie er ja überhaupt, generell und principiell, allem Reisen abhold gegenübersteht. Er könnte, dies betreffend, ein Benediktiner-Mönch seyn, macht er sich doch ebenso wie jener Orden die »stabilitas loci« (Standortfestigkeit) zur Regel. Er sey und bleibe an Königsberg »gebunden«. Und er sey dieser Stadt »verbunden«, wie C. sich ausdrückt. Und dies sage er »unumwunden«, so wörtlich. Dies bedeuthe freiwillig. Man müsse aber heute ein Land nicht bereisen, um über es Bescheide zu haben. Es gibt verläßlichere Wege, über ein Land Unterricht zu erhalten. Wozu gebe es die Reiseschriftsteller, allen voran Alexander von Humboldt! Für ihn, Cant, ist auch die Geographie eine theoretische Wissenschaft, wie überhaupt nur das Theoretische das Prädicat »wissenschaftlich« verdiene! Sein Interesse gelte nicht den Thälern und Bergen und Landschaften im Besonderen, sondern den Thälern an sich, den Bergen an sich, den Landschaften an sich. Ihn interessiere weniger der Montblanc als der Berg an sich. Für ihn ist der Große Glockner, um ein Euch nahe liegendes Beyspiel und Euren höchsten Berg in Kärnthen zu nennen, im Wesen und im Kern nichts anderes als der Kleine Glockner, indem sie beide die »Quidditas« des Gebirgigen an sich haben. Sie sehen nur anders aus, sie erscheinen anders, sagt die Phänomenologie (Erscheinungslehre). Ein Schweiz-Vertheidiger hat einmal angesichts der Qualificirung der Schweiz in Cants Anthropologie und der bekannten Ortsbeständigkeit ihres Verfassers gesagt: Cant kann es nicht wissen, weil er es nicht kennt. Welch absurde Geringschätzung der geistigen Kräfte meines Lehrers und Meisters! Cant aber *macht* sich Gedanken! Der Selbstdenker macht sich selbst seine Gedanken! Seine Erfahrungen macht er nicht beym Reisen, sondern im Denken. Dazu muß er nicht unter Weges seyn. Er sitzet an seinem Schreibtische. Sein Schreibtisch ist ihm zugleich ein Denktisch. Ja, es gibt jene Abenteuer, die im Kopfe Statt finden!

In diesem Zusammenhange muß ich Euch auch meines Herren Verwunderung über den merkwürdigen Ehrgeiz der Älpler, alle ihre Berge und selbst die höchsten und unwirthlichsten zu besteigen, mittheilen oder mindestens andeuthen. Davon war jüngst an Cants Tafel die Rede, da einer der Besucher davon sprach, daß sich die Kärnthner und insbesondere der dasige Bischof mit einer so genannten Expedition (Ausführung) anschicken, den Großen Glockner in den so genannten Hohen Thauern zu besteigen. Im Jahre 1800, also demnächst, soll es so weit seyn, wie die Vorbereithungen schon weit gediehen seyen. Das herauf kommende 19. Jahrhundert soll den unbezwungenen Berg bezwungen und bestiegen sehen, sage man sich, sagte der Besucher der Tafelrunde in der Prinzessin-Straße. Stimmt es, daß auch der alte Naturforscher Wulfen unter den Expediteuren (Ausflüglern) seyn soll, der Fürstbischof selbst, heißt es, habe ihn eingeladen, die so genannte Seilschaft zu verfolgen, wenn auch in Folge seines Alters nur bis zu einem Basislager, das sich aber auch bereits in luftiger Höhe befinden wird? Das werde wohl ein Schweiß treibendes Unternehmen, sagte Cant lachend und auch mißbilligend, weil er bekanntlich allem Transpiriren gegen über extrem abhold ist. Nichts ist ihm so zuwider wie Schweiß und Thränen. Sie zu vermeiden und vermeiden helfen, ist Zweck der Philosophie. Wie kann ein Mensch einem Drange auf die Berge nach geben, um von oben in das Thal hinunter zu blicken, in dem er sich schon befindet. Man kann die Thäler leichter haben, sagt Cant. Mit dem vom Bischof geplanten Unternehmen wollen Kärnthen und Österreich, sagte der Südländer an der Tafel, den Schweizern Paroli bieten, die ihren höchsten Berg, den noch höheren Montblanc bekanntlich bereits vor über zehn Jahren, im Jahre 1786 bestiegen hätten. Ein gewisser Jacques Balmat habe ihn bezwungen. Die Berge besteigen und Abenteuer bestehen, sey also und falle den Schweizern offenbar leichter, als meine Philosophie zu verstehen, sagte Cant. Cant fragte aber seinen bergexperten Besucher, ob er es nicht auch merkwürdig, »um nicht zu sagen *denkwürdig*«, empfinde, daß die Schweizer ihren weit höheren höchsten Berg, den Montblanc, der doch, wie er in einem von ihm benutzten geographischen Lehrbuche zur Präparirung (Vorbereithung) seiner Lehrveranstaltung gesehen habe, über 4800 Meter messe, von der Wurzel bis zum Gipfel, schon »bezwungen« hätten, während die Österreicher ihren so viel niedrigeren Großen Glockner erst »bezwingen« müssen, wie sie es offenbar schon lange planen. Cant sagte, dies sey nicht eigentlich nur *merkwürdig* und *denkwürdig*, sondern recht eigentlich *widersinnig*. »Davon ab«, daß er alle Gipfelstürmerei für abwegig halte.

Dieses »davon ab«, das er gerne als Verkürzung von »Davon abgesehen« verwendet, soll mir zwischen durch Anlaß seyn, über Cants Art zu sprechen, ein Wörtchen zu sagen, damit Ihr auch davon einen Eindruck habt, wenn es denn doch nicht zu Eurem Besuche hier kommen wird können. Es haben sich nämlich schon viele Besucher und Gespräches Partner von Cant über seine schlichte, völlig unpretentieuse (unehrgeizige) Art zu sprechen gewundert. Er conversirt in einfachen, schmucklosen Sätzen, allem Ornate in Tropen (Redewendungen) und Figuren abhold. Spricht er mit einfachen, ungebildeten Leuten, so begegnet er ihnen sprachlich auf ihrem Niveau. Dann spricht er sogar Wörter falsch oder mundartlich aus, weil ihm das Correcte in dieser Umgebung wie academische Angabe erschiene. Und er, der sich schon in der Schule als der versirteste Latinist bewährt hat und auch des Griechischen mächtig ist, spricht niemals latinisirend oder gräcisirend, wie es die Philister so gerne thun, um Eindruck zu machen. Er ist das Gegentheil von einem Philister. Und sobald die Rede eines Menschen sprachlich ins Kraut der Rhetorik schießt, stellt sich ihm der Verdacht der Sinnleere und Inhaltsarmuth ein, die überspielt werden sollen. Dazu citirt Cant sogar manchmal Göthe, was wahrlich etwas heißen will: »Wo die Begriffe fehlen, da stellt das Wort zur rechten Zeit sich ein!« Vielleicht ist dieser kleine Excurs (Ausflug) zu Cants Sprachgebrauche in der Umgebung jener Mittheilungen über das Bergthema nicht ganz unmotivirt: Cant hat auch hierin keinen Gipfelstürmerehrgeiz. Er ist sprachlich in der Ebene, in den soliden Niederungen des Gängigen zu Gange, ohne jemals flach zu seyn. Daß er Wortspiele nicht verschmäht und oft mit Sprüchwörtern hantirt, widerspricht nicht, sondern entspricht vielmehr seiner Volksnähe. Die sprachliche Exaltation und Exaltirtheit (von lateinisch altus, »hoch«) überläßt er anderen. Wie er schreibt, steht buchstäblich auf einem anderen Blatte, wie er geschrieben hat, muß ich wohl leider bald sagen.

Wenn aber nun die arme Schweiz, wie es jener Gesprächspartner Napoleons, laut Mittheilung Napoleons, ausdrücket, die Philosophie Cants nicht verstehe, so sey dies ein Beweis dafür, daß die Schweiz auch arm an Geist und Einsicht sey und sich dem Schlüssigen verweigere. Und immer wieder sagt er, Cant, daß er nicht eine Philosophie, sondern das Philosophiren lehre, er möchte Denken beybringen und kein Denkgebäude errichten. Und er critisire an solchen Denkgebäuden, wie sie andere errichten oder auch errichtet haben, die Mängel schon an deren Fundamenten, er monire Bausünden und weise auf Deficite (Fehler, Fehlendes) in deren Statik (Festigkeit) hin. Selbst das durchaus eindrucksvolle Denkgebäude der Scholastik und des Thomas von Aquin sey im Grunde, im Untergrunde wackelig und unstabile. So habe er, Cant, mit seinen »Aprioris« die Metaphysiker verunsichert und ihre Schlüsse als Trugschlüsse oder Fehlschlüsse erkannt und kenntlich gemacht. Er sagte, er sey im Sinne des Sokrates einer, der »hinterfragt«. Dieses Philosophenwort vom »Hinterfragen«, einer Methode also der Mäeutik (Hebammenkunst) und Hermeneutik (Erklärung), ist ja heute zu einem Modewort in den deutschen Ländern geworden und verkommen. Und sicher hat es auch Euch im Süden erreicht. Vermuthlich wird auch und selbst in Eurer Heimatstadt Clagenfurth alles »hinterfragt«. Es wird ja heute in den hintersten Winkeln alles »hinterfragt«. Selbst das Evidente (Sichtbare, Offensichtliche) und Vordergründigste möchte man *hinter* fragen! Alles werde in einer »Umweltsverträglichkeitsprüfung« und auf die so genannte »Nachhaltigkeit« hin unter- und hinterfragt.

Ganz besonders fraget man sich und hinterfraget man hier im Norden, warum Napoleon gerade in Kärnthen so leichtes Spiel hatte, auf so wenig Gegenwehr gestoßen ist und kaum Widerstand gefunden habe. Die Karanthanen haben keinen Andreas Hofer, sagt der Österreich-Specialist Reinhold unisono mit Ehrhard. Ja, man habe dort den Aufruf des Tiroler Freiheitshelden Andreas Hofer sträflich ignorirt, der geschrieben hat: Euch Kärnthnern drohet das nämliche traurige Schicksal, wenn Ihr Eure Streitkräfte nicht anwendet, diese sind viel größer als jene des großentheils unfruchthbaren Tirols: Auch Ihr habt hohe Gebirge, die Euch die Natur als Schutzwehr gegeben hat: bedienet Euch derselben! Ich citire aus dem Gedächtnisse, wie ich es von Ehrhard gehört habe, Ihr werdet es ja genau wissen, wie es in Eurer Stadtzeitung gestanden seyn mag. Man habe zwar unter einem Führer namens Johann Baptist Türk eine Landwehr recrutirt, aber nicht »angewendet«, wie sich Hofer in seinem Apelle ausdrükket. Die Kärnthner aber hätten mit den Franzosen weniger gekämpft als getanzt. Weniger gewrungen als gesungen! Sie hätten den Franzosen viele ihrer bekannten Kärnthner Lieder vorgesungen! Die »Schlacht bey Krumpendorf« sey eher ein Ball als eine Bataille gewesen, Scharmützel in der Vorstadt. Nicht die Landwehrer hätten gekämpft, vielmehr hätten die Mädchen die Franzmänner becircet. Reinhold gefiel sich darin, ein bekanntes österreichisches Sprüchwort in lateinischer Sprache zu paraphrasiren (umzudichten): »Bella gerant alii, tu felix Carinthia salta.« Ihr werdet wissen, was dies bedeuthet, nehmt es mir nicht übel, wenn ich es sicherheitshalber übersetze: Kriege mögen andere führen. Du, glückliches Karanthanien, tanze! *Saltare* heißt freilich auch »springen«, damit offenbart es auch einen Hintersinn: Die Kärnthner und vor allem die Kärnthnerinnen mußten springen, wie die französischen Besatzer gepfiffen haben. In Eurer Mundart höre sich das *gepfiffen* freilich wie *gepfiifen* an, sagt Reinhold zum Gelächter seiner Zuhörer. Sie mußten nach der gallischen Pfeife tanzen. Napoleon hat ihnen den Marsch geblasen. Honi soit, qui mal y – bey springen und pfeifen und blasen – pense! Krumpendorf sey heute, hört man, ähnlich wie Hornberg mit seinem »Hornberger Schießen« ein *verbum associativum* (Erinnerungswort) für eine nicht nur mißlungene, sondern eigentlich nicht Statt gefundene Schlacht. Was es mit Hornberg auf sich hat, werdet Ihr als Göthe-Verehrerin wohl wissen, daß es nämlich in dessen frühem, ganz im Geiste des Sturm und Drang verfaßten Drama über Gottfried von Berlichingen, den Ritter mit der eisernen Hand, wegen einer fallirten Abwehr lächerlich gemacht wird. Im Falle Krumpendorfs ist freilich bereits der Ortsname selbst eine Einladung zu Verlustirung, weil doch *krump* in unserer deutschen Hauptsprache *krumm* entspricht, welches als das Gegentheil von »gerade«, als »verbogen« notirt! Krumpendorf klingt in unseren Ohren ähnlich comisch wie in Euren vermuthlich unser *Schiefheim.*

Eine Schlacht bey Krumpendorf kann also nur schiefgehen. Es ist zum Lachen.

Königsberg im Januar des Jahres 1802

Liebes Fräulein Maria von Herbert! Leider kann ich erst jetzt nach längerer Pausirung mein Schreiben an Euch fortsetzen – und hoffentlich vollenden! Es haben sich einschneidende Veränderungen im Hause Cant ergeben oder zugetragen, die mir jede Schreibarbeit unmöglich gemacht haben, da ich vorübergehend Diener- und Leibburschendienste verrichten mußte, weil Cant seinen langjährigen Diener Martin Lampe entlassen hat. Nun hat der Diacon Ehregott Andreas Christoph Wasianski, Cants Generalbevollmächtigter, in Herrn Johann Kaufmann Ersatz für Martin Lampe gefunden und gedungen, und ich werde mich wohl wieder meiner eigentlichen Arbeit als Amanuensis widmen können. Und an Arbeith im Archive ist wahrlich kein Mangel. Hunderte Bücher und viele Papiere und Gedächtniszettel, welche mein Herr anfertigt, sind zu administriren (bedienen) und bibliothekarisch zu curiren (besorgen). Während der langen Zeit meines Schweigens und des Hintanstellens meines Schreibens an Euch war ich stets gewärtig, daß Ihr womöglich bereits von Clagenfurth aufgebrochen seyd und eines schönen Tages vor der Thür unseres Hauses stehen würdet. Aber es ist nicht geschehen. So habe ich schon manchmal gezweifelt, ob Ihr an Eurem Vorsatze, den großen Königsberger Selbstdenker zu besuchen, um ihn persönlich um Rath zu bitten, noch festhaltet oder nicht vielmehr davon abgekommen seyd. Inzwischen wird sich ja auch Eure Situation vielleicht verändert haben. Der Zwist mit Eurem Partner, Bräutigam oder Ehegatten oder Freund, mag sich ergeben haben, zum Guten oder zum Schlechten, zur Versöhnung hin oder zum Bruche. So mag auch Eure Curiosität auf ein höchstrichterliches moralisches Urtheil durch Deutschlands berühmtesten Philosophen geschwunden seyn. Die Voraussetzungen zu einem solchen Besuche und Gespräche haben sich von Seiten meines Herrn womöglich noch verschlechtert. Denn sein Befinden hat sich deuthlich und merkbar in Hinsicht seiner Physis (körperliche Natur) als auch seiner Psyche (Seelenzustand) verübelt und verschlimmert. Ein Hauptgrund für diese Verschlechterung oder auch eher eine Folge derselben Pejorisirung ist sein Diener Martin Lampe, nunmehr sein gewesener Diener, weil er ihn wegen grober Verfehlungen entlassen mußte. Lampe war nicht mehr tragbar. Ich mußte aus der Nähe mit ansehen, wie sich die Catastrophe um Lampe, der sich in den letzten beiden Jahren mehr und mehr dem Trunke von Alcoholica hingab, vorbereithete, bis es schließlich zum Eclat (Knall) und zum Scandalon (Ärgernis) kam. Dies dergestalt, daß sich der betrunkene Diener, statt seinem Herrn beym Ankleiden behülflich zu seyn, diesen auf ein kleines Wort des Tadels hin, – die Feder sträubt sich, es zu schreiben – stieß und schlug, und dies unter den übelsten Verwünschungen und Flüchen. Es hat den Anschein, daß sich in dem Domesticen (Hausdiener) Lampe in der Zeit seines Dienstes, im Laufe dieser fast 40 Jahre einiges an Rage (Wut und Zorn) auf seinen Herrn wegen dessen Eigenheiten und Schrullen angesammelt und aufgestaut hatte, was nun bey im Grunde geringfügigem Anlasse eruptiv und convulsivisch (anfallartig) aus ihm herausbrach und sich Bahn verschaffte. Das lange Zurückgehaltene und Unterdrückte hat sich, der Verstandescontrolle im Rausche beraubt, breit und Luft gemacht. Lampe hat sich so unendlich weit vergessen und verrannt, daß er dem alten, gebrechlichen Manne angedroht hat, er werde ihn durch das Fenster des Ankleidezimmers, das er nie öffnen durfte, weil Cant das Unglück mit den Wanzen, die sich dort vor einigen Jahren eingenistet hatten, auf die zum Garten hin geöffneten Fenster zurückführte, hinunterwerfen. Ich will über den Tumult, den ich im Nebenraume, dem Archive, in dem ich beschäftigt war, mit anhören mußte, weiter nichts sagen. Ich will nur mit einem Worte die Schwere und die Thiefe der Lampeschen Verfehlung, für welche auch nicht auf Unzurechnungsfähigkeit durch Beeinträchtigung durch Alcoholconsum plädirt werden kann, mit einem Schimpf- und Schandworte anzeigen, das der Diener seinem Herrn an den ehrwürdigen Kopf warf: Cretin! Er, der Ungebildete, über dessen Unfähigkeit zu lesen und zu schreiben, dessen Analphabetism sich Cant oft seufzend und resignirend geäußert hat und der die Besucher im Hause des Philosophen oft mit falsch und verballhornt ausgesprochenen Wörtern erheiterte, ohne daß dies in seiner Absicht gewesen wäre, über den als unfreiwilligen Comicer sich die Herren und Bekannten Cants also oft kichernd verlustirten, sprach oder schrie auch jenes häßliche Wort nicht wie es seiner französischen Herkunft entsprochen hätte, aus, sondern verstümmelt und entstellt: Kräteng!

Ihr, Maria von Herbert, als mit allem um Cant, Euren »Gott«, intim Vertraute, wißt sicher, daß es zu einer seiner

Eigenarten gehört, Gedächtniszettel zu schreiben, um sich an auszuführende Agenda (Handlungen, Thaten) zu erinnern und zu mahnen. Nach jenem häßlichen Auftritte nun fand ich auf Cants Arbeitstische einen Zettel, auf welchem geschrieben stand: »Herrn Criminalrat Jensch zu fragen, wie mein besoffener Bedienter (Lampe) abgeschafft werden soll« … Auf einem anderen Zettel stand: »Es ist nicht wahrscheinlich, daß ein anderer suchen werde, den Lampe mir abspenstig zu machen und für sich selber anwerben sollte. Denn er ist der Geschicklichkeit nach ein schlechter Bedienter, 1. Weil er nicht lesen und schreiben kann, 2. Weil er obzwar ohne, ja gar wider meine Bewilligung, beweibt ist.« *Besoffen* und *beweibt*, diese beiden Wörter hat Cant auf seinen Diener angewendet! Sie zeigen in aller Klarheit, wie verletzt und verzweifelt der Philosoph war, wenn er sich solch unschöner, ja drastischer Wörther bedient. Denn sie gehören, mindestens was das *besoffen* betrifft, sonst nicht zu seinem activen (gebrauchten) Wortschatze. *Betrunken*, ja, aber *besoffen* sicher nicht. *Saufen* thuen bekanntlich die Thiere. Ein solches Wort darf man von den Dichtern des Sturm und Drang erwarten. Mein Freund Lenz spricht und schreibt dergestalt, auch in der Rede des Ritters Götz von Berlichingen, wie ihn Göthe dargestellet hat, wird einen ein solches hässliches Wort kaum überraschen. Heute rufen sich die Pennäler im sinistren Scherze das so genannte Götz-Citat zu, das wiederzugeben sich die Feder sträubt. In den tausenden Seiten seiner Bücher ist Cant stets ohne ein Fäcalwort ausgekommen. Nicht einmal das lateinische, aus der heilichen Sprache des Lateinischen stammende Wörthchen *Excrementum* findet sich in seinen Texten. Und wenn einmal das Wort *Ausscheiden* vorkommt, dann in der Bedeutung von »aussondern«. Ich, sein Amanuensis und damit auch Nachlaßordner, muß vieles *ausscheiden*, das heißt aussondern, im Sinne von »Beyseitelegen« und »Ablegen«. Denn wegwerfen darf ich natürlich nichts. Ich muß und meine Aufgabe ist es, zu *sorgen* und zu *besorgen*, nicht zu *entsorgen*, das heißt zu cancelliren, also wegzuwerfen. Ich habe es schließlich mit den wertvollsten Cimelien (Schätze, Kostbarkeiten) und Pretiosen (literarischen Schmuckstükken) zu thun. Die Mitwelt und erst gar die Nachwelt, der ich zuzuarbeiten habe, ist erpicht auf jedes Sätzchen und auf jedes Wörtchen meines Herrn! Ich gehe nicht so weit, wie es von einer Vorlesung Reinholds in Jena berichtet und mitgetheilt wird, daß der Professor nämlich einmal in höchstem Enthusiasm von Cant geschwärmt und sich zu dem biblischen Dictum (Spruch) verstiegen hat: Himmel und Erde werden vergehen, aber seine (Cants) Worte werden nicht vergehen! Geschmacklosigkeit eines entsprungenen Wiener Barnabiten! Cants Schriften sind ihm heilich. Ich für meine Person unterscheide zwar zwischen der inspirirten Heilichen Schrift und dem geistreichsten Werke der Weltweisheit. Mein Respect vor Cants Papiren ist gleichwohl unendlich groß.Welche Nachfrage herrscht etwa nach den erwähnten Gedächtniszetteln! Reich könnte ich werden, wenn ich pflichtvergessen alle jene, die mit ähnlichen Ansinnen an mich herantreten, mit solch papirenen Devotionalien (Andachtsgegenständen) versorgen würde. Wer auf welchem Wege immer in den Besitz eines solchen Papires gekommen ist, läßt es sich einrahmen und placirt es in seinem Hause am prominentesten (herausgehobensten) Platze. Von den Lockenliebhabern habe ich

Euch eingangs berichtet, es wäre natürlich auch über die Autographenliebhaber vieles zu sagen. Sie sind oft noch dreister und berechnender als jene. Und es ist ein *Indicium* (Anzeichen) für den üblen Character so vieler Archivare, Diener, Secretäre und Amanuenses, daß derartige »Souvenirs«, wie es heute heißt, in Antiquariaten angeboten werden. Ein besonderes Problem sind jene entsprungenen Mönche oder auch Novizen, die ihr Kloster verlassen, aber nicht arm und mittellos, wie sie gekommen sind, sondern mit Kostbarkeiten aus der Klosterbibliothek und dem Archive, die sie rechtzeitig beyseitezuschaffen wußten. Ob dies auch Reinhold betrifft? Eine große Sammlung Cantischer Zettel mit Merksätzen und Erinnerungsanmerkungen besitzt natürlich Ehregott Andreas Christoph Wasianski, Diacon an der Thragheimer Kirche in Königsberg, mein Vorgänger im Amte eines Amanuensis, und er besitzet sie als intimst mit dem großen Denker Vertrauter, Seelenbeystand und Freund, wahrlich zu Rechte, weil sie ihm Cant nach einem Ausweißen seiner Studierstube geschenkt und zugestanden hat. Cant wollte sie ansonsten wegwerfen. Freilich werden viele jener Sätze und Botschaften die gebildete Welt, wird sie Wasianski bekannt machen, wohl erstaunen und verwirren. Auf meine nachfragende Bitte nannte mir Wasianski etwa diese auf den Zetteln stehenden Sätze: »Stickstoffsäure ist eine bessere Benennung als Salpetersäure!« Oder: »Das Wort Fußstapfen ist falsch; es muß heißen Fußtappen.« Oder, weil Ihr ein junger weiblicher Mensch seyd, greife ich noch diesen heraus: »Ähnlichkeit des Frauenzimmers mit einem Rosenknöspchen, einer aufgeblühten Rose und einer Hagenbutte.« Ein Noticzettel, der verloren gegangen scheint, den ich immer noch suche, hatte den Eintrag: »Sie nennen den Mann Liebe-voll, ich nenne ihn Liebe-toll.« Ich gestehe, daß ich Martin Lampe im Verdachte habe, daß er einige Zettel bey seinem Abgange »mitgehen« hat lassen. Vielleicht auch den obigen Göthe-bezüglichen? Wasianski hat mir übrigens auch mitgetheilt, daß er seinem Freunde statt dieser Zettelchen ein kleines Büchelchen von einem Bogen Postpapier in Sedez gebunden geschenkt habe, in die Cant fortan seine Eintragungen machte. Glücklich der Mensch, der diesen Libell einmal besitzen wird! Er wird wohl auch Wasianski zufallen. Er verdient es, der gute Gottesmann! Wer auch sollte Cant dereinst eimal die Exequien halten, wer soll ihn abdanken und aussegnen, wenn nicht er!

Ein wahrlich treuer Diener hält alles zusammen und er hält dicht. Die Versuchungen, sich schadlos zu halten oder sich zu bereichern, sind natürlich bey jenen Dienern am größten, die, wie Cant an Lampe monirt, »beweibt« sind und die ein habgieriges Weib anstachelt, sich am Gute der Herrschaft gütlich zu thun. Nach den anthropologischen Vorstellungen Cants von einem Diener ist Unbeweibtheit geradezu ein Berufserfordernis. Und der Inhalt des vorhin angeführten Gedächtniszettels straft jene andere, weiter vorne referirte Äußerung Cants zu Lampes Wiederverehelichung natürlich Lügen! Der Philosoph hat seinem Diener die Verehelichung wohl erlaubt, aber selbstredend sehr übel genommen. Und da Lampe nach dem Tode seiner ersten Frau noch einmal geheurathet hat, war er seinem Herrn geradezu ein Wiederholungsthäter. Hier ist Cant ganz ein Kind unserer Zeit, die die Verehelichung von Knechten und Mägden, Dienstboten und Dienern, dem so genannten Personale, für ein Unding hält und den Cölibat für das einzig Angemessene und Angebrachte. Es wird in Eurem agrarischen Kärnthen nicht anders oder vermuthlich noch strenger seyn? Heurathen entspricht sicher nicht dem Stande eines Domesticen. Diesem Berufsbilde liegt das schon biblische Dictum (Sager) zu Grunde, dem nach kein Mensch Diener zweyer Herren seyn kann, weil er den einen lieben und den anderen hassen wird. Niemand kann zwey Herren dienen, seinem Herrn und Brotgeber nämlich und zugleich einem anderen »Herren«, nämlich seinem Weibe. Und ich weiß aus concreter Erfahrung in unserem Hause, daß Cant die sich häufenden Nachlässigkeiten und Versäumnisse Lampes im Dienste dessen Frau und Gattin angelastet hat. Lampe ist ein Trinker und verheurathet, Cant sieht wohl das Eine als die Consequenz des Anderen. Die Lampin soll freilich aus Verzweiflung über die Trunksucht des Mannes nun auch zur Flasche greifen. Cant hält jedenfalls die Lampin für Lampes Unglück, nicht umgekehrt. Und ist Lampe des Öfteren um eine Erhöhung seines Salärs nach gekommen, so hat Cant dies unbillige Verlangen nach Erhöhung des Gehaltes immer seiner unzufriedenen und raffsüchtigen Gattin angelastet und zugeschrieben. Die Lampin kommt mich theuer, habe ich Cant einmal sagen gehört. Das Abdringen und Abringen wöchentlicher, nicht unbedeuthender Geldzulagen und Subventionen (Unterstützungen) durch Lampe, hinter denen er die anstachelnde Lampin vermuthete, wurde ihm nach und nach recht lästig, weil er damit ja auch Lampes Laster, die Trinkerey, financirte. Und Lampe hat hier einiges mehr »erlöst« als vergleichbare Diener in anderen Königsberger Bürger- oder Adelshäusern. Lampe hat »gräflich« cassirt, obwohl er in einem Bürgerhaus servirte. Cant soll ihn sogar in seinem Testamente, das er bey einem der hiesigen Notare hinterlegt hat, berücksichtigt und bedacht haben. Mag freilich seyn, daß er diesen Passus seines Vermächtnisses nach den letzten scandaleusen Vorkommnissen und der Entlassung Lampes revidirt (neu durchgesehen) und corrigirt hat.

Euch, werthes Fräulein von Herbert, räth er in jenem vorhin nachschriftlich wiedergegebenen Briefentwurfe als einer von Adel natürlich nicht von der Ehe ab, wenn er auch, weil kein Schmeichler, wie er schreibt, eher die Partey des Mannes ergreift. Er sieht alles ganz aus der Warte des Mannes und er hat mir einmal explicirt, daß er sich darin schon von der Sprache bestätigt und beglaubigt fühlt, die zwar den Ausdruck *beweiben* und *beweibt* kennt, nicht aber *bemannen* und *bemannt*, jedenfalls nicht in der complementären (entsprechenden) Bedeutung: man könne von Lampe sagen und es entspreche den Thatsachen, daß er *beweibt* ist, nicht aber von seinem Weibe, daß es *bemannt* sey, weil sie oder es einen Gatten und Herrn hat. Und es entspreche der Natur, daß Weiber von ihren Männern oder Gatten »begattet« werden. Die Coologie (Thierkunde) nennt die Männchen »befruchtend«.

Wenn mein Herr schreibet, sein Diener Lampe habe sich »wider meine Bewilligung beweibet«, so ist dies insoferne der Correctur bedürfthig, als ihn Lampe vor seiner zweyten Eheschließung, wie weiter vorne ausgeführt, wohl in Kenntnis gesetzet, daß aber in jenem Gespräche zwischen Herr und Diener mehr die kirchliche catholische Obrigkeit in Person des Bischofs, der die neuerliche Verbindung Lampes nicht aus ernsthaften Ehehindernissen, welche die lateinische Kirche »impedimenta« nennet, sondern wegen des Zeitpunctes in einer »geschlossenen Zeit« nicht erlauben wollte, das Thema gewesen ist. Um eine »Bewilligung« durch den Arbeitgeber Cant, ja auch um eine »Billigung« ist es dabey eigentlich nicht gegangen. Cant hat sich als liberaler Protestant wie gesagt, über die strengen Vorschriften der alten Kirche gewundert und wohl auch lustig gemacht. Der Codex iuris canonici (Rechtsbuch der cath. Kirche) übertreffe ja noch das Buch Leviticus im Alten Testamente! Und wenn Lampe sich durch solche obrigkeitliche Scrupel plagen lasse, sey er selbst schuld. Dann mache er seinem Namen freilich Ehre. Lampe, Ihr seyd ein Schaf!, sagte Cant laut einem verläßlichen Zeugen. Damals leitete er den Personennamen seines Dieners also von *Lamm* her, das in unserer Mundart und vermuthlich auch in Eurer ein p in der Endung hat. Ganz sicher aber heißt auch bey Euch das kleine Schaf *Lampel*? Ein ander Mal sagte Cant freilich ganz im Sinne der oben mitgetheilten Schelte, daß sein Diener weder lesen noch schreiben kann, Lampe sey kein helles Licht. Lampe leuchtet nicht. Er sey nicht ganz »helle«. Alles andere als *blitzgescheit*.

Auf dem Hintergrunde dieser Einschätzungen seines Dieners und der wachsenden Entfremdung nach über dreißigjährigem Dienste, welchen man auch einen »Dreißigjährigen Krieg« nennen könnte, überrascht nun auch jenes unglaubliche Wort auf einem der Gedächtniszettel in seinem Noticbuche nicht mehr, das ich selbst gesehen und gelesen und in Verwahrung genommen habe: »Der Name Lampe muß nun völlig vergessen werden« Es erscheint vielleicht unfaßbar, daß sich der große Philosoph einen solchen Verstoß gegen die Logic erlaubt, daß er nämlich glaubt, sich an das erinnern zu müssen, was er vergessen muß! Ich erkläre diese Widersinnigkeit freilich durch die Thiefe und die Bedrohlichkeit des Trennungsschmerzes, den mein Herr empfindet und erleidet. Denn im Grunde hatte er sich auch an die Laster und Untugenden seines Dieners in den Jahrzehnten so sehr gewöhnt, daß sie ihm nun, da er in Herrn Kaufmann durch Vermittlung Wasianskis zwar einen correcten, ja hypercorrecten Diener gefunden hat, trotzdem abgehen und fehlen. Es mag dies ähnlich seyn wie in mancher Ehe, wo sich die Partner so sehr an einander gewöhnt haben, daß auch die Laster des einen, etwa die Trunksucht des Mannes, zur Institution werden und die eheliche Gemeinschaft eher stabilisiren (befestigen) als destabilisiren (erschüttern). Kaufmann scheint Cant zu langweilen. Kaufmann hat eine Krämerseele. Mit Lampe war es nie langweilig. Sagte er auch manchmal im Reime: Lampe die Schlampe! Wie oft habe ich in der relativ kurzen Zeit, in der ich nun im Haus in der Prinzessin-Straße meinen academischen Dienst thue, Herrn Cant die curiosen Aussprüche seines Dieners Lampe citiren gehört. Ich sprach diesen Punct ja bereits an. Einmal sagte Cant, Lampe habe ihm eine Einladung einer hohen Persönlichkeit zu einem »Kommerz« (Geschäft?) überbracht. Gemeint war freilich ein »Commers« (Festversammlung). Ein anderes Mal meldete Lampe: Die Gräfin X bittet, Ihnen ihre *Aufwerthung* machen zu dürfen. Ein ander Mal sprach er von der »Aufmachung«. Gemeint war freilich in beiden Fällen *Aufwarthung*! Namentlich mit den Fremdwörtern hatte Lampe seine liebe Noth und manche Meldung, die er seinem Herrn erstattete und überbrachte, wäre gut und gerne als Büttenrede im rheinischen Carnevale durchgegangen. Hätte er eine Excellenz zu melden gehabt, so meldete er eine Ekzölenz. Eine *Durchlaucht* war ihm eine *Durchleucht*, ein *Legationsrat* ein *Laktationsrat*, ein *Baron* ein *Brometer*, eine *Baroneß* eine *Baromiß*, um nur einige Beyspiele aus dem Wortfelde der Titulature zu nennen. Aber es betraf diese Wortschwäche auch andere Bereiche seiner intimen Handhabung, von der Tischwäsche und dem Geschirre bis hin zu den Speisen und Getränken. Der Kabeljau, der als Lieblingsspeise des Herrn und als ein Leibgericht der Köchin Nitsch im Hause in der Prinzessin-Straße mindestens jeden Freitag eine Hauptrolle spielte, wurde von Lampe regelmäßig um das »Jot« gebracht und zum *Kabbelau*. Es spricht für den Humor unseres Herrn Cant, von dem so viele Critiker nichts wissen wollen, daß er sich der Sprachschwäche seines Dieners insoferne angenommen hat und ihr entgegengekommen ist, als er allgemach selbst im Gespräche mit dem Diener dessen Vocabulare verwendete. Er hat ihn wohl anfangs manchmal corrigirt, später aber, als er der Aussichtslosigkeit seiner Verbesserungen gewahr und inne wurde, weil sich Lampe als unbelehrbar erwies, hat er von denselben Abstand genommen und lieber seine Zuflucht in Accomodation (Annäherung) und Assimilation (Anpassung) gesucht. So sagte er eben: Bring er mir bitte den Kabbelau! Ja nicht nur im dialogischen Gespräche mit dem Diener, sondern auch in der Rede mit der Köchin oder mit mir, dem unwürdigen Amanuensis, oder mit Besuchern verwendete er manches privatsprachliche Wort aus dessen Wortgebrauche des Lampe. Damit brachte er uns oft zum Lachen. Es könnte so durchaus auch seyn, daß Lampe sich durch seines Herrn Sprechen mit ihm verspottet fühlte und daß dies schließlich mit zu jenem Eclate geführt hat. Denn gemerkt hat der Diener die Merkwürdigkeit jener Sonderformen bey seinem Herrn wohl und wenn er dies auch nach außen hin nicht zu registriren schien, hat es zuletzt doch auch die zerstörerische Kraft in der schlußendlichen Eruption (Entladung) gespeiset. Lampe wird Cant die privatsprachlichen Sonderformen seiner eigenen Sprechweise übel genommen haben. Es gibt ein lateinisches Sprüchwort, welches lautet: »Quod licet Iovi non licet bovi«. Hier galt vielleicht umgekehrt: »Quod licet bovi non licet Iovi«: Jupiter darf nicht, was der Ochse darf. Cant darf nicht, was Lampe darf!

Aber Lampe ist ja nun Geschichte. Und wenn Ihr von Clagenfurth her die angekündigte Reise nach Königsberg antretet und hier anlanget und im Hause in der Prinzessin-Straße eintreffet und anläutet, werdet Ihr einen äußerst höflichen, ja schon höfischen Domesticen antreffen, den schon erwähnten Herrn Kaufmann, den der Diacon Wasianski, Cants Seelenbeystand und Curator und in gewisser Weise Vormund des Philosophen, für diesen »aufgethrieben« hat, wie die drastisch formulirenden Stürmer und Dränger und mein Freund Lenz sich auszudrücken belieben. Kaufmann trägt im Gegensatze zu Lampe Livree, was sich in unserer civilen Umgebung natürlich ein wenig comisch und deplacirt (verrückt) ausnimmt, schließlich sind wir kein Königshof und keine Residenc und keine Caserne. Ich habe schon gesagt, er sey eben nicht nur höflich, sondern buchstäblich höfisch.

Mich erinnert Kaufmann ein wenig, nein, sehr intensiv an einen so genannten Kirchenschweizer, wie sie in den catholischen Kirchen meiner Heimat im Saarlande ihres

Ehrenamtes walten. Das sind, um es zu erklären, weil es bey Euch im Süden solches wohl nicht gibt, ältere, würdige Herren, die in den Kirchen nach dem Rechten und nach der Disciplin (Ordnung) sehen. Sie tragen Livree, ja eigentlich schweren rothen Ornate und oft auch einen Stab wie einen bischöflichen Hirtenstab. Sie gleichen ein wenig dem Bilde des Nicolaus und sind auch vor allem für die Kinder zuständig, denen das ruhige Sitzen und sittsame Verhalten während eines langen Hochamtes naturgemäß schwer fällt. Betragen will nicht behagen … Sie, die Kirchenschweizer, schließen und öffnen die großen Thore und geleithen die Menschen zu ihren Plätzen, achten also auch auf die Sitzordnung, weisen an und weisen ein und weisen auch hin und wieder einen weg, wenn er sich auf einem Platze nieder gelassen hat, der ihm laut und entsprechend dem Namensschilde an der Bank nicht zu stehet. Sie achthen darauf, daß die Frauen, die im linken Flügel der Kirche, der so genannten Weiberseite Platz nehmen, behüthet oder betucht sind, also Kopfbedeckung und Hauben tragen, und daß die Männer auf der rechten Seite ihre Häupter entblößen und die Cylinder und Velours und Kappen abnehmen. Ja, in manchen Kirchen geht die Competenc (Zuständigkeit) der Kirchenschweizer so weit, daß sie auch Commandos zum Knien oder Erheben und Stehen entsprechend dem Fortgange der Liturgie (Culthandlung) ausgeben, verbaliter oder bloß gestisch (per Fingerzeig) oder auch beides ensemble (zusammen). Sie sagen also »Flectamus genua« (Kniebeugen!) oder auch »Levate« (Erhebet Euch)!

Einen solchen Kirchenschweizer also werdet Ihr an unserer Pforte vorfinden. Ich selbst habe im Hause ja leider nicht die Schlüsselgewalt. Aber wenn Ihr dann denn kommt, fraget bitte den Herrn Kaufmann gleich nach mir, damit ich Euch und Herrn Ehrhard, den Ihr als Führer und Reisebegleiter ankündiget, betreuen und begleiten kann. Betrachtet mich aber nicht als Anstandsherren oder Gouvernanten, nehmet mich vielmehr als Assistenten (Helfer) und Mediatoren (Mittler) und Contactperson (Verbindungsmann), der nach beiden Seiten hin behülflich, die Begegnung zwischen Euch und dem alten Herrn moderirt (erträglich macht) und secundirt (behülflich ist).

Ich mache Euch natürlich keine Kleidervorschriften, Ihr werdet durch Eure Erziehung wissen, wie man vor einem senioren, hoch verdienten, greisen Gelehrten zu erscheinen habe, bitte Euch aber, ganz grundsätzlich alle Hoffnung fahren zu lassen, man oder frau könne ihm durch weibliche Caprice oder Coquetterie irgend einen Eindruck machen. Gegen solche Versuchungen und Verführungen hat er sich schon als junger Mensch immunisirt und unverwundbar gemacht. Er ist und war und bleibt natürlich der Cölibatär schlechthin und a priori. Gegen ihn als Cölibatär sind die geistlichen Priester unserer catholischen Religion, denen der Cölibat nicht bloß empfohlen, sondern aufgetragen ist, wahrhaft Laien, blutige Laien, wie sich die Stürmer und Dränger auszudrücken belieben. Für ihn als Protestanten und freien Geist ist Ehelosigkeit nicht ein Signum (Merkmal) von Geistlichkeit, sondern von Geistigkeit, das practische Ergebnis seiner theoretischen anthropologischen Anstrengungen. Ich habe davon ja früher schon in anderem Zusammenhange und mit anderen Worten gehandelt, wie ich überhaupt bitte, allfällige Iterationen (Wiederholungen) und zu weit gehende

Amplification (Verbreiterung) in meinem Schreiben zu entschuldigen und mir nicht als stilistische Vitia (Fehler) anzukreiden, sondern meinem Hange, deuthlich zu seyn, gutzuschreiben. Dem dienen auch die Explicationen in den Klammern, die, wie schon gesagt, dem Vorbilde meines Lehrers in seinen Schriften verpflichtet sind. Auf dem Gymnasium in Neunkirchen im Saarlande haben wir im Lateinunterrichte, dem Hauptgegenstand unserer Schulung und Erziehung auch viele Tropen und Figuren und Sentenzen auswendig gelernt, und diese ist mir besonders frisch in Erinnerung: »Repetitio est mater studiorum« (Die Wiederholung ist die Grundlage, eigentlich Mutter, aller Studien). Daran halte ich mich.

Ich will mich also gerne als Amanuensis und das heißt auch als Assistent (Beystand) bey Eurem Besuche nützlich machen. Nützlichkeit ist mir, dem geborenen Adjutanten, wenn ich mich so bezeichnen darf, die Triebfeder allen Thuns und Handelns. Oder darf ich mich gar als Schutzengel bezeichnen? Heißt es von Lucifer, dem gefallenen Engel, daß er seinem göttlichen Herrn ein »Non serviam« (Ich will nicht dienen) entgegen geschleudert habe, so könnte von mir als Motto und Leitspruch gelten: Serviam. Ich will dienen und nützlich seyn. Und ich will zur Hand seyn, wie es die Etymologie der Bezeichnung *Amanuensis* anzeigt. Ich bin meinem Herrn »zur Hand«. Jakob Michael Reinhold Lenz, den ich zum Freunde habe, macht sich in einem Passus einer Erzählung mit der Überschrift »Der Landprediger« über die Amanuenses lustig, indem er schreibt, daß es sich bey ihnen gewöhnlicher Weise um Bauernsöhne handelt, »die den Professoren anfänglich die Füße bedienen, nach und nach aber durch den Einfluß der

Atmosphäre, in der sie sich mit ihren Herren herumdrehen, einen solchen Antheil ihres Geistes erhalten, daß diese sie zu ihrer Hand abrichten können, die Gelder für die Collegien einzusammeln, und, wenn eines von den bekannten Gesichtern in den Hörsälen, wo sie gemeinhin nur die Stühle einreichen, wenn Fremde kommen, zu fehlen anfängt, ihm so lange auf die Spur zu gehen, bis sie den Räuber entdeckt haben, der ihn ihrer Schule abspenstig gemacht hat. Alsdann wird alles angewandt, um ihn wieder auf den rechten Weg zu bringen, Briefe an die Seinigen, bisweilen auch anonyme Briefe von verborgener Freundeshand, Erinnerungen am Schwarzen Brette und in den Programmen, und, wenn nichts verschlägt, bey der nächsten erhaschten Veranlassung, eine Citation durch den unermüdeten Pedellen.« Dies ist nun wirklich eine sehr maligne (böse), malicieuse (boshafte), wenn auch sehr geistreiche, aber gar nicht schmeichelhafte Definition (Eingrenzung) meiner und auch Freund Lenzens gewesener Profession (Berufung). Es wird Euch aufgefallen seyn, daß diese Beschreibung insofern Hand und Fuß hat, als sie mit dem *Amanuensis* beginnt und mit dem *Pedell* endet. Im *Amanuensis* steckt das Wort Hand, lateinisch *manus* und im *Pedell* steckt das Wort *pes* für den Fuß, wenn es sich bey dieser Herleitung von *pes* für »Fuß« auch um eine so genannte Volksetymologie handelt, weil es auch ursprünglich »Bittsteller« geheißen haben könnte und *Pedell* mit unserem heute noch gebräuchlichen *Petition* zusammenhängen könnte. Wie ähnlich sind sich doch *Pedell* und *Pedal*. Die Volksetymologie hält sie für Zwillinge. Und auch Lenz denkt sicherlich an den *Pedellen* als den Mann des so genannten »Fußvolkes«. Zum Fußvolke der Academien und Universitäten rechnet er aber auch den *Amanuensis*, wenn er von ihm sagt, daß er ursprünglich und anfänglich dem Professor nur die »Füße bedient«. Der Amanuensis ist für die Fußpflege zuständig, die Pedicüre! *Pedis cura*! Handlanger für Fußpflege! Und da die Amanuenses meistens Bauernsöhne sind, ist die Association zur Fußpflege am Bauernhofe, zum so genannten Schneithen, also zur Klauenpflege beym Rindviech näher als nahe liegend. Den Bauernsöhnen graust vor nichts, sie sind das Animalische gewöhnt. Sie finden nichts dabey, wenn sie der Herrschaft auch den Nachttopf und die Leibschüssel ausleeren gehen, und auch Krähenfüße und Hammerzehen und Überbeine und Hühneraugen machen ihnen nichts aus und erschrecken sie nicht. So genannte Holznägel oder eingewachsene Zehennägel und Hornfersen sind für sie kein Problem. Verständlich, daß solche Menschen vom Lande in der Stadt gefragt und als Personale und in der Pflege reicher Kranker beliebt sind, es wird im urbanen Clagenfurth nicht anders seyn als in Königsberg, mit dem Unterschiede, daß Ihr bedauerlicher Weise in Clagenfurth keine Universität besitzet. Es ist freilich hier mit Staunen und Schmunzeln und Heiterkeit aufgenommen worden, daß sich bey Euch die Gymnasiallehrer gerne *Professoren* nennen lassen, ja daß der Titel *Professor* von der Staatsmacht auch universitätsfremden, ja gymnasiumsfernen Personen Ehren halber verliehen wird. Bitter sagt Reinhold, daß in Österreich auch Analphabeten Professoren werden können. Dort werden also, sagte mein Herr einmal nach einer ähnlichen Mittheilung eines Mannes aus dem Süden, bald auch die Pedellen Honorarprofessoren werden. »Et in academia ego«, werde es dann heißen, entsprechend dem Spruche »Et in Arcadia ego« (Auch ich war in Arcadien!). Lenz also sagt, daß sich die Amanuenses wichtig und unentbehrlich machen und schließlich Agenden (Thätigkeiten) arrogiren (beanspruchen), für die sie ursprünglich nicht angestellt und eingestellt waren. Warum aber schicken sie säumige Studenten, Bummelanten und Kollegschwänzer, nachdem sie sie am Schwarzen Brette bereits denuncirt und angegeben haben, schließlich zum Pedellen? Der Pedell ist der Mann fürs Grobe, für die Maulschellen und für die Fußtritte. Und er hat die Schlüssel zum Carcer. Eine weit reichende und der Verantwortung volle Schlüsselgewalt! Und wie viele Pedellen haben der Pflicht vergessen und die oft wegen geringfügiger Vergehen eingekerkerten Studenten lange und länger in den Verliesen schmoren lassen, als es der Strafverfügung durch den Senat oder die Facultät entsprach, von horrenden Scandalen, wie neulich in Greifswald ganz zu schweigen, wo ein Pedell auf einen Eingesperrten überhaupt vergessen hat, so daß der Ärmste in seinem Loche verdurstet ist. Der Pedell ist an unseren Universitäten auch der Corrector, der Executor (Ausübende) der Prügelstrafe. Nicht umsonst heißt es in Erziehungsschriften: »Alapa est ultima ratio educationis.« (Die Ohr-Feige ist der Höhepunct und das Allheilmittel der Erziehung.) Der Amanuensis aber macht sich die Hände damit nicht schmutzig. Er ist dem niederen Dienste längst entwachsen und ein Mann des Geistes geworden, wie sein Herr, der Herr Professor. Und als solcher schreibt er Briefe und sagt das, was sein Herr sagen würde mit anderen Worten. »Etwas mit anderen Worten sagen«, so würde ich thatsächlich meine Aufgabe und Sendung beschreiben und umschreiben. Der

Amanuensis ist der Herr der »Umschrift«. Und unter ihre Briefe schreiben und unterschreiben sie gern mit ihrem Namen und einem stolzen m. p., was, wie schon erwähnt, als Abbreviation (Abkürzung) so viel wie *manu propria* heißt und mit »mit eigener Hand« oder »eigenhändig« in unsere deutsche Hauptsprache zu übersetzen wäre. Gerne schreiben die Amanuenses aber auch I. A., was »im Auftrage« heißt und nicht der Ruf des Esels ist, wie Spötter und Stürmer und Dränger sagen. In unserer deutschen Hauptsprache wäre der Amanuensis demnach sinngemäß, nein buchstabengetreu als »Handlanger« zu übersetzen. Sie sind Handlanger am geistigen Gebäude der Universitäten. Sind sie also stricte genommen nur Hülfsarbeiter und Helfer, so sind sie, wie es auch Lenz andeuthet, immer in Gefahr, sich zu wichtig zu nehmen, statt sich zu Rücke zu nehmen. Manche gebärden sich und führen sich auf, als wären sie bey den Bauleuten, bey denen die Handlanger primär resortiren und notiren, nicht die Handlanger sondern die Polire (Baumeister, Baustellenleiter). *Polir* aber, müßt Ihr wissen, kommt von *parliren*, der *Palir* oder *Polir* ist also der Mann, der das Sagen hat! Sie, diese Überheblichen, sich Überhebenden hat wahrscheinlich sicher auch Johann Wolfgang von Göthe im Auge, wenn er von untergeordneten Gelehrten und Künstlern und Bühnenarbeitern sagt, daß mancher von ihnen, »statt Handlanger zu seyn, doch noch immer mitmeistern möchte«. Ich darf von mir in aller Bescheidenheit behaupten, daß ich mich immer nur, schon in der Universität – und auch jetzt in der Prinzessin-Straße – nur als »Zureicher« gefühlt habe. *Zureicher* werden in meiner Heimat die Hülfsarbeiter am Bau genannt. Man mag gegen Göthe sagen, was man will, und mein Herr ist keiner seiner vielen Bewunderer, aber er hat ein Gespür für die wahren schöpferischen Leistungen. Darum hat er sich wiederholt gegen die Überheblichkeit der reproducirenden Kunst und Künstler gegenüber den creativen schöpferischen Kunstschaffenden gewandt. Wenn stimmt, was Reinhold hier in Königsberg über seine Vaterstadt Wien erzählt, dann ist es gerade dort zu einer vollständigen Perversion der natürlichen Rangordnung gekommen und das höchste Ansehen genießen dort zu Lande nicht die Dichter, sondern die Comödianten! Wie steht es bey Euch in Clagenfurth diesbezüglich? Gelten bey Euch die Calcanten (Orgelmelker) mehr als die Organisten (Orgelspieler), die Windmacher und Luft- und Ohrenbläser mehr als die Componisten?

Es gibt kleinere und unbedeuthendere Universitäten in den deutschen Ländern, an denen die Pedellen selbst aus Mangel an Amanuenses auch jene Briefe an die Bummelanten, von denen Lenz spricht, schreiben. Davon handelt einer der von Cant hoch geschätzten Dichter, der Schlesier Daniel Stoppe, der in Hirschberg Conrektor und Schullehrer und ein bedeuthender, von meinem Herrn für bedeuthend gehaltener »Gelegenheitsdichter« war. Cant vertheidigt ihn immer gegen das abschätzige »Gelegenheitsdichter«. Ist nicht auch Göthe in dieser Weise ein »Gelegenheitsdichter«? Gelegenheit macht Diebe und »Gelegenheit macht Dichter«, habe ich ihn einmal scherzen gehört. Stoppe nun hatte in Leipzig studirt, bevor er die Lehrerstelle in seiner Heimatstadt Hirschberg antrat, und dort das academische Leben kennen gelernt. Nicht nur einmal aber habe ich Cant wie das Gedicht über den Cölibatär von Richey auch jenes über den Pedellen von

Stoppe citiren und recitiren gehört: »Was ist der Herr Pedell? Ein Mann der böse schreibt/Wenn man nicht jederzeit auf gutem Wege bleibt.« Stoppe, dieser brave und grundbiedere, aus armen Verhältnissen kommende Student wird sicher selbst keine solchen blauen Mahnschreiben und Erinnerungsbriefe erhalten haben. Er war ja ein unendlich anstelliger und autoritätsgehorsamer, ja fast schon höriger Mensch. So hat er, wie erinnerlich, seine frühen Dichtungen, die von Mundartwörtern und auch Kraftausdrücken im Sinne der Stürmer und Dränger durchsetzt waren, im Gehorsam zu den neuen Poeticregeln des Gottsched und der »Deutschen Gesellschaft«, deren Mitglied er wurde, und die die Mundarten und das so genannte »Grobmundartliche« verachtete, gesäubert und gereinigt, entschärft und geglättet, sehr zum Nachtheile der Qualität (des Wertes) seiner Dichtung, wie Freund Lenz urtheilt, der Gottsched im Gespräch mit mir wiederholt einen »Castrator« genannt hat und nennt. Gottsched, der »Langweiler«, so Lenz, habe Stoppe entmannt und um seine poetische Kraft gebracht. Cant aber hat von Stoppe und auch von Gottsched eine andere, eine höhere, nein, eine hohe Meinung. Cant und sein Schüler Lenz differiren hier. Lenz beschuldigt Stoppe und entschuldigt ihn gleichzeitig mit dem Hinweis auf die Schule und ihre Zwänge und Nothwendigkeiten. Das andere Motiv für die schlußendliche Harmlosigkeit Stoppes sey nämlich gerade die Schule. Die Schule habe Stoppe »ausgebremst« und »eingebremst«, sagt Freund Lenz in seiner pointirten Ausdrucksweise. Er habe alles für den Schul- und Unterrichtsgebrauch eingerichtet, »ad usum Delphini«, wie man früher, in Zeiten der Prinzenerziehung, gerne sagte.

Ich glaube aber und halte dafür, daß Stoppe, um bey meinem Thema zu bleiben, in Leipzig durchaus auch tüchtige Amanuenses und Assistenten kennengelernt haben muß und nicht nur einen böse Briefe schreibenden Pedell.

Der Assistent des Professors wird laut Lenz also vom Practicer, vom Fußpfleger zum Theoreticer. Er kommt gewisser Maaßen von den Fersen zu den Versen. Mich erheitert Freund Lenzens Invective. Zwar trifft einiges, was er von den Amanuenses der Professoren sagt, auf mich zu, weil ich etwa aus dem Bauernstande komme und für meinen Herrn Briefe wie diesen schreibe. Ich schreibe aber nicht anonym (namenlos), sondern im Namen meines Herrn. Und das hat viele und sehr einleuchtende Gründe. Cant ist heutigen Tages eine so extra ordinäre (außer ordentliche) Celebrität, das Poststücke, die er mit seinem Namen als Absender versieht, immer öfter verschwunden sind und ihre Adressaten nicht erreichen. Liebhaber von Chirographen (Manuscripten) von Geistesgrößen haben sie in ihren Besitz gebracht, um sie nach dem Tode des Berühmten, der absehbar ist, auf dem Markte für gutes Geld feil zu bieten. Hierin ist auch begründet, daß er den Brief, den er auf Euren Hülferuf hin entworfen hat, nicht den Postillionen des Fürsten Thurn und Taxis anvertraut, sondern aufgehoben hat, um ihn durch Ehrhard bey Gelegenheit eines Besuches von E. in Clagenfurth diesem mitzugeben und anzuvertrauen. Nun kennt Ihr jenen Brief durch mich und es besteht nicht die geringste Gefahr, daß mein Schreiben einem aus dem Thurn-und-Taxisschen Personale in die Augen sticht und er durch Aneignung desselben ein Geschäft zu machen hofft. Mein biederer Saarländischer Bauernname erregt kein Aufsehen. Ich kann schreiben, was ich will. Ich will aber schreiben, was mein Herr will oder wollen würde, wenn er nun nicht Alters halber alles Schreiben aufgegeben hätte und seyn lassen möchte.

Als ich ihm übrigens sagte und erzählte, daß manche seiner Briefe, die er geschrieben, als er noch geschrieben, ihre Adressaten nicht erreicht haben, weil sie Sammlern von Chirographen und Speculanten in die Hände gefallen waren, welche Handlanger und Zuträger im Personale der Thurn-und-Taxis-Posten haben müssen, und nun nicht bey jenen, für die sie bestimmt gewesen sind, sondern in antiquarischen Officinen angekommen und aufgetaucht sind, wo mit ihnen Geschäfte gemacht und capitalistische Schindluder gethrieben werden, war er anfangs sehr verbittert und fühlte sich in seiner pessimistischen (negativen) Meinung über die Moralität des von Grund auf verdorbenen und verderbten Menschen bestätigt. Freilich wurde ihm dadurch auch erklärlich und erklärt, warum einige seiner alten angeschriebenen Briefpartner stumm geblieben waren und nicht respondirt hatten. Insofern war er beruhigt, weil er das Ausbleiben von Replicen (Rückantworten) nicht auf das Conto von Mißachtung durch alte Freunde zu setzen gezwungen war, wie er sich vordem gezwungen gefühlt hatte, sondern auf Ungunst der Umstände und Verhinderung durch die Bosheit Dritter und Außenstehender. So wurde ihm dadurch, daß die Welt schlecht ist, zugleich klar, daß sie nicht so schlecht ist, wie er angenommen hatte. Schlechtigkeit verhindert Güte, Güte aber neutralisirt (entschärft) Schlechtigkeit. Nach der angedeutheten anfänglichen Verbitterung über die Bosheit der Postillione und Menschen im Allgemeinen, fand mein Herr aber bald wieder zur Gelassenheit des großen Selbstdenkers zurück, ja er heckte wieder eine Schelmerei aus, wie er seiner Zeit eine Schelmerei ausgeheckt hat, als er sich über die vielen Anfragen wegen Locken und dem Tollenculte geärgert und dann belustigt hatte. Wie damals aber, als er sagte, man solle die Lockenwünscher mit Pferdehaaren abspeisen und abstrafen, aber dann alles im Gedachten und Virtuellen beließ und nicht zur That schritt, kam es auch diesmal nicht zur Ausführung und blieb so mit im imaginirten Raume. Er hätte also gute Lust, sagte er, einen Hauptsatz seiner Ethik, etwa den der Welt hinlänglich bekannten, ja die Allerwelt erreicht habenden Categorischen Imperativ, persönlich auf einen Zettel zu schreiben, oder noch besser! – ihn unpersönlich mit Lettern (Druckbuchstaben) setzen und drucken zu lassen, und in Briefen mit seinem Absendervermerke zu verschicken. Und Cant lachte bey dem Gedanken, daß die gierigen Manuscriptisten und Handschriftenrauber die ihnen von pflichtvergessenen Postillionen zugetragenen und angetragenen und theuer erkauften Briefe, wenn sie sie erbrochen und geöffnet hätten, weiter nichts als jenen Text fänden: »Handle so, daß die Maxime deines Willens jederzeit zugleich als Princip einer allgemeinen Gesetzgebung gelten könne!« So hat sich der Categorische Imperativ herumgesprochen, wollen wir aber genau seyn und exact den Wortlaut aus der »Grundlegung zur Metaphysik der Sitten« beachten: »Der Categorische Imperativ ist also nur ein einziger, und zwar dieser: handle nur nach derjenigen Maxime, durch die du zugleich wollen kannst, daß sie ein allgemeines Gesetz werde.« So stünde es und hätte es zu stehen in Gutenberg-Lettern in den als Köder ausgelegten

Briefen. Welche Lehre wäre dies für die Übelthäter! Welche Lehre wäre diese Leere! Einen solchen Possen hätte er Lust den Gaunern zu spielen. Und er hatte auch einen Titel für dieses »Neidhartspiel«, wie er es nannte, parat. Nennen wir es »Zu Lasten der Briefträger!« *Neidhartspiel*? Werdet Ihr, verehrtes Fräulein von Herbert, vielleicht fragen, warum *Neidhartspiel*?

Nun ich erkläre es Euch, wiewohl gerade Ihr Südländer jenen Poeten, der sich Neidhart von Reuenthal nennt, als einen der Euren kennen werdet? Im Neidhartspiele wird eine höfische Gesellschaft mit Rittern und Damen gezeigt, die durch die Frühlingsflur ambulirt (wandert) und sich über das erste sichtbare Veilchen hoch erfreut. Sie wollen ihre Herrin, die Gräfin, welche sie im Schlosse holen, an diesem Wunder theilnehmen lassen, nicht ohne vorher das Veilchen mit einem Tuche abgedeckt zu haben, auch um den Glücksfund gleich wieder zu entdecken. Ein Bauer hat aber unbemerkt die Scene (Auftritt) beobachtet und während die guten Leute die Gräfin holen gehen, begeht er die Bosheit, das Veilchen zu rupfen und an seiner Stelle sein Excrementum (Ausscheidung) zu hinterlassen, welches er anstelle der Blume mit dem Tuche bedecket. Ich unterlasse hier, den Weiter- und Fortgang der Handlung zu reproduciren (nachzeichnen) und die Verblüffung und das Entsetzen der Gräfin nach der Enthüllung zu indiciren (anzeigen). Und ich unterlasse auch, den Zusammenhang zwischen Facit (Ergebnis) und Abstract (Grundaussage) jener unschönen Scene und dem Succus (Grundgehalt) der angenommenen und bloß vorgestellten Situation mit den veruntreuten und erbrochenen Cant-Briefen auszumalen. Das »Tertium comparationis« (Vergleichsgrund) jedenfalls ist die nämliche Verblüffung und Enttäuschung. Der Briefmarder hofft auf einen Haupttreffer, ein seitenlanges Manuscriptum, und findet als giftigen Köder eine gedruckte Allerwelts- und Binsenwahrheit vor, die ihn zudem in seinem Handeln bloßstellt und anklagt. Denn er handelt ja sicher nicht so, daß die Maxime seines Willens zugleich allgemeines Gesetz werden könnte … Ja, er liefert das instructivste Gegenbeyspiel, das so genannte *abschrekkende* Beyspiel. Es zeugt von der Kraft des Humors des philosophischen Greises Cant, daß er die merkwürdige Verbindung seiner bloß an- und ausgedachten Schelmerei mit der Aussage des Neidhartspiels hergestellt hat. Denn es muß ihm bewußt gewesen seyn, daß jeder Vergleich und ganz besonders dieser hinkt, und im Blick auf den Veilchen-Ersatz wird man auch sagen müssen: stinkt. Welche Selbstironie bey dem todernsten Manne! Ein wenig mag wohl auch die Enttäuschung über die Reception seines Categorischen Imperativs durch die Fachwelt eine Rolle gespielt haben. Denn was hat er sich nicht alles an Critik an seiner »Critik der practischen Vernunft« und insbesondere dem Categorischen Imperativ gefallen lassen müssen! Viele haben vieles monirt und darüber gesprochen, als handle es sich hier wirklich um gedanklichen Müll, um Schmutz. Der Categorische Imperativ sey weiter nichts als eine academisch geschwollene und verquollene Paraphrase (Umschrift) des alten Sprüchwortes: »Was du nicht willst, das man dir thu, das füg auch keinem andern zu.« Will uns Cant glauben machen, fragte ein anderer, daß das Gute bloß die Unterlassung des Bösen und Schlechten ist? Ja, ist denn der gute Mensch weiter nichts als der Nicht-Böse, der Böse nichts weiter als der Ungute, der Gutmensch bloß kein Bösewicht? Der Categorische Imperativ sey ein rein formaler Trugschluß und lasse alles Substantielle und Materiale außer Acht und vermissen, er sey weiter nichts als eine Leerformel, kein Lehr-, sondern ein Leersatz. Maxime bedeuthet in unserer deutschen Hauptsprache übrigens »Leitsatz«. Der Categorische Imperativ sey kein guter Leiter, er sey eher ein Leidsatz als ein Leitsatz, wenn schon kein ganz schlechter Leiter, dann höchstens ein Halbleiter. Und so fort!

Diese oft erhobenen Vorwürfe gegen Cants ethische Grundregel dürften auch Euch, werthes Fräulein von Herbert, hinlänglich bekannt seyn. Es wurde hier verlautet, daß Eure besten Freundinnen, die Dreer-Schwestern Ulrike und Babette, in Eurem Herbert-Kreise über »Die Metaphysik der Sitten« ein Referat gehalten und recht launig auf die Critik, auf Zuspruch und Ablehnung derselben durch die Fachwelt und auch durch das allgemeine Publicum eingegangen seyen. Heiß umfehdet und wild umstritten sey auch im Süden Cants Imperativ, den die Einen für die so genannte ethische Weltformel und die Lösung aller socialen Probleme, die Anderen, die Gegner, für eine buchstäblich nichtssagende und nichts Substantielles enthaltende Worthülse halten. Wohlmeinende Critiker räumen freilich ein, daß Cants Imperativ allenfalls der Beginn einer Bemühung um ein Weltethos seyn kann. Mit einem solchen werde es noch dauern! Es gibt ja eine Stelle in Eurem Briefe, die aufhorchen läßt. Ihr wißt, was ich meine! Ich will Euch nachfolgend an Euren Brief erinnern, solltet Ihr ihn schon vergessen haben. Grundsätzlich gesprochen hätte ja auch in Eurer Fragenoth der C.

Imperativ die Antwort seyn können, wenn er denn eine solche Antwort auf solche und andere Nöthe sey oder wäre oder seyn könnte. Dann hättet Ihr meinen Herrn auch nicht contactiren (verbinden) und molestiren (belästigen) müssen:

»Großer Kant«, schriebt Ihr, um fortzufahren: »Zu dir rufe ich wie ein gläubiger zu seinem Gott um Hülf, um Trost, oder um Bescheid zum Tod, hinlänglich waren mir deine Gründe in deinen Werken vor das künftige seyn, daher meine Zuflucht zu dir, nur vor dieses leben fand ich nichts, gar nichts, was mir mein verlohrnes Gut ersezen könnt, den ich liebte einen gegenstand der in meiner Anschauung alles in sich faste, so das ich nur vor ihn lebte er war mir ein gegensaz vor das übrige, dan alles andere schien mir ein Tand und alle Menschen waren vor mich wie auch wirklich wie ein gwasch ohne inhalt, nun diesen gegenstand hab ich durch eine langwirige lug beleidigt, die ich ihn jetzt entdekte, doch war vür mein karakter nichts nachteihliges darin enthalten, dan ich habe kein laster in meinen leben zu verschweigen gehabt, doch die lug allein war ihn genug, und seine liebe verschwand, er ist ein Ehrlicher Mann, darum versagt er mir nicht Freindshaft und treu, aber dasjenige innige gefühl welches uns ungerufen zu einander fürte ist nicht mehr, o mein Herz springt in Tausend stük, wenn ich nicht schon so viel von ihnen gelesen hätte, so häte ich mein leben gewis schon mit gewalt geändet, so aber haltet mich der schlus zurük den ich aus ihrer Tehorie ziehen muste, das ich nicht sterben soll, wegen meinen quelenden leben, sondern ich solt leben wegen meinen daseyn, nun sezen sie sich in meine lag und geben sie mir trost oder verdamung, metaphisik der Sitten hab ich gelesen samt den Kategorischen imperatif, hülft mir nichts, meine vernunft verlast mich wo ich sie am besten brauch eine antwort ich beschwöre dich oder du kannst nach deinen aufgesezten imperatif selbst nicht handln« … Und so weiter und so weiter. Schlußendlich heißt es:

»Die adres an mich ist Maria Herbert in Kärtn a Clagenfurth bey der Bleiweis Fabrick abzugeben wen sie es lieber den Reinhold einschicken wollten weil die bosten da doch sicherer sind.«

So also habt Ihr im ersten Briefe geschrieben. Eure damalige Jugend läßt über manche Merkwürdigkeit in Orthographie (Rechtschreibung) hinwegsehen. Schreibt so ein gelehrtes adeliges Fräulein?, fragte sich damals auch Cant, nahm dann aber die verworrene Stylistic als den Ausfluß von Erregtheit und Verzweifelung.

Ich sage übrigens *Ihr* zu *Euch*, mein Herr sagte in jenem mitgetheilten Briefentwurfe *Sie* zu *Ihnen*. Damit zeigt sich, daß Cant der Höflichste unter uns Dreien ist, ich als nicht unhöflich, wenn auch nicht so höflich wie mein Herr, Ihr aber mit der Anrede *Du* als die minder Höfliche zu gelten habt. Wie seyd Ihr nur auf dieses *Du* verfallen? Auch wenn man zu Euren Gunsten annimmt, daß Euer Du dem *Du* im Gebethe zu Gott, etwa im Vater unser, wo es heißt »der *du* bist in dem Himmel«, gleicht, was der Vergöttlichung Cants, die er so nachdrücklich ablehnt, ja entsprechen würde, so nehmt Ihr nach dem *Sie* und *Ihnen* im mittleren Theile, im Schlußtheile das *Du* wieder auf, wo man es aber keinesfalls als numinoses oder sacramentales Du, mit welchem Gott angesprochen wird, verstehen kann, sondern als respect- und distancloses und damit herabsetzendes *Du* zu lesen gezwungen ist! Cant ist nicht Euer Vater, den Ihr aber wohl auch nicht duzen werdet?, und er ist nicht Euer Speci, wie Ihr im Süden einen besonderen (speciellen) Freund nennt, daß Ihr ihn duzen dürftet! »Ich beschwöre dich oder du kannst nach deinen aufgesezten imperatif selbst nicht handln.« »Ist ein Kind, ist ein kleines unschuldiges Mädchen!« sagte mein Herr zu mir, Euch exculpirend, als ich die Plumpheit und Grobheit solcher Anrede monirte (anmahnte). Er hat Euch also verziehen und alle socialen Fauxpasses auf die große Noth, in der Ihr Euch befindet, zurückgeführt. Man könne von einem Ertrinkenden keine Honneurs (Ehrbezeugungen) erwarten. Noth nöthigt zu Nothdurft, sagte C. in seiner bekannten Neigung zum Wortspiele. Ein Lebens bedrohlich Bedrängter hätte keine Zeit und kein Animo (Neigung) zu salutiren. Wie viele große und bedeuthende Menschen verzichten nicht im Sterben auf so genannte »letzte«, große und bedeuthende Worte! Grußlos gehen sie in die dunkle Nacht hinaus! So oft ihr auch ruft, mich hört ihr nicht mehr!

Gewöhnt ist Cant solcher Vertraulichkeit und Formlosigkeit, wie Ihr sie an den Tag legt und zu Papire bringt, keineswegs. So direct wird er von niemandem und keinem Briefschreiber und keiner Briefschreiberin angesprochen und so spricht auch er niemanden an. Er ist, so weit ich den ganzen Briefverkehr überblicke, außer mit seinem Bruder Johann Heinrich, dem Pastor von Altrahden, mit keinem Menschen auf dem Du-Fuße. Selbst dessen, Bruder Johann Heinrichs, Frau Maria, – wie Ihr eine Maria!, bittet ihn unterthänigst, ihn bloß *Bruder*, aber »Liebster Herr Bruder« nennen zu dürfen, und sie beschließt ihren

Brief als »Ihnen mit Wärme ergebene Schwester Maria Kant«… Wie höflich, aber gar nicht nur etikettenhaft förmlich, sondern herzlich und demüthig spricht mein Herr seine Bekannten und Freunde an! Ich nenne Euch als eines dieser Beyspiele nur die Anrede in einem Schreiben an die »Philosophische Facultät« vom 20. April 1783, welches einsetzt und beginnt mit »Venerande Senior, Summe reverende, Viri amplissimi Excellentissimi Fautores et Collegae aestumatissimi.« Ich versuche Euch diese lateinische Intitulatur in Cants Sinne in die deutsche Hauptsprache zu übertragen: »Hochverehrter Herr Decan und verehrungswürdige, großmüthigste und höchst decorirte Gönner und Begünstigte, höchst angesehene Collegen!« So spricht mein Herr. So spricht der Herr! Und, meinem Herrn verpflichtet, frage ich mich vor jedem Schreiben und jedem Briefe die Fragen des Siezens, Ihrzens, Erzens oder Duzens. Und ich hoffe, daß ich mit dem Ihrzen in Eurem Falle den »Tonus rectus« recte getroffen habe und treffe. Ihr seyd jünger als ich, im Gegensatze zu mir ein Mädchen, zum Unterscheide von mir von Adel, wenn auch nicht von altem Schwertadel, sondern in Eurer Vatergeneration, also jüngst nobilitirt und somit dem Freiherrenstande als Freifräulein zuzurechnen, Ihr seyd Städterin, wenn auch als Clagenfurtherin nur Kleinstädterin, ich bin vom flachen Lande. All dies will bedacht und berücksichtiget seyn. Es ist ja viel, nein die ganze Sittlichkeit in der Sitte! Wir brauchen zum Zusammenleben die Bräuche! Wir jungen Leute neigen bloß dazu, dies immer wieder zu vergessen!

Es ist schon eine gehörige Keckheit, Cant zu sagen oder zu schreiben »oder kannst du nach deinen aufgesezten imperatif selbst nicht handln«! So jeden Falles hat mit dem größten Selbstdenker und Weltweisen noch niemand gesprochen! In keinem der vielen Briefe hat sich irgend jemand Cant gegenüber solche Freiheiten herausgenommen. Ist er auch nicht von Adel, so respectirt man ihn doch als den Mann von höchstem Seelen- und Geistesadel auf der ganzen Welt. Ein Mensch dieser menschlichen und geistigen Größe bedarf auch nicht der Nobilitirung durch den König. Er ist der König der Selbstdenker! Der König von Königsberg heißt Immanuel Cant! Immanuel von Cant? Nein, das hat er nicht nöthig. Er hat gelachet, als er vom Stolze erfahren hat, den Göthe nach seiner Nobilitirung empfunden hat. Als er aber erfuhr, daß die Herrschaft auch den Verfasser der »Räuber«, seinen Verehrer und an und für sich auch verehrten »Freund« Friedrich Schiller, in den Adelsstand versetzt hatte, war er traurig und enttäuscht. Schiller hätte, wenn er sich in Cants Augen treu bleiben hätte wollen, diesen Nobel-Preis ablehnen und zurück weisen müssen. Retro Satanas! Retro Nobilitas!

Es war schon von der Reception des Categorischen Imperativs durch die Fachwelt die Rede, auch den Einwänden, er sey zu formal oder gar formell und nicht ausreichend substantiell und was der Distinctionen und Accusationen (Anklagen, Klagen) mehr und kein Ende ist, aber »aufgesetzet« oder wie Ihr in Eurer merkwürdigen österreichischen Orthographie schreibet *aufgesezt* hat ihn noch niemand zu nennen gewagt. Das ist Eurer kindlichen Kühnheit vorbehalten geblieben. Heißt denn dies nicht bloß »aufgesezt« im Sinne von »geschrieben«, sondern auch »construirt« im Sinne von »ausgetüftelt« und »gedrechselt« oder »gedeichselt«? Der Categorische

Imperativ oder wie Ihr schreibt »Imperatif« ist Euch offenbar zu theoretisch und zu abstract und Ihr habt Noth, ihn auf Eure Nothsituation anzuwenden. Ich gebe freilich zu, daß Ihr damit wohl nicht alleine da stehet, ja, daß Ihr dabey auch mich auf Eurer Seite sehet, wenn ich auch niemals wagen würde, es so drastisch zu articuliren. Aber als meiner frommen Mutter Kind, als catholischer Bauernsohn aus Heusweiler im Saarlande, frage ich in jeder Noth zuerst und zuvörderst immer bey den Zehn Geboten im Alten Testamente, der Bibel der Juden und Christen, an, denke also nicht zuvor an den »Gott der Philosophen«, sondern den »Gott Abrahams, Isaacs und Jacobs«. Vom Sinai bringt Moses die Tafel mit den Geboten, nicht Cant vom »Königsberge«. »Hülf dir selbst, dann hülft dir Gott«, heißt ein übles aufklärerisches Spottwort. Da aber gilt eher: »Hülf dir selbst, dann hülft dir Cant.« Mit allem Respecte vor meinem Herrn sage ich dies. Habt Ihr, verehrtes Fräulein von Herbert, Euer Gewissen nicht auch oder zuvor an den Zehn Geboten orientirt? Ihr schreibt von einer Lug, womit Ihr doch Lüge meint?, deren Ihr Euch gegen Euren Freund schuldig gemacht habet, füget freilich – mir nicht ganz verständlich – hinzu, daß daran nichts Nachtheiliges oder Lasterhaftes gewesen sey. Habt Ihr Euch da denn nicht doch gegen die Wahrheitspflicht und das Gebot: »Du sollst kein falsches Zeugnis geben wider deinen Nächsten« verfehlet? Wie sollte dies nicht der Ausdruck einer lasterhaften Gesinnung seyn? Das Wort *Laster* ist vielleicht wirklich zu gravirend, weil zum Laster, wie auch in der »Metaphysik der Sitten« nachzulesen, das Gewohnheitsmäßige, Eingefahrene und Wiederkehrende constitutiv (bestimmend) ist. Der Trinker hat ein Laster, wenn er regelmäßig trinkt, der so genannte Quartalsäufer hat, streng genommen, kein Laster, weil er ja nicht fortgesetzt, sondern intermittirend trinkt. Ich will Euch nicht durch Vorhalte beschweren, glaube aber wie auch mein Herr in dem mitgetheilten Briefentwurfe, daß Ihr Euer Gewissen gründlich und vielleicht gründlicher, als Ihr es bislang gethan, prüfen und erforschen müßt, damit dann auch die Reinigung und Befreiung Statt finden kann. Man überwindet Schuld durch Eingeständnis, so wie der Heilung von einer Krankheit eine Anamnese (Erhebung) vorausgehen muß. Das Laster muß als lästig und als eine Belastung wahr genommen und empfunden werden.

Das Gebot aus dem Decaloge (Zehn Gebote Gottes), das in Eurem Falle zur Sprache kommen müßte, wäre wohl das sechste, welches in der lateinischen Sprache lautet: »Non moechaberis.« Und Ihr wißt wohl, was es heißt und bedeuthet, nämlich: »Du darfst nicht ehebrechen.« Freilich, so wie Cant und ich Euch verstehen, handelt es sich bey Eurer »Lug«, für welche das Gebot »Du sollst nicht lügen« gelte, nicht um Ehe-, sondern (bloß) um Treuebruch, die Bestrafung einer verletzten Verlobung durch Entlobung? Sehen wir dies richtig?

»Non moechaberis!« So jedenfalls stehet es auf der Tafel, die Mose vom Sinai bringt, geschrieben. Eigentlich stehet auch von einer Tafel nichts geschrieben, so haben es die Künstler, die Dichter und die Maler »visualisirt« (anschaulich gemacht). Eurem Briefe zu Folge müßte auch das achte Gebot in Erwägung gezogen werden: »Non loqueris contra proximum tuum falsum testimonium«, in unserer deutschen Hauptsprache: »Du sollst kein falsches

Zeugnis geben wider deinen Nächsten.« Ich habe ja aus meinem Religionsunterrichte in Heusweiler andere Formulirungen in Erinnerung, so etwa für das sechste Gebot: »Du sollst nicht Unkeuschheit treiben«, und für das achte: »Du sollst nicht lügen.« Habt Ihr es in Clagenfurth vielleicht ähnlich erfahren und gehört? Unsere Kirche hat die Gebote ganz offen sichtlich allgemeiner gefaßt, denn im ursprünglichen Sinne des Gesetzes ist im sechsten Gebote nur vom Ehebruche die Rede, wenn sich also jemand, der »verheurathet«, wie Cant schreibt, und damit versprochen und gebunden ist, wie ein Lediger und Freier, wie ein freier Freier benimmt. Ein Lediger aber, der sich wie ein Lediger, also entsprechend seiner Natur und dem natürlichen Triebe benimmt und aufführt, verstößt eigentlich nicht gegen das Gebot, wenn man es wörtlich nimmt. Es waren also die Schriftgelehrten, die Rabbiner und die Priester, die den ganzen Complex aufgegliedert haben und fein ziselirt und differenzirt angefangen haben, von der »läßlichen« Sünde über die »schwere« Sünde bis hin zu Frevel und Greuel und Ärgernis und Horror (Schrecken). Ähnliches gilt übrigens auch für das achte Gebot, denn so einfachhin von Lüge ist dort bey Mose nicht die Rede. »Falsum testimonium« – klingt es nicht ganz forensisch (nach Gericht)? Außerhalb des Zeugenstandes gelte dann aber dies nicht, sondern etwas Anderes? Natürlich müssen wir uns zum »Praeceptum sextum« (6. Gebot) das hinzudenken, was Christus selbst nach dem Zeugnisse der Schrift gelehret hat. Er fragt nach dem Gesetze und wie der Paragraph 6 laute. Und als man ihm citirt: »Non moechaberis«, sagt er: »Ich aber sage Euch, wer die Frau eines anderen nur begehrlich ansieht, hat in seinem Herzen schon die Ehe gebrochen …« Ja, rigoros und fundamentalistisch (grundsätzlich) ist der Herr. Aber, erlaube ich mir zu fragen, steht ihm Cant hierin nach? Nein, er übertrifft ihn an Austerität (Strenge). Ich rathe, zum Beweise des hier Behaupteten, etwa nur das Capitel »Von der wollüstigen Selbstschändung« nachzulesen. Hättet Ihr, werthes Fräulein Herbert, allein dieses gründlich studirt, so hätte ich Zweifel, ob Ihr noch den Muth gehabt haben würdet, Euch an Cant zu wenden. Nehmet zur Kenntnis oder erinnert Euch, bitte, an die Präambel zur »Wollüstigen Selbstschändung«! Allein der Titel »spricht Bände«, wie die Stürmer und Dränger gerne sagen. Er übertrifft nämlich um ein Mehrfaches die synonymen Ausdrücke »Selbstbefriedigung« und auch »Selbstbefleckung«! Und Cant sieht alles unter dem obersten natürlichen Zwecke der »Bethätigung der Geschlechtlichkeit«, nämlich zur Zeugung von Nachkommenschaft in der rechtlich geordneten Ehe. Nichts anderes, Fräulein von Herbert, meint er, wenn er es auch in seiner wunderbaren, freilich klausulirten (verschlossenen) Art bewundernswerth so zum Ausdrucke bringet: »So wie die Liebe zum Leben von der Natur zur Erhaltung der Person, so ist die Liebe zum Geschlecht von ihr zur Erhaltung der Art bestimmt; das ist eine jede von beiden ist Naturzweck, unter welchem man diejenige Verknüpfung der Ursache mit einer Wirkung verstehet, in welcher eine Ursache, auch ohne ihr dazu reinen Verstand beyzulegen, doch nach der Analogie mit einem solchen, also gleichsam, als brächte sie absichtlich die Wirkung hervor, gedacht wird.« Habt Ihr den Sinn erfaßt? Cant wird freilich selbst im Folgenden genauer und deuthlicher, wenn er sagt, daß es sich fragt, »ob der Gebrauch des Vermögens zur Erhaltung der Art oder zur Fortpflanzung des Geschlechts in Ansehung der Person selbst, die es ausübet, unter einem einschränkenden Pflichtgesetze stehe, oder ob diese, auch ohne jenen Zweck zu beabsichtigen, den Gebrauch ihrer Geschlechtseigenschaften der bloßen thierischen Lust zu widmen befuget sey, ohne damit einer Pflicht gegen sich selbst zuwider zu handelen.« So leset bitte, statt *Geschlechtseigenschaften* gern *Geschlechtswerkzeuge*. Und Cant stellt noch eine Frage: »Hier ist aber die Frage: Ob in Ansehung dieses Genusses eine Pflicht des Menschen gegen sich selbst obwalte, deren Übertretung eine Schändung (nicht bloß Abwürdigung) der Menschheit in seiner eigenen Person sey.« Antworten auf diese Fragen gibt der Philosoph schon durch die gewählten Wörter *Fleischeslust*, *Laster* und *Unkeuschheit*, ganz besonders aber mit dem allerdrastischsten Ausdrucke *Selbstschändung* für Onanie (Selbstbefriedigung) und Masturbation (Handerregung)! Cant hat, wie an seiner Wortwahl ablesbar, das letztere Wort im Sinne, weil es doch übersetzt »mit der Hand schänden (*stupare*)« bedeuthet. Auch die Wörter *viehisch* und *unnatürlich* sprechen eine deutliche Sprache! »Unnatürlich heißt eine Wollust, wenn der Mensch dazu nicht durch den wirklichen Gegenstand, sondern durch die Einbildung von demselben, also zweckwidrig, ihn sich selbst schaffend gereizt wird. Denn sie bewirket alsdann eine Begierde wider den Zweck der Natur, und zwar einen noch wichtigeren Zweck, als selbst der der Liebe zum Leben ist, weil dieser nur auf Erhaltung des Individuums, jener aber auf die der ganzen Species abzielet.« So Cant. *Species* ist der lateinische Ausdruck für *Art* und *Menschengeschlecht*. Und dies, liebes Fräulein von Herbert, ist der Schluß und die Conclusio (Schlußfolgerung) der vorangegangenen Argumentation (Erörterung): »Daß ein solcher der Natur widriger Gebrauch (also Mißbrauch) der Geschlechtseigenschaft eine und zwar der Sittlichkeit im höchsten Grad widerstreitende Verletzung der Pflicht wider sich selbst sey, fällt jedem zugleich mit dem Gedanken von demselben sofort auf, erregt eine Abkehrung von diesem Gedanken, in der Maaße, daß selbst die Nennung eines solchen Lasters bey seinem eigenen Namen für unsittlich gehalten wird, welches bey dem des Selbstmords nicht geschieht, den man mit allen seinen Greueln der Welt vor Augen zu legen im Mindesten kein Bedenken trägt; gleich als ob der Mensch überhaupt sich beschämt fühle, einer solchen ihn selbst unter das Vieh herabwürdigenden Behandlung seiner eigenen Person fähig zu seyn, so, daß selbst die erlaubte, (an sich freilich bloß thierische) körperliche Gemeinschaft beider Geschlechter in der Ehe im gesitteten Umgange viel Feinheit veranlaßt und erfordert, um einen Schleier darüber zu werfen, wenn davon gesprochen werden soll.«

Liebes Fräulein von Herbert, ich habe lange gezögert und es auch lange hinaus gezögert, Euch an jene Kapitel der »Metaphysik der Sitten« wie »Von der wollüstigen Selbstschändung« zu erinnern oder sie auch zu citiren, weil mir die nomenklatorischen (benennenden) Hemmungen, die Cant in seinem Texte anspricht, nicht fremd sind. Ich habe mich aber dann doch dazu entschlossen und mich überwunden, weil dieses Thema, wenn auch nicht ganz vordergründig, so doch »sub tegumine« (hintergründig, im Untergrunde) mit Euren Fragen und Problemen und denen Eurer vielen Schwestern und Brüder, zu thun hat oder zu thun haben könnte. Ich wollte mich insofern moralisch schadlos und heraus halten, als ich Cant selbst sprechen lasse und seinen Text vorführe. Ich weiß natürlich von meinen Freunden im Saarlande und hier in Königsberg, und gar nicht nur von den hart und unzweydeutig formulirenden »Stürmern und Drängern« vom Schlage meines Freundes Lenz, daß die Jugend über diese Dinge heute anders und freier und ungenirter spricht, wobey sich auch in dieser Wortwahl, die Cant selbst einmal in der »Metaphysik der Sitten« »wegwerfend« nennt, eine andere Gesinnung ausdrücket und ausspricht. Ich weiß natürlich, wie heranwachsende, im Stadium der Pubertas (Burschenschaft) und Adolescentia (Jugendlichkeit) befindliche Jungen oder *Buben*, wie Ihr im Süden wohl sagt, aufreizende Bilder anzüglichen oder gar obscenen Inhaltes, die ihnen, wie Cant andeutet, zur Stimulation ihrer einsamen Lüste und Phantasien dienen, und wie sie heute viele Maler, allen voran der Wiener P. F. herstellt und ganz Europa erreichen, zu bezeichnen belieben. Die Jungen sind Spitzbuben, das war wohl immer so. Ich will über jenen Jargon (Mundart, Maulart) nichts Genaueres und Wörtliches sagen, aus Rücksicht auf Euch und unser Schamgefühl. Ich will damit nur den moralischen Status quo in Eroticis (gegenwärtiger Sprachgebrauch in Liebesdingen) ansprechen und andeuthen, der entsprechend dem Zeitgeiste so viel an Zurückhaltung, Keuschheit und Scheu, wie sie mein Lehrer kennt und liebt und lebt, schmerzlich vermissen läßt. Die Stürmer und Dränger sind es, die sich auch gerne als »Originalgenies« ausgeben, die im Raume der Cultur und Kunst sehr zur Verwilderung und Verwüstung der Sitten und der Sprache beygetragen haben. Wie viele Wörter verwendet auch Göthe, die Klopstock nie in den Mund genommen und Gottsched nie erlaubt hätte! Einem Gerüchte zu Folge, das freilich wieder aus der »Quelle Reinhold« stammen könnte, soll selbst Franz Grillparzer in der Lade seines Schreibtisches in seinem Amte des Haus-, Hof- und Staatsarchives von ihm verfaßte, nicht für die Öffentlichkeit bestimmte unzweydeutige, das heißt eindeutig obscene (unanständige) Poeme oder vielmehr Sinngedichte schlüpfrigen Inhaltes verwahren. Ja, selbst der Dichter Eurer Hymne auf Kaiser und Reich soll im Nebenberufe Pornographisches (Schamloses) produciren! Er könnte Castelli heißen, und Aloys Blumauer brauche ich wohl erst gar nicht zu nennen. Und da komme neuerdings für die »Kunst« dieser Zeit in Wien der ganz und gar unpassende Name »Biedermeier« in Mode! Möget Ihr, werthes Fräulein, vor jenem Schmutze und Schunde bewahrt worden seyn und bewahret werden! Und möge dieser mein Wunsch nicht nur ein »frommer Wunsch« seyn!

Warnen möchte und muß ich Euch vor einem Manne aus Preußen, ja aus unserem ostpreußischen Königsberg selbst, denn hier ist er im Jahre 1768 geboren worden, der heute gerade im Süden, vornehmlich in Wien, aber auch in den Provinzen der österreichisch-ungarischen Monarchie sein Wesen, um nicht zu sagen sein Unwesen treibet. Ihr werdet wissen, wen ich meine und um wen es sich handelt, weil er ja als Schiller-Nachahmer, im poetischen Sinne, nachweislich mit Eurem Bruder Paul, dem Schiller-Enthusiasten der ersten Stunde, in Contact getreten ist und sicher auch bey Euch in Clagenfurth auf den Plan getreten seyn wird. Ja, ich spreche von Friedrich Ludwig Zacharias

Werner, dem Protestanten aus Preußen, der ein Hörer und Schüler Cants gewesen ist, der sich aber nun ganz auf die Lebenswelt, die lebendigere Lebenswelt des catholischen Südens concentrirt, ja geworfen hat und wohl auch, wenn stimmt, was man hier hört, zum Catholicism zu convertiren im Begriffe ist, was ich durchaus verstehen und billigen kann, wenn es aus den rechten und thiefen Motiven geschieht, was in Werners Fall nicht ganz sicher scheint. Werner kann in gewissem Sinne als rechter Antipode zu Reinhold gelten, der dessen Weg in der gegengesetzten Richtung zu gehen willens ist. Hier spricht man sogar davon, daß Werner nach drei gescheiterten Ehen und ungeachtet seiner Mitgliedschaft in der Loge der Freien Maurer gesonnen sey, sich zum catholischen Priester weihen zu lassen! Da würde er sozusagen zum Compensator (Ersatz) für den entsprungenen Barnabiten Reinhold, der zum Protestantism convertirte und mit einer Tochter Wielands *verheurathet* ist, um meines Meisters Orthographie zu verwenden … Es ist im Übrigen gar nicht verwunderlich, daß Göthe Wernern schätzt und in Weimar seine Stücke wie »Attila der Hunnenkönig«, »Die Söhne des Thals« und auch »Das Kreuz an der Ostsee« zur Aufführung bringt. Er soll ihn auch schon wiederholt empfangen und zu Tische gebethen haben. Er sieht in dem vitalistischen (lebenstrunkenen), vielleicht auch pantheistischen (gottinweltgläubigen) Werner wohl einen Verwandten im Geiste, und ich muß leider sagen einen Cant-Verächter, wie er, Göthe, letztlich wohl selbst einer ist, wenn man nur an seine Recension der Cantischen »Anthropologie« denkt. Vor allem wird Göthe Werners Begeisterung für das weibliche Princip und alles Weibliche imponiren. Es findet sich nachweislich in Göthes Tagebüchern ein Eintrag zu einem 23. März, welcher lautet: »Mittags Werner zu Tische: Über Heidenthum und Christenthum, Liebe und dergleichen …« Göthe und Werner unterhalten sich über »Liebe und dergleichen«! Das möchte sich hören lassen! Ein merkwürdiger Erfahrungsaustausch von zwey »Erfahrenen«! Was das Thema Christenthum betrifft, scheinen die beiden freilich nicht immer einer Meinung gewesen zu seyn. Und einmal heißt es im Tagebuche sogar, Werner habe Göthe durch Vortragen frömmelnder Verse stark erzürnet. Ob Werner Herrn von Göthe wohl auch seine Erlebnisse mit den Wiener Wäschemädeln erzählt hat? Der erwähnte Castelli, der Schöpfer Eurer Hymne, erzählt nämlich, wie er mit Zacharias Werner verschiedene Localitäten des Spittelbergs, das als Wiens St. Pauli gelten kann, besuchet, und wie ihn die dort beschäftigten Mädchen und Kellnerinnen animiren (befeuern) und imprägniren (beeindrucken) und wie ihn Castelli warnen und aufmerksam machen muß, daß es sich bey ihnen nicht um heiliche oder Englische Fräuleins, sondern um Vestalinnen, um nicht zu sagen Huren, oder in Werners preußischem Dialecte *Nutten*, handelt, und daß die armen Geschöpfe mit mancherlei ansteckenden Krankheiten behaftet sind. Geschlecht und Verderben, Geschlecht und Verbrechen liegen hier eng beysammen. Castelli aber kann den leichtsinnigen Werner offenbar kaum zurückhalten. Facit: Hütet Euch vor Wernern, wenn er bey Euch auftauchen und, was nahe liegt, Euch mit seinen Complimenten und seinen Vertrautheiten mit Göthe und vor allem auch mit Cant, impressioniren (Eindruck machen) und imponieren (hineinlegen) möchte. Denkt lieber daran, daß Euer »Ehrwürdiger Herr« Cant von seinem Schüler Werner heute nichts mehr wissen will, und haltet ihn, Wernern, auch nicht für Göthen selbst, eher schon für Faust, oder am besten und zutreffendsten überhaupt für Mephistopheles! Er eignet sich ganz bestimmt nicht als Seelenführer, eher ist er ein *Verführer*, wie seine drei gescheiterten Ehen zeigen. Er hat schon genug Frauen »beglückt«, nein, unglücklich gemacht! Philosophisch gesehen, hat er von seinem Lehrer Cant offensichtlich wenig begriffen, denn er gehet den Weg nicht aus der Dunkelheit und dem Obscurantism ins helle Licht der Aufklärung, im Gegentheil, leidenschaftlich sucht er das Mystische und wie sein Freund E. T. A. Hoffmann, mit dem er in Polen viel den Kopf zusammen gesteckt hat, das Grauen und das Nächtige, die Schatten und den Dämmer, Spiritism und Nigromancie und was der Gleichen mehr ist. Im Dunkeln ist gut munkeln, heißt es, das gilt nicht nur für das Tändeln mit verdächtigen Weibspersonen in den Spelunken mit der roten Laterne vor dem Portale, sondern auch für das Denken und das Dichten. Laßt Euch also nicht bethören!

Ihr schreibet in dem vorhin auszugsweise angeführten Briefe, Ihr hättet, wenn Ihr nicht Cant gelesen hättet, Euer Leben schon *geändet*, so wörtlich. Leider mußte ich bey genauerer Lesung erkennen, daß Ihr nicht *geändert*, sondern *geendet* meint. Es handelt sich also nicht um das Verbum (Zeitwort) *ändern*, wie es Eure merkwürdige Orthographie nahe legt, sondern um das Wort *enden* für »beenden«. So ward ich vor erst irrthümlich an ein berühmtes Gedicht und die Verszeile erinnert: »Du mußt dein Leben ändern«, was ich als ganz besonders positiv notirt hatte, bis ich leider niederschmetternd zur Kenntnis nehmen mußte, daß *enden* gemeint ist und vom Selbstmorde die trostlose Rede gehet.

Ja, nicht nur ein Mal, zwey Mal, werthes Fräulein von Herbert, sprechet Ihr in dem an sich kurzen ersten Briefe an meinen Herrn vom Selbstmorde, ja Ihr bittet und bettelt geradezu um das Todesurtheil durch Cant, mit der Frage, ob denn Euer Vergehen, das Ihr zugleich dementirt und leugnet, Todes würdig sey. Ja, und obwohl Ihr, wie schon berufen, schreibt, daß Euch Cant bereits vor dem Selbstmorde gerettet hätte: »Wenn ich nicht so viel von ihnen gelesen hätte, so häte ich mein leben gewis schon mit gewalt geändet, so aber haltet mich der schlus zurük den ich aus ihrer Tehori ziehen muste.« Dies aber verdient, ich bitte um Nachsicht für meine Strenge, einen scharfen Verweis! Noch dazu, wo Ihr schreibt, daß Ihr die »Metaphysik der Sitten« gelesen habt. Ich verstehe Euch nicht. Und ich verstehe auch meinen Herrn nicht, daß er in dem oben mitgetheilten Entwurfe einer Antwort an Euch auf diesen Punct nicht eingegangen, ja, ihn völlig ignorirt und übergangen hat.

Ein Mädchen, das sich umzubringen droht! Wie radical widerspricht dies dem Ideale eines Mädchens in den Augen des Idealisten! Wo doch Cant vom jungen weiblichen Menschen in seiner »Menschenkunde« zweyerlei und nichts weiter postulirt (verlangt): Ein Mädchen, heißt es in dem 1. Theil des 1. Buchs, »Vom Erkenntnisvermögen«, müsse naiv seyn oder wie er auch formulirt: die »Gabe der Naivetät« haben. Man könnte es ins Negative wenden und paraphrasiren: Ein Mädchen darf nicht verbildet seyn. *Gebildet* wohl, aber nicht *verbildet*. Das setzt natürlich auch der Bildung Grenzen. Und da Cant diesen Punct unter dem Rubro (Überschrift) »Von dem Beobachten seiner selbst« abhandelt und auf die Sprache, den wichtigsten Ausdruck der Natürlichkeit, bezieht, schreibt er, ich citire: »Wo aber Offenherzigkeit aus Einfalt, das ist aus Mangel einer schon zur Regel gewordenen Verstellungskunst, aus der Sprache hervorblickt, da heißt sie *Naivetät.*« Das zweyte, was er von einem Mädchen als constitutiv verlangt, ist dies, und ich citire abermals meinen Herrn wörtlich aus dem Capitel »Vom Begehrungsvermögen«: »Kinder, vornehmlich Mädchen, müssen früh zum freimüthigen, ungezwungenen Lächeln gewöhnet werden; denn die Erheiterung der Gesichtszüge hiebey, drückt sich nach und nach auch im Inneren ab und begründet eine Disposition zur Fröhlichkeit, Freundlichkeit und Geselligkeit, welche diese Annäherung zur Tugend des Wohlwollens frühzeitig vorbereithet.« Gerade der Süden, in welchem Ihr in Clagenfurth lebt und leben dürft, gilt doch als heiter und fröhlich, bedingt auch durch climatische Beneficien. Wie heiter und fröhlich müßtet Ihr seyn und wie leicht müßte es Euch fallen, Cants idealem Bilde von einem vorbildlichen, lächelnden Mädchen zu entsprechen! Eines der populärsten Lieder, ja schon ein so genannter Gassenhauer sey in Österreich ein Gesang, dessen Text dergestalt anhebt: »Immer nur lächeln und immer vergnügt …« Und da kommt Ihr und droht, Euch umzubringen!

Solltet Ihr aber thatsächlich eines Tages hier in Königsberg in Erscheinung und auf die Schwelle des Hauses in der Prinzessin-Straße treten und zur Audienc zugelassen werden, dann machet, ich bitte Euch, ein freundliches Gesicht. Lächelt ungezwungen, wie es einem Mädchen und der »Anthropologie« entspricht. Ein solches Lächeln wird mein Herr als Lectürenachweis betrachten und es wird ihn günstig stimmen. Beschenket den alten Herren mit Fröhlichkeit, Natürlichkeit und Frohsinn. Dies sind die eigentlichen Gastgeschenke, die Ihr ihm bringen sollt. Fröhlichkeit, keinen Tand, Schmuck oder Bilder. Und kommt ungeschminkt! Denn »Schminke ist Betrug«, schreibt Cant in dem Capitel »Von dem künstlichen Spiele mit dem Sinnenschein« im Paragraph 13 der Anthropologie! Dort schreibt Cant bekanntlich auch: »Kleidung, deren Farbe zum Gesicht vortheilhaft absticht, ist Illusion. Schminke aber Betrug. Durch die erstere, die Illusion, wird man verleitet, durch die zweyte geäfft.« Wir dürfen also bitten, unseren Herrn nicht äffen zu wollen. Eine Kleidung, deren Farbe aber das vielleicht zu blasse Gesicht röther als es ist erscheinen zu lassen oder umgekehrt eine Farbe für das Kleid zu wählen, das ein übertrieben rothes Gesicht heller und freundlicher erscheinen läßt, muß erlaubt seyn, ja angerathen. Cant unterscheidet also sehr genau zwischen Täuschung, welche er in Klammern mit dem lateinischen *illusio* parallelisirt (eng führt) und Betrug. Zu Betrug setzet er in Klammern *fraus*. Die Illusion, die das Auge täuscht, nennt er »Augenverblendnis«, lateinisch *praestigiae*. Bitte, bedenket dies, wenn Ihr kömmt. Richtet Euch danach in Eurem sinnlichen Erscheinungsbilde und auch im Bezuge auf das Gastgeschenk. Bitte keine Bilder, Amulette oder Scherenschnitte und Medaillons als Mitbringsel! Cant will nämlich, wie ich auch aus persönlichen Gesprächen weiß, nicht nur nicht *geäfft*, sondern auch nicht *verleitet* werden. Darum ist er kein Freund der bildenden Kunst, die es ja ganz vorzüglich auf die Illusion und die »Augenverblendnis« abgesehen hat. Ich will der Wahrheit ins Gesicht sehen, sagt er gerne. *Nuda veritas*, »die nackte Wahrheit«! Die Wahrheit ist dem Menschen zuzumuthen, ist ja bey Euch in Kärnthen ein geflügeltes Wort! Bitte also keine Bilder, weil Bilder in seinen alten Augen immer nur »Abbilder« sind. Phänomenologe bin ich selbst, sagte er einmal schelmisch. Ihr wißt, daß das griechische *phainomenon*, das unserem Fremdworte *Phänomen* zu Grunde lieget, »Erscheinung« und »Erscheinungsbild« bedeuthet? Ihr wäret auch nicht die erste Besucherin, die sich über die Bilderarmuth, ja die fast völlige Bilderabwesenheit in Cants Haus wundern möchte. Wundern würdet Ihr Euch freilich auch über den Umstand, daß das einzige Gemälde im Hause in der Prinzessin-Straße den Naturalphilosophen Jean-Jacques Rousseau darstellt! Und selbst dieses Bild ist bloß eine reproductive Copie, ein Stich. Und selbst diese Copie und diesen Stich hat er nicht selbst gekauft, sondern geschenkt bekommen. Für Bilder, sagte er einmal stolz, habe er noch nie einen Heller ausgegeben. Dem entsprechend sind die Wände in unserem Hause kahl, viele der Zimmer sind auch ohne Tapeten. Was Euch aber vielleicht noch mehr überraschen würde, ist die Armuth an Büchern. Wunderbar geschnitzte und intarsirte Bücherschränke, von Schreinern und Künstlern angefertigte Büchermeubels, wie Euer Vater sie in seinem viel gerühmten Herbert-Stöckl in Clagenfurth besitzet und sein Eigen nennet, braucht Ihr hier nicht zu suchen. Cant hängt nicht an Büchern. Und er hängt keine Bilder auf. Er hat viele von jenen Büchern, die ihm geschenkt und gewidmet wurden, sogar weiter geschenkt! Soll ich sie ins Grab mitnehmen?, fragte er einmel rhetorisch (keine Antwort erwartend). Einige wenige Bücher hat er immerhin bey seinem Buchhändler Nicolovius gekauft. Bilder aber niemals. Sie waren es ihm ganz einfach nicht werth. Bilder? Nein! Bilder haben in seinen critischen Augen keinen Werth! Sagen viele naive Menschen angesichts von Gemälden verblüfft: Hui!, so sagt er aber: Pfui! Dabey darf er durchaus als ein Experte auch für die Ästhetik und das Wesen der bildnerischen Künste angesehen werden, wenn ihm auch wiederholt und oft spöttisch angekreidet wird, daß er im Kapitel »Von dem künstlichen Spiele mit dem Sinnenscheine«, wo er von der Raffinesse der Perspective handelt, das Fresco »Schule von Athen« irrtümlich Correggio zuschreibet. Ihr wißt sicher, daß es nicht von Correggio, sondern von Santi stammt, der gerne mit seinem Vornamen Raphael nominirt wird, so wie viele von Buonarotti als vom *Michelangelo* sprechen, als wären sie mit ihm auf freundschaftlichen Fuße. Rom, namentlich das catholische Rom und der Vaticanstaat, ja der ganze große Kirchenstaat ist dem norddeutschen Protestanten natürlich sehr fremd. Dort hat sich ja auch der Hesse Göthe nur schwer zurechtgefunden und orientiren können. Dies nur nebstbey. Göthe hat sich freilich in Italien vom Maler Tischbein malen lassen, er ist ihm Modell gestanden oder eigentlicher in der Toscana zum Modelle (Vorbild) gelegen, was Cant ihm auch als eine Eitelkeit ankreidet. Weil Cant die bildende Kunst in der Theorie wie kein Anderer kennt, weil er das Schauen durchschaut hat, dem Betrachten, das er auch einmal *Begaffen* nennt, auf den Grund geblicket hat, ist er ihr und ihrem Nutzen gegenüber sceptisch. Im Übrigen ist er mehr ein Mann des Einblicks als des Ausblicks. Und er ist auch kein Apologet (Verfechter) des Augenblicks, den Göthe in seinem Faust-Stücke anspricht und verherrlicht. Ihr kennt sicher jene Stelle: »Werd ich zum Augenblicke sagen: Verweile doch, du bist so schön, so magst du mich in Fesseln schlagen, so will ich gern zu Grunde gehen!«? Ihr werdet Euren Favoriten Göthe sicher privatim consumirt haben, wenn er auch bey Euch wie in vielen Klosterschulen vindicirt (verpönt) oder gar auf dem »Index librorum prohibitorum« gesetzt worden seyn soll. Cant ist dem Augenblicksgenusse gegenüber ein Mann der Dauer, der Nachhaltigkeit und der Ausdauer, ja der Ewigkeitssehnsucht! Alle Lust, sagt er, will Ewigkeit, will thiefe, thiefe Ewigkeit! Hier wäre natürlich viel über den *Kairos*, den »Ewigkeitsaugenblick« der griechischen Philosophie, zu sagen, was ich mir aber um der Kürze willen versagen muß.

Was den »Ausblick« betrifft, muß ich noch ein Adnotum (Anmerkung) anfügen. *Ausblick* im Sinne von »Weitblick« und »Fernsicht« ist im Physischen durchaus seine Sache und sein Anliegen. Daß er das Elend der Schweizer und der Alpenländler auf die Begrenztheit des Horizontes in den engen Bergthälern zurückführt, ist bekannt und wurde schon erwähnet. In den Alpen könnte ich nicht leben, habe ich ihn einmal sagen gehört. Und es entspricht auch seinem Drange zur Thiefe und ins Ferne, daß er, wie bekannt, um die Köpfung und Kappung jener Pappeln gebethen hat, die ihm den Blick aus seinem Arbeitszimmer in der Prinzessin-Straße auf den Löbenichter Thurm verstellt haben, weil sie immer höher gewachsen sind, ein Ansinnen, dem die Bürgerschaft Königsbergs für ihren berühmtesten Bürger natürlich und unverzüglich nachgekommen ist. Dabey ging es ihm sicher nicht um den Blick auf einen Kirchthurm, eher schon auf die Thurmuhr, sicher aber nicht auf eine Kirche um der Kirche willen. Er schaut nicht auf die Kirche! Seine diesbezüglichen Hoffnungen und Erwartungen in die Kirche sind begrenzet. Vielleicht wäre ihm auch lieber gewesen, wenn auch die Kirche seinen Blick nicht eingeenget hätte und er über sie hinweg oder durch sie hindurch ins Unbegrenzte und Grenzenlose hätte blicken können. Boshafte Gegner Cants hier in Königsberg aus dem frommen, pietistischen Lager haben auch geätzet und gespottet, daß die Gemeinde wohl auch die Kirche geschleift hätte, wenn der große Inwohner Cant es gewünscht hätte, wie sie dem Wunsche nach dem »Baummorde«, wie sie es nennen, nachgekommen ist. Im übertragenen Sinne hat er ja bereits viel Kirchliches zerstöret, sagten sie. Immun stehe er selbst auch der Ars sacra (Kirchenkunst), der Bild-, gleicher Weise wie der Thonkunst gegenüber. Ihm, dem Rationalisten (Vernunftsmenschen), sey nichts heilich, selbst Johann Sebastian Bach bedeuthe ihm wenig. »Er sagt mir nichts, er macht ja bloß Music«, soll er einmal, wie colportirt wird, gesagt haben. So wird es, auf Euren möglichen Besuch hin gesehen, gut seyn, wenn Ihr bey Erwähnung Eurer häuslichen Verhältnisse der vielen musicalischen Matineen und Soireen, die laut Mittheilung Ehrharts in Eurem »Herbert-Stöckl« Statt finden, keine Erwähnung thut. Die Musicirerey in den adelichten Salons ist ihm ein Ridiculum (Lachhaftigkeit). Und vermeidet auch jeden Hinweis auf Eure eigene musicalische Praxis im Clavicord-Spiele. Es könnte Euch sonst wie dem bekannten Königsberger Componisten Johann Friedrich Reichardt, dem Sohn eines Musikers, gehen, der bekanntlich in seiner Autobiographie aus dem Jahre 1767 schreibt, daß Cant seinen Vater dringend gerathen hat, ihn, den 15jährigen Knaben, von der Music abzubringen und einem Studium zuzuführen! Cant unterscheidet nicht zwischen Musicer und Musicant! Auch der Ausdruck *Musicus*, dessen er sich in einem Briefe, in welchem von Eurem Componisten Joseph Haydn die Rede ist, bedient, bedeuthet so gesehen nichts Gutes! Alle Music ist ihm bloß Unterhaltung, es fehlet ihr aber der Ernst.

Ja, verständnislos steht Cant weniger der Music an sich, als viel mehr und ganz besonders ihrer Fascination auf den Pöbel gegenüber, die musicalische Kunst ist ihm, wenn dies möglich ist, noch fremder und ferner als die bildende Kunst. In unserem Hause wird nicht gesungen und nicht musicirt und ich bitte Euch, fraget den Hausherren nicht nach jenen Instrumenten, Fideln und Gitarren, die in anderen Bürgerhäusern, auch im Hause Eures Favoriten Göthe am Frauenplan in Weimar, herum hängen und die Wände verziren, oder verunziren, wie es Cant sähe. Ein Ekel erregender Greuel waren ihm etwa auch jene Kirchenlieder, die die Gefangenen des unserem Haus in der Prinzessin-Straße benachbarten Stadtgefängnisses zur so genannten Resocialisirung laut im Hofe der Anstalt singen mußten und diese mit Stentorstimmen mehr gröhleten als sangen. Diesen Unfug hat freilich der Bürgermeister unserer Stadt Theodor Gottlieb von Hippel aus Freundschaft mit Cant abstellen oder insoferne entschärfen lassen, als die Gefangenen nun nur noch im geschlossenen Raume der Anstalt und bey geschlossenen Fenstern singen. Dieser Chor der Gefangenen war meinem Herrn nicht nur aus musicalischen und ästhetischen Gründen und aus allgemeiner Musicaversion zuwider, sondern auch wegen der Aussichtslosigkeit ihres Einsatzes und ihrer Function in der so genannten »Resocialisation«. Einen gefangenen und eingekerkerten Mörder könne man durch »Eine feste Burg ist unser Gott« nicht auf die gerade Straße und den rechten Weg zurückbringen. Im Übrigen dürfte Cant schon in der Schule, im Collegium Fridericianum, wo er sich, wie es sich für einen Primus geziemt, latinisirte und Cantius nannte, ungern gesungen haben. Von *cantare* aber (singen) wollte er seinen Namen nie und nimmer abgeleitet wissen! Über den Musiczwang hat er sich wie über den Religionszwang in jener Anstalt ja nun oft beschweret, darüber kann er sich auch heute noch als alter Mann alteriren (aufregen). Kommt ihm also bitte nicht musicalisch, auch nicht mit der »Musica sacra«. Ihm ist, wie schon gesagt, keine Music heilich. Er hält alle Music für divertirend (Zerstreuung). Er aber lebt der gedanklichen Comprimirung (Verdichtung) und Concentration (Mittelpunctirung) und will sich nicht ablenken lassen. In seiner unendlichen Nüchternheit hält er die solemneste Music, und sey es etwa das Requiem Eures kürzlich, das heißt am 5. Dezember 1791, verstorbenen Wolfgang Amadeus Mozart, für ein Divertimento! Von Musiciren ist bey uns in der Prinzessin-Straße schon lange, Jahrzehnte, nicht mehr die Rede. Wasianski hat mir mitgetheilt, daß Cant im Jahre 1786 zum letzten Male bey einer Trauermusik für den verstorbenen Moses Mendelssohn gewesen sey, daß ihn dabey aber »ihr ewiges lästiges Winseln« und die widerwärthigen Klagethöne abgeschrekket hätten. Keinen Satz eines antiken Schriftstellers habe ich ihn öfter nennen gehöret als des Taciti »Germania non cantat« (»Deutschland kennt keine Lieder«)!

Solltet Ihr trotz aller meiner warnenden Hinweise an einem Besuche hierorts festhalten, so bitte ich Euch:

Sprecht nicht mehr, wie Ihr es im Briefe gethan habt, vom Selbstmorde. Hat er Eure Drohung, Euch umzubringen, für eine Erpressung gehalten, auf die man nicht reagiren darf, so ist es jetzt an mir, in seinem, Cants, Namen »Klartext zu reden«. Vor allem muß ich Euch zu erneuter Lectüre der »Metaphysik der Sitten« verhalten und die sorgfältige Lectüre des Capitels »Von der Selbstentleibung« verlangen. Dies ist das Erste Hauptstück »Von den vollkommenen Pflichten gegen sich selbst als ein animalisches Wesen« und gehet jenem schon angezogenen Capitel »Von der wollüstigen Selbstschändung« unmittelbar voraus! Cant verwirft die Selbstentleibung, weil sie eine Pflicht- und Ehrverletzung an sich sey, eine Beleidigung der »Menschheit« im Individuum selbst, eine durch nichts zu rechtfertigende »Wegwerfung«, eine Lieblosigkeit gegenüber sich selbst und vor allem auch gegenüber Mitmenschen. »Die Selbstentleibung ist ein Verbrechen (Mord)«, heißt es lapidar (sozusagen in Stein gemeißelt) im »Ersten Hauptstück« im Capitel »Von den vollkommenen Pflichten gegen sich selbst«. Cant sieht die Schuldfrage differencirt und social (mitmenschlich), wenn er fort fährt: »Das Verbrechen der Selbstentleibung kann nun zwar auch als Übertretung seiner Pflicht gegen andere Menschen, (als eines Ehegatten gegen dem Anderen, der Eltern gegen Kinder, des Unterthans gegen seine Obrigkeit oder seine Mitbürger, endlich auch gegen Gott, dessen uns anvertrauten Posten in der Welt der Mensch verläßt, ohne davon abgerufen zu seyn) betrachtet werden.« Wie wohl, liebes Fräulein Herbert, thut einem Theisten (Gottglaubenden) wie mir, sey er nun confessionaliter (hinsichtlich seiner Glaubensgemeinschaft) catholisch oder reformirt, ja wohl überhaupt einem Monotheisten (Eingottgläubigen) ein solches theologisches Wort Cants vom Schöpfergotte, der den Menschen auf einen Posten gesetzet hat! Schöner und frömmer hätte es auch Cants Bruder, der Pastor in Altrahden, nicht sagen und predigen können. Cant sagt und führt nicht ständig Gott im Munde, darum hat eine solche Stelle wahrlich einen besonderen Stellenwert! Doch ist es nicht die einzige Stelle, wo sich mein Herr als Theist zu erkennen gibt.

Obwohl Cant die Frage der Selbstentleibung nicht social discutirt, sondern im Hinblicke auf diese als Beleidigung (Leidzufügung) des Menschen gegen sich selbst, bringet er doch wunderbare Hinweise und Beyspiele auf und für den Selbstwerth des Menschen und seines Lebens. Wie instructiv und sicher auch Euch verständlich spricht er von den Stoikern, die der Selbsttöthung recht liberal gegenübergestanden sind. Der Stoiker und der Weise sahen es für einen Vorzug an, aus dem Leben wie aus einem Zimmer, das raucht, »ungedrängt durch gegenwärtige oder besorgliche Übel, mit ruhiger Seele hinauszugehen«. *Besorglich* bedeuthet »für die Zukunft zu befürchten«, damit Ihr recht unterrichtet seyd. Aber, gibt Cant dem Stoiker zu bedenken: »Dieser Muth, diese Seelenstärke, den Tod nicht zu fürchten und etwas zu kennen, was der Mensch noch höher schätzen kann, als sein Leben, hätte ihm ein um noch so viel größerer Bewegungsgrund seyn müssen, sich, ein Wesen von so großer, über die stärksten sinnlichen Triebfedern Gewalt habenden Obermacht, nicht zu zerstören, mithin sich des Lebens nicht zu berauben.« Welch eine großartige, wahrlich phänomenale Argumentation! Macht sie nicht jeden stoischen oder einer anderen

Richtung verpflichteten Apologeten des Freitodes sprachlos und intelectuell hülflos? Und dies ohne Spitzfindigkeit oder Sophism!

Ist die Selbstentleibung an und für sich und a priori ein Übel, so ist und bleibt sie es auch ganz besonders im socialen Contexte. Wie kann ein Mädchen wie Ihr, Geschwister und Schwester von 31 Brüdern und Schwestern, Sproß reicher, treu sorgender Eltern, eingebettet in so viele Beziehungen, Bekanntschaften, Verwandtschaften und Freundschaften, nicht nur zu den Dreer-Schwestern, überhaupt nur einen solchen Gedanken in Erwägung ziehen! Wie lieblos wäre das den vielen gegenüber, die Euch lieben! Was würdet Ihr damit Eurem Freunde oder Bräutigame oder Geliebten, was auch würdet Ihr damit dem Ignaz Dreer, ist er es, der Euch diese Verwirrung beschert hat?, anthun und zufügen! Ihr würdet ihnen thiefe Schuldgefühle und Reue und Trauer bereiten und Wunden schlagen! Die Zustimmung, ja Lust, die sich bey Suicidalen (Selbsttöthungswilligen) beym Gedanken an diese Schuldgefühle der Zurückgelassenen und Zurückewiesenen einstellet, ist wahrlich pervers, das heißt sie stellt alles Natürliche auf den Kopf. Es ist schon eine rechte jungmädchenhafte Trotzkopfigkeit, daß Ihr mit Eurem fatalen suicidalen Gedanken nun auch noch Cant in übelste Verlegenheit bringet. Die Selbsttöthungsdrohung wird von Seelenärzten heutigen Tags gern als Hülfeschrei verstanden und interpretirt. Und es gibt von Seiten der Ärzte für die von solchen Drohungen oder Ankündigungen gepeinigten Angehörigen den freilich nicht ungefährlichen und inprecären Rathschlag, dem Drohenden nicht zu widersprechen, sondern sogar noch Recht zu geben und zu affirmiren (bestärken): Nur zu und wohlan! Reisewillige soll man ziehen lassen! Ob Unglückliche freilich auf diese Art einer von Ärzten so genannten Roßcur thatsächlich curirt werden können und ob Mitleidslosigkeit statt Mitleid therapeutischer (heilsamer) sey, darüber gehen die Meinungen unter den Ärzten selbst auseinander. Cant hat im Entwurfe einer Antwort an Euch diesen Weg natürlich nicht beschritten. Er hat Eure Androhung still schweigend übergangen! Er ist auch wieder davon abgekommen, was er anfangs erwogen hatte, mich Euch einige Literaturangaben zu diesem Thema, zu welchem er genug geschrieben hätte, zukommen zu lassen. Vide paginam soundsoviel in der »Metaphysik der Sitten« et cetera! Keine Antwort ist in diesem Falle aber wirklich auch eine Antwort. Sie ist sogar das directe Gegentheil von Ignoranc und nicht der Ausdruck einer Gleichgültigkeit und Indifferenc, die heute gern mit dem Syntagma »Nicht einmal ignoriren« umschrieben wird. Dieses Schweigen ist in contrario (im Gegentheile) mehr als beredt! Es sagt: Der Mensch soll um der Güte und Liebe willen dem Tode und der Selbsttöthung keine Macht einräumen über seine Gedanken. Cant spricht vom Tode als der ultimativen (letztendlichen) »Gedankenlosigkeit«. Suicidium (Selbstentleibung) kommt nicht in Frage! Der Freitod stehet nicht zur Debatte! Schlagt Euch den Selbstmord aus dem Sinne und Kopfe! Fügt Euch ins Leben! Lebet wohl! Cant läßt grüßen!

Alois Brandstetter
Ein Vandale ist kein Hunne

Ein Graffito namens »Korks« zieht sich durch die ganze Stadt. Ein wenig später erscheinen Schriftzüge mit »Süs« Was ist der Antrieb für diese seltsamen Markierungen? Vom Ursprayer und Stammvater aller Graffitikünstler Josef Kyselak ausgehend, der sogar das Stehpult des Kaisers Franz I. »bemalerte«, erzählt Alois Brandstetter von seinem persönlichen Kampf gegen die Widrigkeiten des Lebens. Dabei sinniert er über Formen der Jugendkultur, des Widerstands oder einfach die Lust am Verbotenen. Und es gibt zahlreiche Ursachen des Ärgers: von der Einführung der Helmpflicht bis zur Erhöhung der Geschwindigkeitsbegrenzung, von sozialer Ungerechtigkeit zum behaupteten Recht auf individuelle Freiheit, von Günter Grass zu … Im Zuge der »Jagd« nach Korks komponiert Brandstetter ein großes Sittenbild der heutigen Gesellschaft. Doch die Welt der Sprayer ist und bleibt voller Rätsel … Ein sprachgewaltiges, witziges und geistreiches Vademekum durch das Reich der »unbekannten Vandalen«.

autorinresidenz

Alois Brandstetter
Zu Lasten der Briefträger
Roman

Immer beschwert sich der ortsansässige Dichter über die Postzustellung. Die Postzustellung ist unzuverlässig, sagt er, die Postzustellung ist die unzuverlässigste. Wenn das geschieht, sagt Blumauer, wenn sich der ortsansässige Dichter über die Postzustellung beschwert, dann geschieht auch folgendes: Ich beschwere mich über mein Moped.

Ein anonymer Erzähler führt Klage beim Postmeister einer kleinen niederbayrischen Landpost über die Schwächen der drei Briefträger: der eine ein Trinker, der zweite ein Frauenheld, der dritte einem kulturellen Laster verfallen. Die Unzufriedenheit des Beschwerdeführers trifft freilich auch den Fleischhauer, den Tierarzt, die Lehrer und andere – in Summe: die ganze Unzulänglichkeit der Welt.

autorinresidenz

Alois Brandstetter
Meine besten Geschichten

Endlich. Endlich haben wir hier jene Auswahl aus Alois Brandstetters Büchern mit kürzeren Texten, zu der der Autor sagt: Das sind meine besten Geschichten. Tatsächlich hat er ja schon eine ganze Menge geschrieben, und natürlich ist alles gut. Aber einiges ist eben doch das Beste, und das findet man in diesem Buch. Es gibt zugleich einen Querschnitt und Überblick über die vielfältigen erzählerischen Möglichkeiten dieses Autors von seiner ersten Buchpublikation vor bald drei Jahrzehnten an. Es ist dadurch auch ein idealer Einstieg für alle jene, die immer noch nichts von Alois Brandstetter gelesen haben – falls es so jemanden überhaupt gibt. Es wird versprochen, dass es immer ein Vergnügen ist, diesen Autor zu lesen, auch wenn er uns – was ja gelegentlich vorkommt – einmal nicht zum Lachen, sondern zum Nachdenken bringen will.

autorinresidenz

Alois Brandstetter
Groß in Fahrt
Roman

Franz Groß hat vom Prominentenchauffeur zum Rotkreuzfahrer »konvertiert«, wie sich sein Bruder, ein pensionierter Griechischlehrer, der Ich-Erzähler dieses Romans, ausdrückt. Bei Familientreffen, sogenannten Symposien, redet der Fahrer in Fahrt: Er läßt seine Verwandten und auch den Leser ein wenig hinter die Kulissen blicken, geradewegs auf die erstaunlichsten Eitelkeiten selbsternannter Größen. Sympathisches reiht sich da an Entlarvendes, Launiges an anchdenklich Stimmendes. Im Hintergrund steht dabei immer das Aussteigen oder Umsteigen, die erhoffte bisweilen auch erreichte Veränderung in Lebensläufen und Lebenswegen. Und was wäre für einen in den unterschiedlichsten Wissensgebieten Beschlagenen naheliegender, als – ausgehend vom konkreten Fall – souverän Analogien ins Spiel zu bringen – bis hin zur Sage von Herkules am Scheidewege. Er betreibt Motivforschung nach allen Regeln der rhetorischen Kunst, und dabei wird wieder einmal deutlich, dass das scheinbar Neue nicht ganz so neu und das Alte nicht gänzlich veraltet oder »überholt« gibt.

autorinresidenz